"十二五"职业教育国家规划教材修订版

高等职业教育物流类专业新形态一体化教材

快递公司物流运营实务
（第三版）

花永剑 王 娜 主编

清华大学出版社
北京

内 容 简 介

本书为"十二五"职业教育国家规划教材修订版,按照快递公司的主要业务模块设计课程教学内容,针对高等职业教育的人才培养要求,既包含快递业务运营项目任务的教学设计,又涵盖部分基层管理业务内容。结合学生的实际情况和职业岗位要求,本书对课程教学内容进行了精心设计,以帮助学生培养快递公司的基层业务管理素养和技能。本书在编写中充分体现能力培养为主的思想,在对必要的理论知识进行阐述的基础上,侧重实践操作能力的培养。全书共分八个项目,分别是快递业发展历程分析与快递业务流程介绍、网点业务及管理、分拨中心业务及管理、快递网络及运输、快递公司客服业务管理、快递公司物流成本管理、快递公司供应链管理、快递公司人力资源管理,每个项目又分为若干个任务。每个项目都安排有案例导入、情景导航、资料链接、案例链接、即问即答、项目小结、课后练习等栏目,便于学生结合快递业务的实际运作学习。本书为浙江商业职业技术学院在线精品课配套教材,信息形态多样,除了图文信息,还插入大量二维码,链接了许多对应的教学短视频、资料短视频、案例资料、图文资料、条例资料等,读者可以扫码即时了解和学习。

本书适合职业院校物流类、邮政类及其他相关专业的教学使用,也可作为物流从业人员的参考读物。

本书封面贴有清华大学出版社防伪标签,无标签者不得销售。
版权所有,侵权必究。举报: 010-62782989,beiqinquan@tup.tsinghua.edu.cn。

图书在版编目(CIP)数据

快递公司物流运营实务/花永剑,王娜主编. —3版. —北京:清华大学出版社,2023.3(2024.8重印)
高等职业教育物流类专业新形态一体化教材
ISBN 978-7-302-62667-1

Ⅰ. ①快… Ⅱ. ①花… ②王… Ⅲ. ①物流-运营管理-高等职业教育-教材 Ⅳ. ①F252.1

中国国家版本馆 CIP 数据核字(2023)第 024064 号

责任编辑: 左卫霞
封面设计: 常雪影
责任校对: 刘 静
责任印制: 曹婉颖

出版发行: 清华大学出版社
网 址: https://www.tup.com.cn, https://www.wqxuetang.com
地 址: 北京清华大学学研大厦A座　　邮 编: 100084
社 总 机: 010-83470000　　邮 购: 010-62786544
投稿与读者服务: 010-62776969, c-service@tup.tsinghua.edu.cn
质量反馈: 010-62772015, zhiliang@tup.tsinghua.edu.cn
课件下载: https://www.tup.com.cn, 010-83470410

印 装 者: 北京嘉实印刷有限公司
经 销: 全国新华书店
开 本: 185mm×260mm　　印 张: 17　　字 数: 392千字
版 次: 2013年8月第1版　　2023年5月第3版　　印 次: 2024年8月第3次印刷
定 价: 56.00元

产品编号: 096592-01

FOREWORD

第三版 前 言

随着党的二十大的胜利召开,我国迈上了全面建设社会主义现代化国家的新征程,快递行业也进入了高质量发展的新阶段。据国家邮政公开数据显示,近十几年,我国快递服务企业年业务完成量已由 2006 年的 10.6 亿件增长到 2020 年的 833.6 亿件,2021 年突破 1 000 亿件,牢牢占据全球快递业务量第一的位置,而且仍然维持着较高速度的增长。2016 年以后,国内快递巨头纷纷上市,国内快递市场重新洗牌,新的格局正在形成。在互联网技术快速发展的今天,快递公司的管理数字化、作业智能化水平不断提升,对企业自身的规范管理与员工的专业性提出了更高的要求。各大快递公司日渐重视快递运营与管理队伍的建设与发展,不断探索与推动和高职院校全方位合作培养现代物流专业人才。

为了满足学校对快递类课程的教学需求,我们于 2013 年 8 月推出了本书第一版,2017 年 12 月修订出版了本书第二版,受到国内众多师生的好评。几年时间过去,国内外快递市场发生了许多变化,随着新技术、新方法的不断应用,快递公司的作业流程与管理方式也进行了相应的调整,对快递企业的人才培养也提出了新的要求,围绕进一步落实立德树人的根本任务,如何将党的二十大精神融入教材,将正向价值观引导与专业知识提升有机融合,既迫在眉睫,又责无旁贷。在此背景下,我们再次选择校企合作,在原有版本的基础上进行修订,共同编写了第三版。

本书按照快递公司物流运营实务设计课程教学内容,并结合学生的实际情况和职业岗位要求,对课程教学内容进行合理的重构与整合,以帮助学生培养快递企业亟须的业务运营与基层管理能力,从而使教学更符合实际工作需要。本书在编写中采取理论与实际相结合的方法,充分突出了高职院校"理论必需、够用"的理念,体现以能力培养为主的思想,在对必要的理论知识进行阐述的基础上侧重实践操作能力的培养。本书在实训教学环节不仅更新了实践教学内容,提高了实践教学比例,而且进行了教学模式创新,有效实现课程教学内容与学生技能培养和岗位需求的结合。通过"教、学、做"立体化的学习,使学生既能掌握必需的理论,又能培养实际操作技能。

与前两版相比,本次改版主要在三个方面进行了调整:第一,既重业务运营又重基层管理。高职专科与高职本科、中职的培养定位有区分,高职专科重点培养的是学生的业务运营与基层管理能力,因此,本书在原有业务知识介绍的基础上适当增加了基层管理内容。第二,本书的形态更为丰富。本次调整除了保留原有的纸质教材精华部分,还通过二维码链接了许多对应的教学短视频、资料短视频、案例资料、图文资料、条例资料等,学生可以扫码即时了解和学习。本书为浙江商业职业技术学院在线精品课配套教材,在超星学习通建有在线课程,扫描本页下方二维码即可在线学习该课程。第三,相关资料与时俱进做了更新。近年来,国内的快递业务变化更新很快,原来的一些快递岗位甚至已消失,因此,根据当前的快递一线运营情况,本书对原来的一些案例和操作内容进行了相应的调整与更新。

本次改版保留了原来四个方面的特色:第一,产教结合,服务于现代服务业。随着电子商务的快速发展,快递业已成为现代服务业中关系民生问题的重要组成部分。本书体现了快递行业发展的要求,对接快递行业相应岗位的职业标准和岗位要求,行业特点鲜明,不仅可用于物流类、邮政类及相关专业教学,也可供快递公司员工培训使用。第二,校企合作,与企业实际业务结合紧密。本书由学校和企业专业人士共同参与编写,编写人员全部具有快递企业工作经历。书中穿插了大量企业实际业务案例,对重要案例还有相关点评。同时,本书每一个项目按照项目导向制编写,任务布置明确,操作要点介绍详细,便于学生实践。第三,理实一体化。本书从高职学生的培养目标出发,遵循理论够用,重视实践的编写思路,将理论和实践有机结合在一起,讲理论、重实践,浅显易懂,方便学生学中练、练中学。第四,实用性与前沿性相结合。本书融合了国内一流快递公司的实际业务运营情况,特别是业务第一线的资料,力求内容与实际工作流程相一致,实用性强。同时又强调先进性,还吸收了当前快递公司业务理论与实践中的新成果、新技术,选取了行业内具有典型性的案例,对国际上一流快递公司的业务运作及发展趋势也做了一定深度的介绍,有利于学生对企业实际业务进行一定的改进与优化。

本书的编写人员都是来自教学一线的教师,有着丰富的物流企业实践工作经验,而且长年与合作企业保持着密切联系,具有较强的实践技能和较高的管理水平。本书由花永剑拟定编写大纲并负责稿件的增删、修改、统稿和定稿工作,具体编写分工如下:项目一和项目六由花永剑编写,项目二至项目五、项目七、项目八由王娜编写。浙江商业职业技术学院刘潇潇、李志君、虞最、沈嘉铭,韵达集团周益军、顺丰公司蔡万想、百世快递邹少康也为本书的编写提供了相关资料。本书由浙江商业职业技术学院陈君教授审稿,在此一并表示感谢。

本书在编写过程中借鉴了许多同行的教研成果,参阅了大量的国内外教材、期刊资料,利用了快递物流咨询网以及顺丰、中通、韵达、申通、圆通、百世、极兔等快递公司网页上公开的相关资料,在此特向这些资料的作者表示衷心的感谢。

由于编者水平有限,书中不足之处在所难免,敬请广大读者批评并提出修改意见,以利于本书改进。

编　者
2022 年 12 月于杭州

快递运营实务在线课程

FOREWORD 第二版 前 言

据有关部门统计,自 2006 年以来,国内日均快件派送量每年以 30% 以上的速度递增,2016 年,我国快件全年业务量已突破 300 亿件,位居世界第一。快递业务持续高速增长,业内巨头纷纷上市,新的快递格局正在形成。在互联网技术快速发展的今天,快递公司的信息化、自动化作业水平不断提升,对企业自身的规范管理与员工的专业性提出了更高的要求。各大快递公司日渐重视快递运营队伍的建设与发展,不断探索与推动和高职院校全方位合作培养现代物流专业人才。为了满足学校对快递类课程的教学需求,我们于 2013 年 8 月出版《快递公司物流运营实务》第一版,四年时间过去了,国内外快递市场发生了许多变化。随着新技术、新方法的不断应用,快递公司的作业流程与管理方式也进行了相应调整,在此背景下,我们再次校企合作,在原有版本的基础上进行修订,共同编写了《快递公司物流运营实务》第二版。

再版后的图书仍保留第一版特色:产教结合,服务于现代服务业;校企合作,与企业实际业务结合紧密;理实一体化;实用性与前沿性相结合。与第一版相比,本次改版主要在以下三个方面进行了调整。

(1) 主要内容上的调整。在项目四中增加了运输路由规划部分,在项目七中增加了快递与终端落地配部分。

(2) 具体细节上的调整。随着互联网新技术的兴起与广泛应用,快递企业的具体业务操作出现了一些变化,教材在这些方面进行了更新,以使读者学习的内容能与企业的实际操作尽可能保持一致。

(3) 相关资料链接的调整。第一版中所借鉴的多数案例来自 2012 年前的企业实际操作,近年来企业实际操作已发生了很大改变,故本次改版对资料链接中的内容进行了更新。

本书由花永剑担任主编,负责大纲的制定,稿件的增删、修改、统稿和定稿等工作;由王娜担任副主编。具体编写分工为:项目一、项目二、项目五、项目六由花永剑编写,项目三、项目四、项目七由王娜编写。浙江商业职业技术学院皇甫梅风、刘潇潇、李志君、崔星等老师和上海韵达速递有限公司周益军、东生统等领导也为本书的编写提供了相关资料,在此一并表示感谢。

本书在编写过程中借鉴了许多同行的教研成果,参阅了大量的国内外教材、期刊资料，使用了快递物流咨询网，以及顺丰、韵达、申通、圆通等快递公司网页上的相关资料，在此特向这些资料的作者表示深深的感谢。

由于编者水平有限，书中疏漏和不足之处在所难免，敬请广大读者批评，并提出修改意见，以利于本书今后的改进。

编　者
2017 年 7 月于杭州

FOREWORD

第一版 前 言

据有关部门统计,自 2006 年以来,国内日均快件派送量每年以 30% 以上的速度递增,目前日均快件派送量已超 2 000 万件。快递业务发展迅猛,各大公司扩张速度很快,相关业务管理人才的缺口比较大。为保持稳健增长,各大公司日渐重视快递队伍的规范发展,与高职院校合作培养专业人才的公司越来越多。目前市场上,专门介绍快递物流知识的高职高专教材几乎没有,相关学校在授课时只能拼凑一些讲义,在此背景下,我们选择通过校企合作来共同编写本书。

本书为"十二五"职业教育国家规划教材,按照快递公司物流运营的实务来设计课程教学内容,并结合学生的实际情况和职业岗位要求,对课程教学内容进行了合理的重构与整合,以帮助学生培养快递公司的物流管理技能,从而使教学更符合实际工作的需要。本书在编写中采取理论与实际相结合的方法,充分体现以能力培养为主的思想,注重基础理论知识与实践能力培养的平衡。本书充分强调了高职院校"理论必需、够用"的理念,突出学生基本操作技能的培养,重视实践教育环节的教学特点。本书的实训教学环节不仅更新了实践教学内容,提高了实践教学比例,而且进行了教学模式的创新,有效地实现了课程教学内容与学生技能培养和岗位需求的结合。通过"教、学、做"立体化的学习,使学生既能掌握必需的理论架构,又能培养实际操作技能。

本书共分八个项目,分别是快递业发展历程分析与流程介绍、网点业务及管理、分拨中心业务及管理、快递运输、快递公司客服业务管理、快递公司物流成本管理、快递公司供应链管理以及快递企业人力资源管理,每个项目又分为若干个任务模块。每个项目都安排有关键词、案例导入、情景导航、资料链接、案例链接、即问即答、课后练习等栏目,便于学生结合快递业务的实际运作来学习。

本书有以下五个方面的特色。

(1) 快递业务运作领域首创。快递业务隶属于第三方物流,涉及运输、仓储、配送、信息管理等内容,它以单件为主、品类众多,与传统物流业务区别很大,本书针对上述特点编写,它填补了国内该类型高职教材的空白。本书内容紧扣快递业务的运作,对于其他第三方物流领域也有借鉴作用。

(2) 产教结合,服务现代服务业。随着电子商务的快速发展,快递业已成为现代服务业中关系民生的重要组成部分。本书体现了快递行业发展的要求,对接快递行业相应岗位的职业标准和岗位要求,行业特点鲜明,不仅可用于高职物流管理及相关专业教学,也可供快递公司员工培训使用。

（3）校企合作，与企业实际业务结合紧密。本书由学校和企业专业人士共同参与编写，编写人员全部具有快递企业的工作经历。书中穿插大量企业实际业务的案例，对重要案例还有相关点评。同时，本书每一项目模块都是按照项目导向制编写，任务布置明确，操作要点介绍详细，便于学生实践。

（4）理实一体化。本书从高职学生的培养目标出发，在编写时体现了理论够用，重视实践的方针。书中将理论和实践有效地结合在一起，讲理论、重实践，浅显易懂。本书方便学生学中练、练中学，养成良好的习惯。

（5）实用性与前沿性相结合。本书融合了国内一流快递公司的实际业务运营情况，特别是业务第一线的资料，实用性强。同时又强调先进性，对国际一流快递公司的业务运作以及发展趋势也做了一定深度的介绍，有利于学习者对企业实际业务进行一定的改进与优化。

本书的编写人员都是来自教学一线的教师，他们有着丰富的物流企业实践工作经验，具备较强的业务技能和较高的管理水平。本书在编写过程中强调实用性和可操作性，力求内容与实际工作流程相一致；还吸收了当前快递公司物流业务理论与实践中的最新成果与技术，选取了具有典型性的案例。

本书由花永剑担任主编，负责编写大纲的制定，稿件的增删、修改、统稿和定稿等工作；由王娜担任副主编。本书的编写分工是：项目一、项目二、项目五、项目六由花永剑编写，项目三、项目四、项目七、项目八由王娜编写。浙江商业职业技术学院的皇甫梅风、刘潇潇、李志君等和上海韵达速递有限公司的陈智强、干江坤、赵超等也为本书的编写提供了相关资料，在此一并表示感谢。

本书在编写过程中借鉴了许多同行的教研成果，参阅了大量的国内外教材、期刊资料，使用了快递物流咨询网以及顺丰、韵达、申通、圆通等快递公司网页上的相关资料，在此特向这些资料的作者表示深深的感谢。

由于编写时间仓促以及编者水平有限，书中疏漏和不足之处在所难免，敬请广大读者批评并提出修改意见，以利于本书今后的改进。

编　者

2013 年 5 月于杭州

目 录

项目一　快递业发展历程分析与快递业务流程介绍 ... 1

　　任务一　快递业发展历程 ... 2
　　任务二　快递业务流程介绍 ... 16
　　项目小结 ... 28
　　课后练习 ... 28

项目二　网点业务及管理 ... 33

　　任务一　网点概述 ... 35
　　任务二　网点业务操作 ... 52
　　任务三　网点业务管理 ... 75
　　项目小结 ... 83
　　课后练习 ... 83

项目三　分拨中心业务及管理 ... 86

　　任务一　分拨中心概述 ... 89
　　任务二　分拨中心业务操作 ... 100
　　任务三　分拨中心业务管理 ... 109
　　项目小结 ... 117
　　课后练习 ... 117

项目四　快递网络及运输 ... 120

　　任务一　快递网络 ... 121
　　任务二　路由规划 ... 124
　　任务三　快递运输 ... 129
　　项目小结 ... 143
　　课后练习 ... 144

项目五　快递公司客服业务管理 ... 145

　　任务一　快递客服概述 ... 147

  任务二 来电业务处理 ………………………………………………… 156
  任务三 客户投诉处理 ………………………………………………… 165
 项目小结 ……………………………………………………………………… 176
 课后练习 ……………………………………………………………………… 176

项目六 快递公司物流成本管理 ………………………………………… 177
  任务一 快递公司物流成本组成分析 ………………………………… 182
  任务二 快递公司物流成本核算 ……………………………………… 187
  任务三 快递公司物流成本优化分析 ………………………………… 195
 项目小结 ……………………………………………………………………… 210
 课后练习 ……………………………………………………………………… 210

项目七 快递公司供应链管理 …………………………………………… 213
  任务一 电子商务与快递服务 ……………………………………… 215
  任务二 快递公司 VIP 大客户管理 …………………………………… 227
  任务三 快递与终端落地配 …………………………………………… 240
 项目小结 ……………………………………………………………………… 244
 课后练习 ……………………………………………………………………… 244

项目八 快递公司人力资源管理 ………………………………………… 247
  任务一 快递企业人员招聘 …………………………………………… 249
  任务二 快递企业人员培训 …………………………………………… 253
  任务三 快递企业人员绩效评估管理 ………………………………… 256
 项目小结 ……………………………………………………………………… 258
 课后练习 ……………………………………………………………………… 259

参考文献 ……………………………………………………………………… 262

项 目 一

快递业发展历程分析与快递业务流程介绍

知识目标

★ 了解国内外快递业发展历史。

★ 理解近年来国内快递业迅速发展的原因。

★ 掌握快递业务的总体流程及各主要节点的具体流程。

能力目标

★ 能熟练绘制常用快递业务流程图。

★ 能对国内外快递业现状进行对比分析。

课程思政

★ 养成讲诚信的业务经营理念。

★ 养成用创新思维解决业务问题的习惯。

★ 树立守法规范运作的经营理念。

关键词

快递业务　发展历程　操作流程

 案例导入

诚信经商才能持久

提起晋商,人们往往会想起山西乔家。乔致庸做生意,讲究一个"信"字。这是乔家的传统,是晋商的传统。古人常说,无信不商。乔致庸从小耳濡目染,在他身上能够看到乔家一贯守信的风格。再加上他从小读圣贤书长大,儒家所传达的仁义礼智信更是让他受益匪浅。在乔致庸眼里,宁可赔钱,也不能失信。他明白,信誉是商家的根基,是商号的命脉。

复盛西铺是乔家在包头的一大商号,主要经营粮油,不管是质量还是分量都有保证。但部分商号却弄虚作假,有些商家在卖米面的斗上做手脚,缺斤短两的事情屡见不鲜。乔家就靠着长期形成的良好信誉让复盛西铺在包头稳稳站稳脚跟,到这里购买粮油的人络绎不绝。

有一次，复盛西铺往山西运送一批胡麻油，经手的伙计为了从中谋利而在油中掺假。掌柜的发现后，将伙计痛斥一番。凡是乔家人都知道，信誉连着财路，信誉没了，财路也就断了。掌柜的命人倒掉整批掺假的胡麻油，重新换了货真价实的胡麻油。这个举动虽然让乔家损失不少，但却为乔家赢得了守信的美名。从长远看，这个举动足以为乔家吸引更多的客户。

——https://mip.d1xz.net/wenhua/chengshi/art148907.aspx?ivk_sa=1024320u

任务一　快递业发展历程

➡ 情景导航

21世纪以来，中国快递业持续快速发展，已经与发达国家的快递业发展程度不相上下。日常生活中，大多数人对快递终端业务耳熟能详，但是对快递业的产生与发展未必了解。接下来，我们一起来探究几个问题：中国快递业为什么在近年发展得这么快？发达国家的快递业是如何产生与发展的？在快递企业工作前景怎么样？

一、中国快递业发展历程

随着中国改革开放的发展，日趋激烈的市场竞争环境要求社会能够提供更加快捷、安全的物品传递服务，同时不断改善的交通状况及信息管理技术也为这种需求提供了可能，中国快递业由此应运而生。1980年中国邮政开办全球邮政特快专递业务（EMS），随后国际快递巨头纷纷通过合资、委托代理等方式进入中国市场。1986年颁布的《邮政法》规定："信件和其他具有信件性质的物品的寄递业务由邮政企业专营，但是国务院另有规定的除外。"但随着市场经济进一步发展，邮政企业已经

40年来中国
快递业发展

无法满足外贸行业对报关材料、样品等快速传递的需求，民营快递企业因此迅速崛起。1993年，顺丰速运和申通快递分别在珠三角、长三角成立。1994年年初，宅急送在北京成立。2005年12月，中国按照WTO协议全面对外资开放物流及快递业。2007年9月，《快递服务》邮政行业标准颁布，为快递业提供了规范服务行业标准。2008年7月，《快递市场管理办法》正式实施。2009年10月1日，《快递业务经营许可管理办法》和修订后的《邮政法》同步实施，首次在法律上明确了快递企业的地位，并提出了快递业的准入门槛。2015年4月，第十二届全国人民代表大会常务委员会第十四次会议对《邮政法》进行了修订，对快件的签收、赔偿等具体业务制定了相应的操作标准。

中国快递业发展时间并不长，特别是近年来发展迅速的民营快递企业，是从1993年正式开始的。一般来说，可以将近30年的发展细分为以下几个阶段。

1. 1993年：民营快递元年

一切始于1993年！

深圳，24岁的王卫创立顺丰，彼时，各种货物涌进中国香港，他以私人携带快件的方式往返奔波于深圳和香港两地，逐渐走向事业的黄金发展期。

北京，陈平从日本归来后，聚集了7个人，在不到10m²的大学宿舍里，创立了宅急送的前身双臣快运，以送烤鸭、帮人搬家和洗抽油烟机为生。

与此同时，杭州某工厂，20岁出头的浙江桐庐人聂腾飞和淳安人詹际盛，点燃了华东民营快递的星星之火。那时只为出人头地的他们，绝想不到这点星星之火，此后竟会成为中国快递业内最强大的势力集群。他们自己也将成为华东民营快递的领军人，而他们的家乡桐庐也会被誉为"民营快递之乡"。

还在工厂当小工、为未来焦虑的聂腾飞和詹际盛，从詹际盛的弟弟詹际炜的工作中看到了一扇改变命运的门。詹际炜当时的工作是替人去火车站拿货，再运到杭州市区的客户手中。聂腾飞和詹际盛发现，杭州很多贸易公司的报关单需要送到上海，若通过邮政来投递，最快也需要三天。为了不耽误货物出关，这一过程往往时间紧迫，报关单第二天必须到达上海，杭州的贸易公司普遍为此感到头痛。

由此，两人萌生了一个可以被称为"快递雏形"的想法，帮助这些贸易公司把报关单在第二天就送到上海。聂腾飞和詹际盛双双从工厂辞职，创办了申通公司，聂腾飞任总经理。当时从杭州到上海的火车晚上八九点出发，次日凌晨三四点到，票价15元。两人商定：聂腾飞白天在杭州拉业务和接单，每份报关单收100元，晚上坐火车到上海，第二天凌晨詹际盛在上海火车站接应，再把报关单投递到上海市区。两人管这种业务叫"代人出差"。这种前所未有的业务一经推出，大受杭州贸易公司的欢迎。即使在起步阶段，每天只有一单的业务量，100元的价格减去30元的车票，75元的高毛利，也让申通得以生存壮大。第一年，在奔波的艰辛中，申通赚了近2万元。

2. 1994—1997年：低成本快速扩张

由于对公司的未来发展存有分歧，詹际盛1994年从申通抽身而出，成立了另一家快递公司。1994年10月，在杭州天目山路一间不到5m²的小门店里，詹际盛和弟弟詹际炜打起了"天天快递"的招牌。白天，詹家两兄弟一边拿着广告传单散发于杭州各个写字楼，一边接下顾客的报关单。晚上，他们按天轮流乘火车去上海，再于凌晨穿梭在上海的各条马路寻找投递点。这般艰辛不言而喻。有一次，詹际盛3:00达到上海，匆匆赶到东大名路378号上海远洋集团，结果对方还没上班，大门紧闭。11月的天气寒意袭人，又冷又饿的他哆嗦着找到路边一个卖烧饼的小贩。他买了个烧饼站在烤炉旁，一边与小贩聊天，一边取暖。为了能在炉边站得更久，他竟然一连吃了6个烧饼。

浙江人喜欢抱团取暖。听闻聂腾飞和詹际盛都当了老板，有的乡亲便投奔而来。大家一合计，如果各自分散到各个城市，就可以把沪杭的线状业务，变成区域乃至全国的网状业务，如此一来两家公司的业务量将呈几何级数的增长。

唯一的问题是如何分配利益。申通快递和天天快递的办法是向总部交纳几百元的押金就可以开网点。寄件网点独占快件的收入，并负担运费，而收件网点无偿地派送快件。例如，杭州网点把一份快件100元的收费全部纳入自己腰包，再花15元的火车票钱把快件送到上海，上海则必须接收杭州的快件，并无偿地把它送到本地收件人手里。反之，从上海到杭州也是如此。

近30年来，这一规定一直被华东民营快递军团奉为根本法则，也是民营快递快速扩张的经典模式。这种模式看似简单，却蕴含着不可低估的扩张狼性，民营快递本身就是一个技术门槛极低的行业,只需要吃得了苦、跑得了路。对于他们来说,"只需几百元就可以自己当老板"绝对是梦寐以求的事情。

最关键之处在于,他们可以独占从本地发出的快件收入,减去运费所得的高毛利,使他们能够很容易地扎根下来。由于客户量和业务量直接关系到自己的腰包,这种利益分配规则更能够充分调动他们开拓业务的积极性。一时间,华东民营快递业群雄并起,两个敢打敢拼的桐庐人和淳安人,闯进了一个个陌生的城市并在快递领域攻城略地。

1995年,申通开拓了宁波、金华和东阳的市场,而天天则奔赴绍兴。1996年,申通进军南京、苏州两大重地,而天天进入上海。1997年,申通冲出华东,闯进北京、广州、武汉、成都和青岛,而天天则选择了深耕华东,一连抢占了南京、无锡、宁波、嘉兴、镇江和慈溪等地。

申通和天天由此形成的网络优势差异,使得两家公司不计前嫌地开始携手——网络共享,天地一时无比开阔。

3. 1998—2003年:3种模式齐头并进

1998年,王卫的顺丰已经在局部垄断了深港货运,在顺德到香港的陆路货运通道上,顺丰的市场份额已经占到70%!

北京的陈平也开始向全国发力,宅急送一口气在上海、广州、沈阳、成都等7个城市开设了分公司。

申通却遭遇变故,聂腾飞在一场车祸中英年早逝,申通上海总经理陈德军接过权杖。

天天快递的詹际盛仰仗着华东地区发达的铁路网,把天天的业务做得如火如荼。他把总部迁到上海,同时规范网点开设制度,形成了初步的加盟体系,加盟商必须使用总部统一的面单,总部从一张面单中向加盟商收1元,扣去成本3角,净赚7角。

至此,民营快递阵营已经泾渭分明地分为3种路数:顺丰采取所有网点直营的模式,价格高但速度快,主攻中高端市场;宅急送也为网点直营,价格和速度相对顺丰低,主要业务为小件包裹;申通、天天等华东军团则手握加盟模式的扩张利刃,以低成本支撑低价格,竞争最为激烈。

如果说顺丰和宅急送的出拳还有套路,那么华东军团的风格就是灵活。更直白的说法是,只要管用,什么招都能使。

2001年,申通在全国已拥有100多家网点,年营业额逼近亿元大关,而天天的网点也达到了58家。然而华东军团的日子并不好过,业内无序的价格血战已经伤及它们的筋骨。以沪杭线为例,申通和天天起家时100元的价格在2001年已经跌到了22～25元,一些后加入的小公司、黑快递甚至十几元都在做。

到2003年申通在全国有500多个网点,1万多名投递员时,申通各地的"诸侯"们再也撑不下去了,投递员有底薪,还要上保险,加上公司各种开支,如果一味低价,无异于自杀。据说申通的很多地方"诸侯"竟然一度被价格战逼得发不起投递员的工资。

穷极则变。申通变阵的逻辑很简单:发不起工资,干脆就不发。以前"加盟商雇用投递员"的模式变为"一级加盟商再发展二级加盟商"。

按照业内的称呼,一级加盟商为大酋长,负责省市一级。二级加盟商为小酋长,受大酋长管辖,负责城市里某片区或某几条街道。小酋长虽然没有之前的基本工资,反而还要向大酋长交押金,但他们的身份已经从员工变为老板,可以把自己做的业务全部收入囊中,如果做得很不错,所得收入将比以前更多。

新模式不仅大幅降低了公司和大酋长的成本,而且还极大地激发了小酋长的积极性。新模式迅速在申通、天天等华东民营快递的网络中铺开。由于小酋长掌握了终端定价权,可以在自己的一亩三分地内向客户灵活地报价,价格血战变得更为混乱、惨烈。

低价和狠折是业内常规的竞争手段,不赚钱甚至赔点本也不算稀奇。对于大多来自社会中下层、正值年轻气盛的快递从业人员来说,真实的拳脚相向甚至刀光剑影,似乎比其他方式可以更痛快地一分高下。

4.2004—2009年:部分淘汰

2004年,顺丰刚刚打了一场漂亮的"非典反击战",正以50%的增长速度向前冲刺。顺丰的主要利润区广东省正是非典的重灾区,许多人不再出门,而是选择快递,使顺丰的业务量呈井喷式增长。非典也使得航空公司的生意非常萧条,航空运价大幅下跌。顺丰趁势租下5架737全货机,成为国内第一家使用全货运专机的民营速递企业。

快递被淘汰

在价格战中杀得你死我活的华东军团,只能眼睁睁地看着顺丰的飞机划过天空,翱翔于中高端市场,与外资阵营的高手过招。而北京的宅急送,情况更为不妙,刚经历了一场"削藩集权"的内耗,又在盲目扩张时遭遇华东军团新模式掀起的价格战,其利润率陡降20%,并首度报亏。

2004年俨然成为民营快递发展史上的一道分水岭。

这一年,有两个重要人物相继来到上海考察市场。当他们发现"仅上海到昆山一线,每天的快递总量能达到1万单"时,两人产生了截然不同的感想,一个积极,一个消极。两人之后的命运是:两种感想引出两条相反方向的命运曲线,绕了一个大圈子后,最终还是交汇于一个共同的终点。积极的一个,是东道快递的创始人鄈伟。看到华东这块市场大蛋糕,他忍不住拿起了刀叉。消极的一个,则是小红马快递的创始人曹杰。他明显地感到,小红马决然拼不过华东军团,以及华南的顺丰。

华东军团和顺丰能够迅速扩张的一个很重要的原因是,它们的大本营,经济发达的长三角和珠三角拥有庞大的城市群,绝佳的地理优势促成了一张具有强大盈利能力的局域网络,能为华东军团和顺丰的全国扩张输血给养。

而京城同城快递出身的小红马,在华北地区仅有京津一线可以仰仗,其全国网络基本是与各地的快递公司合作搭建的。由于小红马上海的合作伙伴不稳定,生生死死地更换频繁,时常爆发私拆邮件的现象,而上海网点收发量仅次于北京,其地位至关重要,曹杰在上海恰好有一支做电子商务配送的百人团队,在其他各地合作伙伴的强烈要求下,曹杰不得不将这支颇具盈利能力的团队转改成快递网点,以配合全国网络。

欲在华东军团的心脏地带大干一场的小红马团队,很快遭到华东军团小酋长们的围堵,一切努力就像一颗石头投进了大海。一方面,小红马的价格一度低至亏本的3票10元,都难以打开上海市场的局面;另一方面,由于其他各地合作伙伴的货件发到上海的时间不一、地点各异,他们不得不每天四五趟地奔波于上海市的东南西北。

既要服务好客户,又要服务好合作伙伴,小红马的上海部队只能无奈地疲于奔命。与之形成反差的是,华东各个军团的上海总部每天只需要打开计算机,看看当天的业务量,就能根据面单利润计算出当日盈利。不到一年,沦为资金黑洞的上海小红马,最终逃不过被撤掉的命运。

2008年对于北京的民营快递业来说是灰暗的一年。在同行的冲击下,两面曾经风光的旗帜,小红马和宅急送都在这一年失去了色彩。

退守北京后的小红马随即在大本营遭遇了华东军团的低价冲击。2006年,小红马北京同城快递的报价是三环之内10元,四环之内15元,业务量大的商务区,打折下来也有10元。而申通、天天等华东公司在北京的同城快递已经杀到了三四元的超低价,而且这些公司的业务员对于客户如狼似虎的抢夺,已经让小红马难以招架。

2008年10月,曹杰将小红马在北京的业务,分区域打包卖给仍希望继续做快递的老员工,并承诺一年的品牌过渡期,一年之后再宣布小红马退出,以减轻对接盘者的负面影响。

几乎与此同时,陈平黯然离开苦心经营15年的宅急送。他在宅急送最后的日子里,一度力图将公司主营业务从"包裹和大件"转向"小件和邮件"。因为同样的价格,宅急送要送一个较重的包裹,而顺丰、申通和天天只送一封很轻的信函。光从运送工具来看,同行只需一辆单车就可以送二三十封信函,而宅急送则需要发动汽车来搬运一两个大件和包裹。

但宅急送的转型为时已晚。在速度上,直营网络已相当成熟的顺丰,其限时快递服务无人能出其右。它在广东、北京和长三角的"当日达"业务正如日中天。在网络广度和价格上,申通和天天等华东的公司已经不给外人留下半点空间。面对这样一张密不透风的大网,连联邦快递和UPS等外资快递巨头都望而兴叹,只得局限于国外快递业务,更何况风光不再的宅急送。2009年,沪杭线的价格已经跌到8~10元,最夸张的还有"自杀性"的5元低价。

东道快递的郜伟就是在这般酷烈的背景下,在前面两次失败后,于2009年3月第三次挺进华东。出征前有人提醒他:华东竞争惨烈就像攀登喜马拉雅山,用强行军的方式登顶氧气(钱)消耗很大,必须备足氧气(3亿元以上用3年的时间)。而实际东道快递进入华东只携带了不足3 000万元。东道这次的价格屠刀低得吓人:同城2元,省内5元,跨省8元。而其他快递公司一般分别收5元、10元和15元。然而,这般低价根本不足以让东道在短期具备造血供氧的能力,反而是一直在放血。很快,东道便缺氧(钱)了。资金链紧绷,使东道被迫挪用代收货款周转,但窟窿还是渐渐大得填不上。就在周转不灵、濒临倒闭的时候,郜伟发出"告员工书",要求每个员工,上至他本人,下至每个派件员,每人每月拿出1/3工资来拯救东道,等东山再起时返还。但是,一切已经于事无补。

2009年10月1日,民营快递的达摩克利斯之剑新《邮政法》正式实施。新法将邮政专营的标准设置为"同城快递50g以下、异地快递100g以下"。这无疑是夺走了民营快递最丰厚的一块蛋糕。如果严格按照新法执行,大多数公司不但会经营困难,甚至还会面临倒闭。时下新法"专营"的细则还未出台,各个民营快递老板的反对之声不绝于耳。民营快递与政策的博弈,经历了多年的模糊与混沌后,终于打开了天窗,进入白热化的阶段。

就在新法正式实施的前夕,小红马高调宣布正式退出快递市场。

11月,东道出现"窒息",其上海、江苏、浙江和安徽所有网点停止运营。2010年1月23日,东道彻底倒闭,邮伟被拘。东道的客户们闻风集体追缴千万货款,导致广州岗顶地区交通崩溃,引起公众关注。

而与之形成反差的是,2009年年末,顺丰第一架自购飞机起航,这家低调而稳健的公司一直为业内所仰视。天天快递在全国已有150多家一级加盟商,每天业务量有40多万件;韵达快递拥有500多家一级加盟商,每天业务量有80多万件。按每件赚1元估算,它们每天都有几十万元进账。

5. 2010年至今:规范发展,纷纷上市

2015年10月,国务院出台了《国务院关于促进快递业发展的若干意见》,明确了快递行业对稳定经济增长、促进经济结构调整以及提高居民生活质量的重要作用,并指出,未来国家将在快递行业深入推进简政放权、优化快递市场环境、健全法规规划体系、加大政策支持力度等,这些政策的实施将为快递行业的快速发展奠定良好的基础。

对于快递企业来说,单靠原始资本积累,发展速度会比较慢。同时,上市对于整个企业的发展来说,也能够更规范化。上市或将成为快递企业分水岭,一些服务能力差的快递企业将被市场淘汰。对于快递企业来说,未来的商业模式和运营模式会变得很重要,如今产品单一、只打价格战的模式不可持续。当前的"洗牌"更多的是市场地位的"洗牌",最终会有差异化的发展方向。例如,将来大型快递公司会朝着综合物流转型,中型快递公司向专业化转型,小型快递公司会向个性化转型。同时,竞争形式也会由国内竞争转向国际竞争,价格竞争转向人才、装备的竞争,单一产品向多元化产品竞争。

自2016年开始,国内五大民营快递企业竞相上市,除中通选择赴美IPO之外,顺丰、圆通、申通和韵达四家民营快递都选择了借壳上市。在国内快递企业中,顺丰、"三通一达"属于第一梯队,顺丰重点发展商务市场,"三通一达"则以电商市场为主。快递企业上市融资后,会升级企业的经营模式,包括加强自身网络建设,同时拓展业务范围,重点在产业链的上下游拓展。

近年来,快递业增速减缓,价格战、人力成本上涨等造成经营成本不断上涨,导致经营利润率不断下降。国家邮政发布的数据显示,2021年我国快递业务量为1 083亿件,同比增长29.92%。与我国的GDP增长速度相比,快递业的增速仍然是比较快的;不过,与2016年前50%以上的年增幅相比,增速的回落也是明显的。快递业的增速大幅放缓与当下的市场环境有直接关系,在国民消费信心下滑的情况下,包括电商、快递等行业将受到冲击。而要突破目前同质化的行业竞争,扩展规模,提升竞争力需要大量的资金支持。这些上市快递公司的资金主要用于基础设施、机械化、自动化建设,近年来的竞争已是价格竞争与服务竞争并重的状态。

二、国外快递业的发展历程

快递业最早是于20世纪初在欧美等国发展起来的,百余年的发展,使其日益强大和完善。以下就以业界赫赫有名的全球三大快递公司的发展历程为例,管中窥豹,了解国外快递业的发展历程。

1. UPS

UPS(联合包裹运送服务公司)于1907年8月作为一家信使公司创立于美国华盛顿州西雅图市。通过明确地致力于支持全球商业的目标,UPS如今已发展为拥有497亿美元资产的大公司,总部位于美国亚特兰大。作为世界上最大的快递承运商与包裹递送公司之一,UPS同时也是专业的运输、物流、资本与电子商务服务的领导性的提供者。每天,UPS都在世界上200多个国家和地域管理着物流、资金流与信息流。UPS亚太地区创建于1988年,总部在新加坡,服务区域为亚太地区的40多个国家与地区,当地雇员有13 300人(全球共有42.53万人)。亚太地区运送车队共有各种车辆超过1 400辆(有篷包裹货车、卡车与摩托车),操作机构(分拨中心与中心)超过344个,为其服务的机场有16个,亚太地区航空分拨中心包括中国台北、中国香港、新加坡和菲律宾潘帕嘉。2021年,UPS营业收入达973亿美元,较2020年增长15.0%,调整后的营业利润为131亿美元,较2020年增长50.8%,连年保持强劲的增长势头。

2. FedEx(联邦快递)

FedEx(联邦快递)于1971年6月成立于美国德拉瓦市,总部设在美国田纳西州孟菲斯市,目前为220多个国家及地区提供快递运输服务。其在亚太地区32个国家和地区有近9 000名员工,公司的亚太区总部设在中国香港,同时在中国上海、日本东京、新加坡均设有区域性总部。1995年9月,联邦快递在菲律宾苏比克湾建立了第一家亚太运转中心,并通过亚洲一日达网络提供全方位的亚洲隔日递送服务。根据公司在美国成功运作的"中心辐射"创新运转理念,亚太运转中心现已连接了亚洲地区18个主要经济与金融中心。联邦快递每个工作日运送的包裹超过320万个,在全球拥有超过138 000名员工、50 000个投递点、671架飞机和41 000辆车。2021年5月,联邦快递位列"2021福布斯全球企业2 000强"第119位。

以下是联邦快递在中国发展的关键事件。

1989年,首次获政府批准为中国香港、中国台湾地区提供运送服务。

1992年,将太平洋总部从美国夏威夷迁至中国香港。

2002年,成为首家向中国内地客户提供服务的国际速递商。

2003年,开设全新直航航班,将中国深圳与美国阿拉斯加安克雷奇的转运中心连接,首次为中国客户提供前往北美的次日速递服务。

2004年10月,美国交通部正式授予联邦快递每周12班往返中美的货运航班,让联邦快递每周飞往中国的货机增至23班。11月,在上海设立中国业务分区总部。

2005年3月,开通全球航空速递业首条中国大陆直飞欧洲的航线,每日由上海飞往法兰克福。4月,美国交通部批准联邦快递新增3班货机飞往中国。8月,开通连接中国和印度的新次日航线。

2006年1月,投资1.5亿美元于广州白云国际机场新建的亚太转运中心动工。

2007年年初,在中国推出次日送达国内服务,该服务被快速推广至中国30多个城市并为全中国200多个城市和乡镇提供指定日期送达服务。位于杭州萧山国际机场的转运中心每小时最多可以分拣9 000个包裹。

2008年,联邦快递为中国9个主要城市提供次早达服务,并延长了长三角、珠三角、北京和天津地区的截件时间。12月,联邦快递位于广州(中国南部城市)的全新亚太区转运中心成功进行首次航班操作测试,并宣布全新转运中心的投入使用时间。

2009年6月,联邦快递在中国武汉设立客户服务中心,为华东地区的国际快递客户和全中国的国内限时快递客户提供服务。引入次日达服务,连通中国内地、中国香港、新加坡与法国和德国之间的快递网络。

2010年1月,开通首条波音777货运航线,并将中国上海与位于美国田纳西州孟菲斯的联邦快递超级转运中心连接起来。3月,推出首条连接中国香港与位于美国田纳西州孟菲斯的联邦快递超级转运中心的波音777货运航线,并在中国香港与法国巴黎的欧洲转运中心之间推出了全新的隔日达服务。

2013年7月,完成扩建位于北京首都国际机场的口岸操作中心,从而进一步提升了国际货物处理能力,以满足华北地区日益增长的客户需求。8月,在13个亚太区市场拓展温控包装(TCP)产品组合,引入全新的"冷藏运输"包装选项,可为需要将温度控制在2~8℃的货件提供长达96h的冷藏环境。10月,进一步提升冷链配送方案,满足医疗行业和对货件温度有较高要求的客户需求,方案包括热敏毯、冷链运输包装选项、深度冷冻运输解决方案及Shipment Watch(装运信息跟踪)。

2016年1月在中国大陆推出了"联邦快递优先定制服务"(FCF)。该服务适用于出口到全球或从美国和主要亚洲国家进口的货物。它主要针对需要对温度控制、货物安全和运输过程进行高度监控的行业。

自2018年起,联邦快递在中国多个城市投入使用纯电动车,并且不断推进寄件流程电子化。相关创新解决方案在减少纸张和能源消耗的同时,提升了寄件和发货效率,让寄件既轻松又环保。

2019年,由于"误寄"事件,联邦快递在中国市场的业务遭受负面影响,引发市值大幅下跌。

2022年,随着中国疫情防控政策的逐步放开,联邦快递大范围恢复在中国市场的业务,并宣称将继续在中国拓展航空和地面网络,进一步开拓二、三级市场。公司将引入创新技术,利用高科技为客户提供高质量运输服务体验。

3. DHL

DHL(敦豪国际公司)由Adrian Dalsey、Larry Hillblom及Robert Lynn于1969年9月在美国加利福尼亚州成立,是最早进入中国的跨国快递巨头。目前DHL在229个国家有675 000个目的站、20 000多辆汽车、60 000多名员工,并且在美国及欧洲有300多架飞机。DHL总部在比利时布鲁塞尔,是由德国邮政、DANZAS、DHL三部分整合而成,现在由德国邮政全球网络100%拥有。DHL 60年来一直以惊人的速度发展。

1969年,DHL的创始人自己乘坐飞机来往于旧金山和檀香山之间运送货物单证,朝着事业的发展方向迈出了一小步。多年后,DHL拓展了网络建设,逐步将业务拓展到世界各个角落。同时,随着市场扩大,市场环境日益复杂。为了适应本地及全球客户需求的变化,DHL对自身进行了重组。目前,DHL的国际网络已经连接了世界上220多个国家和地区,员工达到300 000人。此外,DHL在快递、空运与海运、国际运输、合同物流解决方案及国际邮递等领域提供了无可比拟的专业性服务。从1969年的3名员工到2008年的 300 000 名员工，DHL 一如既往地秉持专业精神与服务理念。DHL 品牌所代表的个性化服务承诺、积极主动的解决方案与本地优势已深入人心。DHL 成功的核心在于其员工始终关注客户需求，并提供定制化的解决方案。2021 年，DHL 整个集团营业收入同比增长 22.5%（达到 817 亿欧元），这也是集团历史上最高的收入。公司营业利润同比增长 65%，达到 80 亿欧元。

以上 3 家公司都在 20 世纪 80 年代进入中国，因为政策的限制，都和中外运公司合资成立了公司。它们在全球各有优势，如从中国出发，FedEx 和 UPS 的强项在美洲线路和日本线路，DHL 则是在日本、东南亚、澳大利亚有优势。

受中国巨大的速递市场诱惑，FedEx 和 UPS 两家国际速递市场的巨无霸纷纷加大投资力度，抢夺远程快递市场份额。FedEx 为中国内地客户提供了亚洲一日达及北美一日达业务，位于北京、上海、广州、深圳及周边城市的客户的快件，可在下一个工作日被送达 15 个亚洲城市、美国及加拿大的主要城市。

国际性的大速递公司在国际速递业务方面占有明显的优势，UPS、FedEx、DHL 三大快递公司，目前占据了中国国际快递业务 80% 左右的市场份额。

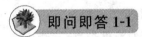

即问即答 1-1

国内快递企业快速成长的原因有哪些？近年来增速减缓的原因是什么？

三、国内快递业的现状

（一）国内快递三足鼎立

目前，国内快递行业是中国邮政、民营快递和国际快递企业三足鼎立。2009 年冬天快递业的"涨价风波"和 2010 年年初民营快递企业 DDS（深圳东道物流公司）的轰然倒闭，让市场不得不重新思量中国快递业的未来。经过多年高速发展，快递业已成为社会商品流通的重要通道。面对国内快递业服务质量差、核心竞争力低的局面，运用并购手段推动快递业整合重组将成为快递业持续健康发展的必由之路。

对于快递的含义，新《邮政法》认为快递是在承诺的时限内快速完成的将信件、包裹、印刷品等物品，按照封装上的名址递送给特定个人或者单位的寄递活动。然而快递与传统的邮政业务在运输对象性质上存在较大差异，传统邮政业以信函为主要传递对象，其实质是信息流的传递，而快递业的实物流特性更为明显。因此，快递业与物流业具有较多的相似之处，但通常来讲快递业所运输的货物重量更轻、体积更小，在时间上比物流业要求更高。可见，快递业是介于物流业和传统邮政业之间的相对独立的新兴行业。

我国快递业经过几十年发展，已经形成了一个规模庞大的产业。按照快递企业性质及规模，可以将我国快递业企业分为 4 类：第一类是外资快递企业，包括联邦快递（FedEx）、敦豪（DHL）、联合包裹（UPS）等，外资快递企业具有丰富的经验、雄厚的资金以及发达的全球网络；第二类是国有快递企业，包括中国邮政（EMS）、民航快递（CAE）、中铁快运（CRE）等，国有快递企业依靠其背景优势和完善的国内网络而在国内快递市场处于领先地位;第三类是大型民营快递企业,包括顺丰、中通、韵达、京东等,大型民营快递企业在国内市场站稳脚跟后,已逐步向海外扩张;第四类是小型民营快递企业,这类企业规模小、经营灵活但管理比较混乱,其主要经营特定区域的同城快递和省内快递业务。

(二)快递业并购动因

新《邮政法》出台之前,我国快递业在法律上处于真空状态,1986年的《邮政法》使快递企业长期背负"黑快递"之名。而随着快递市场规模不断扩大及新《邮政法》的实施,快递业并购整合条件逐渐成熟。

1. 行业前景为并购提供动机

持续稳定增长的国内宏观经济,为快递业提供了良好的经济基础。而近年来兴起的网络购物市场,为快递业提供了新的业务增长点。数据显示:2016年我国网络零售额达5.16万亿元,占同期社会消费零售总额的15.5%。由于网络购物特别是C2C交易通常选择第三方快递企业进行商品配送,因此网络购物为快递业提供了充足的业务来源。与国内最大C2C交易平台淘宝网合作密切的圆通、申通等快递企业,其六成以上的业务量都来自网购交易。

快递市场巨大的发展潜力,为快递企业提供了广阔的发展空间。快递企业除采取加盟、自建操作点等方式开拓市场外,还可以利用收购、兼并现有快递企业等方式快速扩大市场规模。

2. 行业特征为并购提供动力

快递行业具有显著的规模经济特征,快递企业之间的整合可从多方面产生管理协同效应。首先,快递企业并购可以扩大市场覆盖范围,扩展快递网络,由此提高企业业务量并增加业务收入。其次,快递企业整合可提升企业的品牌价值,特别是知名的大型快递企业整合小型快递企业之后,可以使大企业的品牌、声誉等无形资产得到充分利用。最后,快递企业整合可优化快递员、车辆配置,提高企业揽收、投递效率,从而降低经营成本。快递行业的这种行业特征,决定该行业应具有适度的集中性,快递行业目前较低的集中度必将通过并购整合而提升。

3. 政策调整为并购提供机遇

《中华人民共和国邮政法》(2015年修正)(以下简称《邮政法》)规定了快递业务实行经营许可制度,并设置了快递行业的准入门槛,第五十二条第二款规定:"在省、自治区、直辖市范围内经营的,注册资本不低于人民币五十万元,跨省、自治区、直辖市经营的,注册资本不低于人民币一百万元,经营国际快递业务的,注册资本不低于人民币二百万元。"第五十五条规定:"快递企业不得经营由邮政企业专营的信件寄递业务,不得寄递国家机关公文"。虽然邮政企业专营范围目前尚未正式出台,但《邮政企业专营业务范围的规定》将同城快递50g以下、异地100g以下信件的业务划为邮政企业专营范围。

资料链接1-1:
《中华人民共和国邮政法》(2015年修正)

目前国内登记备案的数千家快递企业中,大多数企业的规模都较小,提高快递行业的准入门槛将把部分经营者挡在门外。而邮政专营范围的划定,也使众多小快递企业面临生存危机。分量轻、体积小的快递业务正是快递企业利润蛋糕上的黄油,目前占据部分快递企业业务量的40%~60%。行业政策的调整将增强部分从业者的退出意愿,而这其中不乏具有一定市场地位、管理规范的企业,这些企业将成为大型快递企业并购的合适对象。

(三) 快递业并购模式

快递业并购整合动因及行业格局,决定快递业的整合将以两种模式展开,即快递业横向并购模式和快递业纵向并购模式。

1. 快递业的横向并购

快递业的横向并购是指快递企业之间的相互整合,依据当前市场格局可能出现大型民营快递企业收购小型民营快递企业和外资快递收购民营快递两种交易。目前,快递业中大型民营企业如顺丰速运、申通快递等业务主要集中在经济发达的一线城市,在中小线城市网络较为薄弱。随着一线城市竞争加剧及中小城市快递需求增长,向中小城市扩张成为大型快递企业的必然选择。而中小城市快递市场目前主要被当地小型快递企业占据,这些小型企业在本地市场通常具有较广泛的配送网络,但资本实力有限,在行业政策影响调整下面临出局的危险。此时,大型民营快递企业收购这些小型快递企业,不仅可以完善大型民营快递企业的网络体系,也将使小型快递企业获得资金及技术上的支持。

外资企业目前面对规模庞大的国内快递市场,也在伺机进入。虽然新《邮政法》规定:"外商不得投资经营信件的国内快递业务",但新《邮政法》并没有对"外商"概念进行详细规定,这使得外资快递企业对该市场仍充满期待。通过收购具有一定规模的民营快递企业,从而"迂回"进入国内快递市场或将是外资快递企业的现实选择。2009年上半年,DHL通过在华子公司中外运-敦豪以3亿元的价格收购上海的全一快递,引发了外资快递在华扩张的新一轮热潮。

同时,国内快递企业之间"大鱼吃小鱼""强强联手"式的并购也是此起彼伏,2020年开始,阿里收购申通的股份、极兔收购百世的股份、京东收购德邦的股份,一时间,快递资本市场上硝烟四起。

2. 快递业的纵向并购

快递业的纵向并购是指快递企业向快递产业链上下游扩张,未来快递业的纵向并购将以快递企业整合交通运输企业为主。目前,国内快递企业除中国邮政外,其他在快速运输方面都存在着一定障碍,这已经成为快递企业的发展瓶颈。民营快递企业的运输主要以公路运输为主,使用航空运输的企业较少。而国际快递行业发展经验表明,航空运输是提高快递企业竞争力的重要途径。2010年年初,由顺丰速运参股成立的顺丰航空完成首航,标志着民营快递企业正式进军航空快递领域。随着国内快递企业实力不断壮大及航空领域逐步开放,民营快递企业参股、控股航空企业的条件正日渐成熟。

而外资快递企业在中国快递市场的纵向整合,将可能以公路运输企业为主。外资快递企业强大的资金实力使其在航空快递领域具有绝对优势,但支撑航空快递的公路运输体系是其在华发展软肋。外资快递企业急需通过公路运输以完善其快递网络体系,从而扩大快递网络覆盖范围。

总之,我国快递行业在快速发展的同时,受行业内在特征驱动及政策调整等因素影响,进行内部的并购整合已经势在必行。在未来的行业整合中,将主要以大型民营快递企业和外资快递企业的横向并购和纵向并购为主。

(四)快递与电商良性互动

21世纪以来,我国的电子商务获得了快速发展,与之相对应的是快递产业也呈井喷式的增长(图1-1、图1-2)。2021年我国网络购物市场规模达13.09万亿元,2008—2021年,中国网络零售市场交易规模增长近130倍,网购需求的爆发式增长给快递行业带来了新的增长动力,催生出巨大的国内快递服务需求,民营快递企业借此高速成长,不断壮大,在国内快递市场中逐步占据优势地位。

快递业的下半场:电商战火燃向海外市场

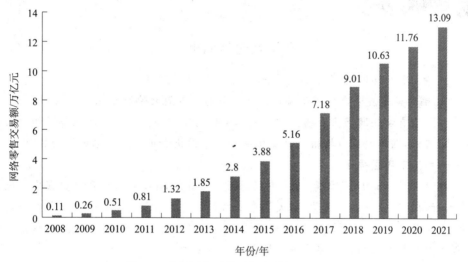

图1-1 我国历年网络零售交易额增长趋势

图1-2 我国历年快递业务增长趋势

根据国家邮政局统计,从2011年到2021年,我国快递业务量从36.7亿件增长到1 083亿件,10年时间增长了30倍,并在2014年首度超过美国,规模持续保持全球第一;业务收入从758亿元增长到10 332亿元,增长了14倍。我国的快递业仍然保持着较快的发展速度。

宏观经济的好坏直接影响客户对于快递服务的需求量,当宏观经济环境不断好转的时候,社会经济活动活跃度提高,客户对于快递服务的需求量就会增加;反之,当宏观经济增速下滑,客户消费意愿下降,对快递服务的需求将随着下降。快递规模增速的放缓,也给快递企业的发展提出新的挑战,会影响行业龙头企业的战略布局。

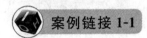

案例链接 1-1

国际快递格局重构

2016年,亚马逊FBA为全球卖家配送超过20亿件商品。

2016年的国际快递市场可谓风起云涌。前有史上最大快递企业收购案,FedEx成功收购TNT,后有互联网巨头亚马逊宣布进军快递物流市场。而随着越来越多的中国快递企业布局海外,国际快递市场格局的变化也将对中国快递市场产生深远影响。

4-1=3,对手更强了

2016年5月25日,成立于1946年的TNT在创立70年后成为历史。在中国被称为"四大国际快递企业"(以下简称"四大")中成立最晚的FedEx以44亿欧元成功并购同为"四大"之一的TNT。尽管近年来大型跨国企业之间的同业收购屡见不鲜,但这宗收购案的规模和对市场格局的影响在快递发展史上均属首位。

发轫于欧美的"四大"在全球一体化进程中把握先发优势,长期占据国际快递市场领先地位和产业链顶层,代表着快递业发展的最高水平。即使在中国稳坐"快递第一大国"宝座的今天,中国快递企业仍一直视"四大"为对标的对象。

"四大"成为"三大",对国际快递市场最直接的影响是FedEx携TNT欧洲与东南亚网络和自身全球最大航空货运网络之威,提升其在欧洲和东南亚市场的竞争力。虽然旧的市场秩序已被打破,但在新的市场秩序中,近年来强势崛起的中国快递企业将面临更高的产业壁垒和更强劲的对手。

特别是那些以欧洲和东南亚地区为跳板布局全球市场的中国快递企业,将承受更大的竞争压力。作为全程全网的现代服务业,快递业向来是"赢者通吃",领先者一旦坐稳领先地位,后来者反超就需要耗费极大的资源和成本。

但中国快递企业并非毫无机会。对FedEx而言,收购TNT并非易事。这宗现象级的并购在增强FedEx实力的同时,也在考验它的能力。不管并购会为中国快递企业带来更大的机遇还是更严峻的挑战,刚刚形成的市场秩序都远不如旧秩序稳固。强大对手立足未稳之时,正是后来者打破市场秩序最佳的时间窗口。

在《国务院关于促进快递业发展的若干意见》出台后,中国快递企业掀起一股"出海"的热潮。除中邮速递依托万国邮联体系和邮关合作的资源优势、顺丰在海外自建货运网络外，其他快递企业在"向外"发展时依然保持加盟制的"出厂设置"，主要客户也多以海外华人华侨为主。

那么，这些快递企业在2017年以及更长的一段时间内都需要面对这样一个问题：在中国快递市场如鱼得水的加盟制，是否能让欧美国家和主要新兴经济体的消费者买账？仅从中通赴美上市的过程来看，加盟制作为商业模式，在中国市场的成功确实获得了美国资本市场的认可，但这与获得美国消费者的认可是完全不同的概念。要想打开全球市场，美国是重中之重。因此，在"出海"的航程中，中国快递企业依然任重而道远。

1＋1＞2，模式更多了

2016年，能与FedEx收购案相提并论的国际快递市场大事件，还有FedEx的大客户亚马逊宣布进军快递物流市场。尽管在此之前亚马逊实际上已涉足快递物流领域多年，但其将"自建快递物流网络"作为企业发展目标正式对外公开，依然给市场带来不小的震动。

受这一变化影响最大的当属FedEx和UPS。亚马逊的举措实际上已经宣告，即使是世界上最出色的两家快递企业，也无法满足自身日益增长的快递物流服务需求。尽管亚马逊、FedEx和UPS一直宣称彼此之间不受此举措影响，并将一如既往地发展多年来所保持的良好合作关系，但亚马逊所建立的快递物流网络与FedEx和UPS之间已经形成事实上的同业竞争。

让亚马逊如此有底气的是其不断扩大的业务规模。2015年，亚马逊快递业务量约为10亿件。与此形成鲜明对比的是，FedEx在2016财年的快递业务量约为30亿件。这意味着亚马逊的快递业务量已达FedEx的1/3。即使在全球范围内，能达到这种业务规模的快递企业也寥寥无几。

从企业核心竞争力看，亚马逊同时拥有不输于阿里巴巴的云计算技术水平和不输于京东的自建快递物流服务体系。与走社会化协同物流路线的阿里巴巴和走自建物流路线的京东相比，亚马逊目前的快递物流战略也像是两大中国竞争者的折中版本。其目的并不难理解。一方面，开放的平台属性决定了亚马逊乐于成为快递企业的大客户；另一方面，当亚马逊发现自己可以凭借技术和规模上的优势从自建快递物流网络中获益（特别是与会员服务相结合）时，它也不可能放过这个商机。

对中国电商企业而言，亚马逊无疑是国际电子商务市场的领导者和样板，其快递物流模式一直备受关注。尽管起点不同，但阿里巴巴和京东的快递物流模式正在逐渐向亚马逊的"折中版"靠拢——阿里巴巴旗下的菜鸟网络逐步扩大自建仓储网络；京东自建快递物流网络正式对外开放。究其原因，激烈竞争多年后，双方都意识到电商快递物流领域的复杂程度之高，是一道需要考量企业发展成本、资源、效率、质量和方向的综合题，单纯地依靠社会化协同或自建都不能完全解决问题。

"大"和"小""长"和"短"

基于上述国际快递市场的格局变化，中国快递市场将向"大的越来越大"和"小的越来越小"的格局分化，向"长的越来越长"和"短的越来越短"的链路分化。

"大的越来越大"，是由于国际快递市场领先企业规模不断扩大以及市场集中度不断提升，中国快递企业欲与之竞争，必然也要不断扩大自身规模。特别是在资本更多地介入后,中国快递市场有望在数年内从目前的多头竞争格局调整为服务价格和质量更稳定的寡头竞争格局。依托于庞大的人口基数和消费潜力,规模扩张将是中国快递企业未来几年发展的主旋律。而如何在规模扩张的同时,提升发展水平和发展质量,有效发挥规模扩张的优势,将成为中国快递企业赶超国际同业领先者的关键。

"小的越来越小",是由于国际快递市场精细的社会化分工经验正在逐渐传到中国。在领先企业已经树立行业壁垒的前提下,后来者基本不可能再建立起拥有全球或全境流通能力的网络。在这种情况下,切入市场中的某一个细分领域,将成为越来越多企业的选择。以菜鸟网络为例,其服务供应商多为心怡科技(负责仓储管理)、万象物流(负责落地配)和理物分拨(负责分拨规划)等专攻某一细分市场领域的中小企业。

"长的越来越长",是由于国际快递市场领先企业多为综合物流服务供应商,并非仅局限于快递业务,这也将成为未来中国快递企业普遍的转型方向。与只从事快递业务的企业相比,综合物流服务供应商可为多个行业提供供应链一站式解决方案,并能根据不同行业和不同企业的特点进行个性化处理,在产业链和价值链上的地位更高,不可替代性更强。

"短的越来越短",是由于大数据、云计算和人工智能在国际快递市场的广泛应用,大幅缩短了传统快件处理流程的链路。目前,部分集中发货的快件已实现从发件地不经过任何分拣中心,直达派件网点。同时,移动互联网的发展使快递业的信息传播链路越来越短。快递员通过手持终端设备可随时联系企业总部与消费者两端,信息处理效率大幅提升。

今后,中国快递企业将更多地参与全球流通领域的市场竞争中。中国快递业在探索建立真正拥有国际竞争力的"快递航母"之路上,将考验政府和市场主体是否拥有足够的远见和魄力。

——https://www.yejoin.com/wlzx/id-631/

任务二 快递业务流程介绍

情景导航

王明今年刚进入YD速递有限公司客服部门工作,为了能快速找准客户投诉问题的原因,亟须对公司经营的快递业务流程有一个大致的了解。作为公司的老员工,应如何向其介绍快递业务的主要流程?

一、快递业务基础知识介绍

(一)快递业务的定义与特点

按照《快递市场管理办法》规定,快递业务是快速收寄、分发、运输、投递(派送)单独封装具有名址的信件和包裹等物品,以及其他不需要储存的物品,按照承诺时限送到收件人或指定地点,并获得

微课:快递作业流程

签收的寄递服务《快递服务邮政行业标准》对快件重量的规定：国内单件快件重量不宜超过 50kg；对快件的单件包装规格规定：任何一边的长度不宜超过 150cm，长、宽、高 3 边长度之和不宜超过 300cm）。

快递服务是通过网络实现的，快递网络可分为快件传递网络和信息传输网络。快件传递网络是由快递呼叫中心、收派处理点或营业网点、处理中心和运输线路，按照一定的原则和方式组织建立起来并在调度运营中心的指挥下，按照一定运行规则传递快件的网络系统。信息传输网络是指在快件传递过程中伴随着相关信息的传输网络，这些信息包括单个快件运单的信息、快件总包信息、总包路由的信息，以及快件传递过程中每个节点产生的信息等。

快递隶属于物流，它包含物流活动的基本要素，属于"精品物流"。与其他物流业务相比，快递服务具有以下特点。

（1）快递服务的本质反映在一个"快"字上，快速是快递服务的灵魂。

（2）快递服务是"门到门""桌到桌"的便捷服务。

（3）快递服务需要具有完善、高效的服务网络和合理的覆盖网点。

（4）快递服务能够提供业务全程监控和实时查询。

（5）快递服务要求快件单独封装，具有名址、重量和尺寸限制，并实行差别定价和付费结算方式。

即问即答 1-2

快递业务与零担业务有何区别？快递业务与快运业务又有何区别？

（二）快递的分类

根据不同的分类标准，快递可分为不同的快递服务种类。

1. 按快件种类分类

（1）到付件。由收件方支付快递费用的快件。

（2）保价件。客户在寄递快件时，除交纳运费外，还按照声明价值的费率交纳保价费的快件。保价件使用特殊面单，面单上必须注明保价金额并按规定收取相应的保价费。

（3）VIP快件。针对公司 VIP 客户所发的快件，VIP 快件的面单颜色和条码与普通快件不同，且面单上有显著的"VIP"字体标注。

（4）文件快件。使用公司专用信封包装的重量小于 0.5kg 的快件。

（5）代收货款快件。发货客户将商品出售给到达客户，快递公司可替发货客户向到达客户收回货款的快件。

（6）电子商务快件。仅指"线上"下单的快件。

2. 按网络规模分类

（1）国际快递。在两个或两个以上国家（或地区）之间所进行的快递、物流业务。

（2）国内异地快递。寄件人和收件人分别在中华人民共和国内地不同城市的快递服务。

(3) 同城快递。寄件人和收件人在中华人民共和国内地同一城市之内的快递服务。

3. 按送达时间分类

(1) 当日达限时服务。要求在投递当天完成货物的送达交付服务。

(2) 次晨达限时服务。在当日截件时间前取件,于次日 12:00 前送达。

(3) 次日达限时服务。在当日截件时间前取件,于次日 18:00 前送达。

(4) 隔日达限时服务。在当日截件时间前取件,于隔日 18:00 前送达。

(5) 国内普达服务。在投递物品后按照客户的指定时间完成送达交付服务。

4. 按运输方式分类

(1) 航空运输。航空快递企业通过航空运输,收取发件人的包裹和快件并按照承诺的时间将其送交指定地点或者收件人,并将运送过程的全部情况(包括即时信息)提供给有关人员查询的门对门速递服务。航空运输已经成为快运的最常用方式之一。

(2) 公路运输。利用机动车(包括汽车、货车和摩托车)及非机动车(如人力三轮)等公路交通运输工具完成快递运输服务。公路运输是目前运输量最大的快运方式。

(3) 铁路运输。中国铁路小件货物特快专递运输,简称"中铁快运",英文全称 China Railway Express,缩写为 CRE,国内网络已遍及包括香港在内的 120 多个大、中城市,形成连锁服务网络。

二、快递业务基本流程

快递业务始于客户寄件,终于客户收件签收,中间要经过网点揽收发件、分拨中心分拣发件、网点到件派送等环节,其核心流程见图 1-3。

微课:快递业务基本概念

而在实际业务中,具体的操作则要复杂得多。在始发网点,接到客户的发件信息后,会通过电话或手持终端给业务员发出接件指令。业务员到客户处收好件,请客户填好面单后,应及时回网点进行快件交接。网点业务员对当天收集起来的快件进行检查分拣,然后安排装上分拨中心的小货车,同时在网上发出预报运单录入信息。

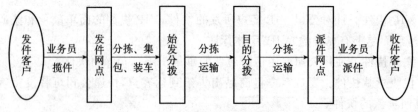

图 1-3 快递业务核心流程

在终端网点的衔接上,有时由于路途比较遥远,需要两个分拨中心进行中转。这两个分拨中心的流程基本是一致的,一般是先接收预报,然后进行提货交接,对快件进行分拣,按目的地进行集货装车,发往下一站。

在派件网点,业务员接到分拨中心的预报后,安排货车进站,按操作规定卸下属于本网点派送的快件。在根据终端具体目的地进行分拣后,交接给网点的递送员,他们将快件装上电动车、三轮车或小面包车等交通工具进行派送。在派件结束后,应及时将派件信息通过手持终端或扫描仪扫描上传,整个快递业务流程结束。

需要说明的是,终端网点是同时肩负收件和派件功能的。

快递业务标准操作流程见图1-4。

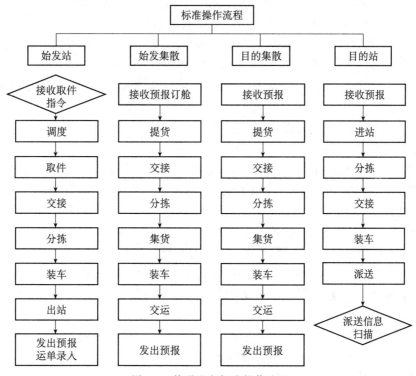

图1-4 快递业务标准操作流程

即问即答1-3

快递从收件到派件至少需要经过哪些环节?如何提高同城快件的流转效率?

三、始发网点标准操作流程

(一)递送员取件交接

递送员在取件结束后,应在规定的时间内回到网点交接快件,或者与巡回取件班车交接(有部分快递企业每天有2~6个交接批次)。

(二)递送员理件、操作员做好接收快件准备

(1)递送员到达网点或巡回快件班车后,先清点自己所取快件的票数和件数(有扫描枪的递送员在这个环节需核对扫描枪中取件扫描的件数与实际件数是否一致,无扫描枪的递送员核对取件记录表中记录的件数与实际件数是否一致)。

(2)清点件数完毕后,逐个检查快件外包装完好程度,以及是否符合本公司对承运快件的包装要求,不符合的需要当场进行再包装加固,直到符合要求为止。

(3)再次检查快件,是否符合本公司的包裹接收政策(是否为危险品、禁限寄品、体积重量是否超限、报价是否超限等)。

(4)仔细检查快件的运单是否都已经填写完好(运单填写文字是否清晰可见;收发件人详细地址和联络方式、票件重、价格及付费方式等必填项是否已填写正确;运单上是否已经有发件人和递送员本人的签字;运单上是否已经清晰地标记目的地名称或代码)。

(5)检查一票多件快件的主件上是否都贴有运单,"子件"上是否都贴有"一票多件"标签;确认每个子件的"一票多件"标签上是否已填写了主件运单号。

(6)各类操作标签(到付、代收货款标签、重货标签、易碎标签等)是否已经按公司要求正确操作完毕。

(7)快件的其他随货相关文件是否完整(如签单返还单据、代收货款签收单等客户单据、作危险品证明等)。

(8)逐票将快件的运单始发站联抽出,使用五联单的快递公司需将运单始发站联和结算联同时抽出(部分民营快递的加盟网点,抽单动作是递送员将快件交接给网点操作员后,由网点操作员完成的,目的是防止递送员私扣单据、不上缴现金)。

(9)与网点结算员交接当天的运单和现金。

(10)网点操作员开启电子秤,用个人员工号登录扫描枪,选择进站扫描界面,有传送带的网点启动传送带。确定各操作设备都可正常使用后,开始操作。

(三)递送员与网点交接快件,与结算员交接现金和票据,与网点设备管理员交接扫描枪

(1)递送员逐件将快件交给网点操作员(一票多件的快件必须作为一个整体交接),网点操作员根据本公司包装和快件接收规范检查快件,并审核运单是否填写完好。对于不合格的快件,需协助递送员改进,如加固包装等。

(2)检查完毕后,网点操作员对符合要求的快件进行称重,同时逐件进行"进站扫描",如此快件重量在扫描的同时就已输入系统。

(3)递送员与网点操作员交接快件完毕后,携带刚刚抽出的运单,连同现金和发票等票据,到结算员处交接。

(4)递送员将扫描枪交接给网点设备管理员。如果本网点使用的是没有自动上传功能的扫描枪,则设备管理员负责将扫描枪中的信息上传到系统中。没有扫描枪的网点,递送员交取件记录单。

以上工作都完成后,递送员向操作主管或网点经理汇报当日工作情况。

(四)网点操作员分拣快件

1.网点操作员按照运单上标记的目的地名称或代码,根据本网点的分拣方案进行分拣

(1)网点操作员必须确保快件在指定的区域内按照分拣方案进行分拣。分拣后的快件也必须摆放在有明确标识的指定区域。

(2)文件及小包裹的分拣方法。将前往同一网点或同一集散地的快件放置在一个容器内。大件分拣方法:将前往同一网点或同一集散地的快件摆放或堆垛在一起。

(3)快件摆放方向。无论是传送带分拣还是手工分拣,所有快件在分拣过程中都必须保证运单一面向上。文件封和防水袋装的快件,也要将有运单的一面朝同一个方向摆放,以便分拣、扫描。

(4)分拣过程要轻拿轻放,不能抛、扔、踩踏快件,也不要坐在快件上。

2.将发往同一网点或同一集散地的快件进行集装操作

(1)根据标准路由和本网点集装方案,事先准备好集装袋。

(2)将施封锁和集装操作标签挂在集装袋外部。

(3)在集装操作标签上注明"目的地名称或代码"和"施封锁号"。

(4)扫描集装操作标签号后,开始扫描属于该集装袋的快件,并将扫描后的快件放入集装袋内。

(5)集装袋装满后(装纳到袋子容量的85%即为装满),在集装操作标签上写明"集装件数"。

(6)用施封锁将袋口和集装操作标签扎紧。

(7)将扫描的信息保存到扫描枪中。

(五)装车

(1)将留站的货物放在指定区域内,并用扫描枪对快件进行"留站扫描"。

(2)按照分拣方案,将出站的快件和集装袋装上指定的班车。装载时注意轻拿轻放,切忌摔、抛、扔。重货、大货和集装袋需摆放在靠车厢门口的位置上。

(3)装车的同时逐件、逐袋对快件进行"出站扫描"。必须做到扫描一件装一件。

(4)装车完毕后,即刻清理操作场地和分拣筐、篮,检查有没有遗漏的快件。

(5)确定没有遗漏快件后,班车驾驶员锁好车厢。网点操作员再用施封锁将车厢开关插销锁起。

(6)网点操作员制作班车封车签(使用集装标签即可),扫描签号,并在标签上记录车辆装载包裹数、集装袋数、封车的施封锁编号。将标签交给驾驶员。

(7)班车驾驶员在规定时间内将班车驶离网点,开往下一个网点或集散中心。

(六)预报和信息录入

(1)网点操作员将刚刚使用过的扫描枪与计算机相连接,将扫描数据传输到信息系统中并保存。保存完毕后,应在系统中复查一下信息是否已输入系统,如果无法查询到,应即刻检查信息上传失败与否,直到可以成功查询为止。

(2)根据刚刚发出班车的票件数量和重量信息,在系统中向班车的接收网点/集散中心发送预报(绝大部分市面上常见的快递管理系统都可以实现预报自动发送功能)。

(3)网点操作员将递送员交接的运单始发站联信息录入系统中。输入过程要求如下:输入内容完整真实,输入时间及时(网点的输单时间一般都要求在当日24:00前完成)。

(4)如有运单图像上传需求的快递公司,网点操作员还需要在规定的截止时间前(一般都要求在当日24:00前)将运单图像通过扫描仪传输并保存到系统中。

快件始发网点标准操作流程见图1-5。

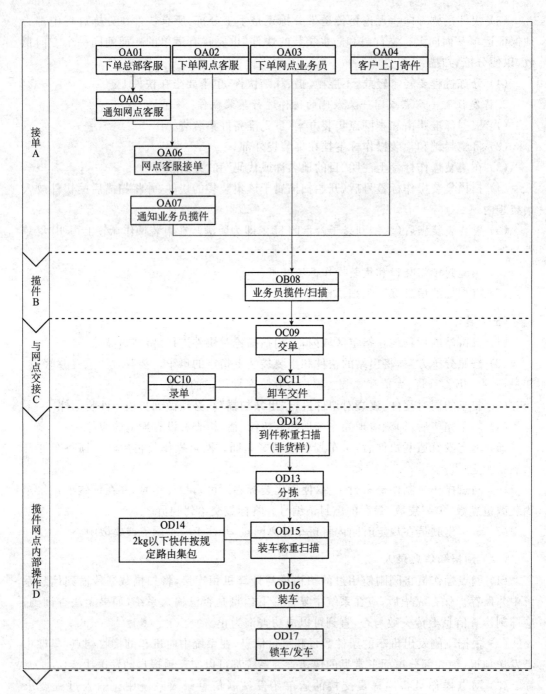

图 1-5 快件始发网点标准操作流程

即问即答 1-4

在始发网点如何预防快件掉包现象？

四、分拨中心标准操作流程

1. 接收预报

（1）进出港联络员随时关注和接收系统中上一环节操作单位发来的货物信息预报。

（2）进出港联络员将预报信息及提货单按照提货点（机场、火车站、大巴站、零担班车站）进行整理、归类和校对，制作提货预报单。

（3）进出港联络员将所有提货证明和提货预报单交给提货员，并安排提货。

（4）统计预报中的货量，按照标准路由计划预订航空舱位。

（5）当日进港航班出现拉舱、延误、取消等异常情况时，需通知航班始发站，并抄送给质量监控、客服中心等相关人员。

2. 提货

（1）提货人员根据提货预报单，在规定时间内前往提货点提货。

（2）提货时按照提货预报单检查货物的数量和完好程度。

（3）如遇货物破损或丢失，立即与承运商交涉，开具破损/丢失证明，并通知集散地进出港联络员。

（4）如遇航班拉货、延误、无单无货、有单无货或有货无单等异常情况，立即联系集散地进出港联络员。

（5）进出港联络员收到提货员的异常信息反馈后，立即联系上一环节操作单位。

（6）提货员在所有货物都已装车后，将车门关闭上锁，并在规定时间内回到集散地。

3. 卸载、交接快件

（1）提货员提货回集散地后，内场操作员卸车，根据预报内容检查货物数量和外包装完好程度，并对快件进行"进集散扫描"。提货过程中，如有破损、丢失件，提货员应向进出港联络员出示异常货物证明，由其备案并在系统中标注。

（2）当上一环节操作单位的班车进站时，内场操作员引导其停放在指定位置，并向驾驶员索取班车封车签。

（3）检查班车施封锁是否完整，核对施封锁号码和封车签上标注的是否一致。如果不一致，询问驾驶员和上一环节操作单位。

（4）操作员将车厢打开，卸载快件并逐件、逐集装袋进行"进集散扫描"。卸载完毕需进入车厢内检查，并确认没有遗漏快件。

（5）扫描的同时查验快件的外包装是否完好，如有破损，现场进行称重并核实运单上标注的重量，对快件进行全方位拍照，并将快件破损信息填写在破损记录表中，表上需取得班车驾驶员的签字。

（6）车辆卸载完毕后，检查扫描枪上扫描的快件数量与封车签上标注的数量和系统预报的数量三者是否一致。若不一致，即刻联系上一环节操作单位，并通知集散地经理。

（7）所有卸载的快件必须保证运单一面向上（尤其是使用传递带操作的集散地），文件封和防水袋装的快件，也要将有运单的一面朝同一个方向摆放，便于分拣、扫描。

4. 分拣

（1）内场操作员按照班车和航班在截止操作时间上的差异，确定快件分拣的优先顺序，并进行分拣。分拣时，所有文件、小件必须放在篮筐中。

（2）确认集装袋是否需要拆袋操作，拆袋前确认集装袋的施封锁是否完整、施封锁号码是否匹配、集装袋是否完好。若有异常，立即核对袋内货物数量与货物包装。若数量不对或包装破损，立即联系上一环节操作单位。

（3）内场操作员将所有拆开的集装袋内面翻出，以便确认完全清空。清空的集装袋必须移除所有识别标签后折叠整齐，放入指定物料区保管。

（4）内场操作员按本集散地分拣方案将快件细分拣到指定的区域。

（5）对即将出港的快件进行集装操作。

5. 装车

（1）按照分拣方案，将出站的快件装上指定的班车。装载时注意轻拿轻放，不能抛、扔。重货、大货和集装袋需摆放在靠车厢门口的位置上。

（2）如果一辆班车上装有发往多个网点/集散地或多个第三方运输单位的快件时，内场操作员应用隔网或其他辅助设备将不同目的地的快件分隔开来，方便下一环节操作单位卸货。

（3）在装车的同时，对快件逐件、逐袋进行"集散发出"扫描。

（4）装车完毕后，即刻清理操作场地，检查有没有遗漏的快件。

（5）确定没有遗漏的快件后，班车驾驶员锁好车厢，操作员再用施封锁将车厢开关插销锁起。

（6）内场操作员制作班车封车签（使用集装标签即可）。扫描签号，并在标签上记录车辆装载包裹数、集装袋数、封车的施封锁编号。将标签交给驾驶员。

（7）班车驾驶员在规定时间内将班车驶离集散地，开往下一个网点/集散地/第三方运输单位。

6. 发货交运

（1）进出港联络员制作发货预报，交货驾驶员凭此预报办理发货。

（2）交货驾驶员在规定的时间内，到指定的发货地办理交运手续。

（3）交货驾驶员监督承运商妥善收取货物，并取得目的站提货凭证。

（4）交货驾驶员交货完毕后，需在规定的时间内回到集散地，将所有发货相关单据交给进出港联络员。

7. 发出预报

（1）进出港联络员查询确认已配载航班/火车/大巴的班次、日期、始发/到达时间，确认所交付货物的实际发出情况。

（2）航班等如有异常情况，及时通过代理及运输单位内部协调配载情况，保障货物及时出运。若有航班拉舱，启动备用航班计划，并及时通知相关网点和集散地，以便做好准备。

（3）进出港联络员在系统中发出货物信息预报。

分拨中心标准操作流程见图1-6和图1-7。

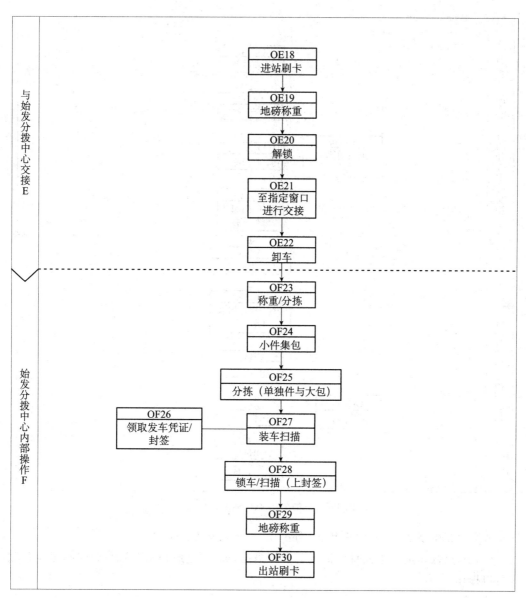

图 1-6　始发分拨中心标准操作流程

即问即答 1-5

集散中心发现破损的异常件时如何处理？

五、目的网点标准操作流程

1. 接收预报和卸车准备

（1）网点操作员在系统中导出即将到达本网点的班车预报，根据预报中的货量，准备

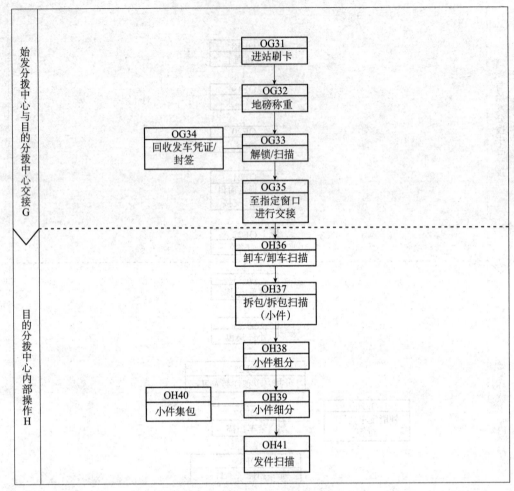

图 1-7 目的分拨中心标准操作流程

卸车和分拣的相关操作设备(解锁钳、分拣筐、液压搬运车等)。

(2)网点操作员用本人身份证号登录扫描枪,选择"进站扫描"界面,确保扫描设备随时可以操作。

2. 卸载班车

(1)班车进站后,网点操作员引导、指挥班车停放在指定的位置上。

(2)网点操作员从驾驶员处获得封车签。

(3)网点操作员检查班车上的施封锁是否完好,施封锁号码是否与封车签一致。

(4)网点操作员打开车厢,卸载快件并逐件、逐集装袋进行"进站扫描"。卸载完毕后,需进入车厢内检查是否有遗漏快件。

(5)扫描的同时查验快件的外包装是否完好,如有破损,现场进行称重并核实运单上标注的重量,对快件进行全方位拍照,并将快件破损信息填写在破损记录表中,表格上需取得班车驾驶员的签字。

(6)扫描的同时检查运单上的快件目的地是否属于本网点。如果不是,立刻进行"快件错发"扫描,并将情况反馈给操作主管。

(7) 车辆卸载完毕后,检查扫描枪上扫描的快件数量与封车签上标注的数量以及系统预报的件数是否一致,如果不一致,立即汇报给操作主管,由操作主管或委托专人联系上一操作网点/集散中心。

(8) 所有卸载的快件必须保证面单一面向上,文件封和防水袋装的快件,也要将有面单的一面朝同一个方向摆放,便于分拣。

3. 分拣快件

(1) 对集装袋进行拆袋操作。拆袋前应确认集装袋的施封锁完整、号码匹配正确、集装袋完好。如果发现施封锁被损坏、号码不符或集装袋破损,应先拍照、再立刻核对袋内货物数量、检查货物包装,如有异常,即刻汇报给操作主管,由操作主管或委托专人联系上一操作网点/集散中心。

(2) 集装袋中的快件全部被取出后,网点操作员应将所有集装袋的内面翻出,以便确认完全清空。清空的集装袋必须在清除所有标识、标签、字迹后折叠整齐,放入指定物料区保管。

(3) 网点操作员根据面单上的派送地址,对照本网点的递送路区,将快件分拣到相应的区域。整个操作过程中,快件都不可直接接触地面。

(4) 将留站自提、错发、破损、待二次中转等无须递送员带出网点派送的快件单独挑选出来,摆放至指定的区域内,并进行"货物留站"扫描。

4. 递送员出站派送

(1) 递送员领取快件后,按照派送路线顺序将快件排序。

(2) 按排列好的顺序给快件进行"出站派送"扫描。扫描后在系统中导出并打印派送记录单,便于做派送记录。系统没有导出打印功能的网点,手工抄写快件信息到派送记录单上。

(3) 网点操作员和递送员一起仔细检查操作分拣区域,确保无遗漏的快件。

(4) 递送员将快件按照派送路线顺序装车或装包,然后出站派送。

5. 网点操作员比对数据

网点操作员在系统中比对"进站"扫描件数和"出站派送"扫描件数,看数据是否一致。如果不一致,看是否合乎以下计算方法:"进站"扫描件数="出站派送"扫描件数+"货物留站"扫描件数+"错发"扫描件数。

6. 派送完毕后的信息录入

(1) 递送员派送完毕返回站后,将派送成功快件的目的站联和派送记录单交接给网点操作员,将派送不成功的快件交接给网点操作员并说明派送失败的情况,网点操作员对快件进行"异常情况"扫描(有的公司也称为"问题件"扫描或"派送失败"扫描),快件暂存站内指定区域。

(2) 网点操作员在规定时间内将派送成功的信息输入系统。

(3) 网点操作员在规定时间内将派送成功快件的目的站联图像上传到系统中。

目的网点标准操作流程见图1-8。

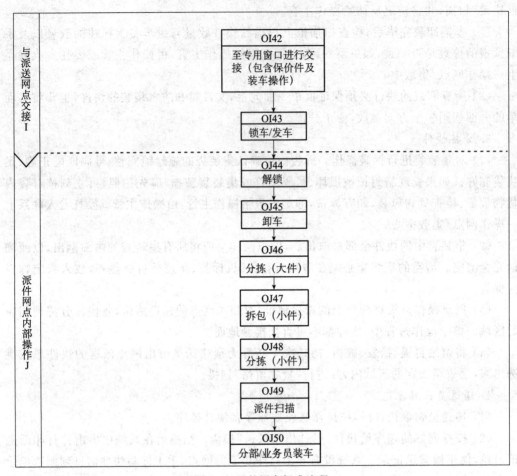

图 1-8　目的网点标准流程

项目小结

本项目对国内外快递业的发展历程进行了梳理,重点介绍了国内的顺丰、"三通一达"和国际三大快递公司等快递龙头企业发展的过程,分析了快递业近年来迅速成长的原因及目前存在的问题。作业流程在快递企业里是非常重要的,它会直接影响业务运作的效率与客户的满意度。学生必须理解并掌握快递业务的总体流程和各主要环节的具体流程,因为这是对快递公司进行有效管理的基础。

课后练习

一、问答题
1. 查阅资料,分析国内快递公司与国际三大快递公司的区别所在。
2. 我国快递业持续快速增长的原因是什么?

3. 快递企业应如何应对新冠感染疫情等突发事件?
4. 你对国内快递业未来的发展趋势怎么看?
5. 国内快递企业应如何在"一带一路"沿线国家拓展业务?

二、案例分析

案例 1

极兔狂奔,68 亿元吞并百世快递

2021 年 10 月,百世集团宣布将国内快递业务转让给极兔速递,作价约 68 亿元。紧接着,百世物流关联公司杭州百世网络技术有限公司发生工商变更,阿里等原股东全部退出,新增股东极兔速递,持股比例 100%。

整合完成后,极兔的订单量将翻倍。据华创证券测算,极兔+百世的日均预计单量将达到 4 000 万～5 000 万票,在中国市场的合计份额为 15.4%,位居第四。

极兔创始人李杰曾表示,要在 2021 年年底日单量冲破 4 000 万票,2022 年年中冲击上市,成为位列中通、韵达之后的"中国加盟制快递第三"。

以小吞大

极兔进入国内市场不到两年,为何比发展了 20 年的百世快递更具优势?其核心招数在于低价。拼多多、淘宝直播、快手、抖音等在重构零售生态时,会给一些更具开放性的快递物流平台提供发展契机,这是极兔的机会。

2020 年 3 月极兔在国内起网后,用了 6 个月时间完成全国核心城市的覆盖,并很快抱到拼多多的大腿,目前其 90% 的业务来自拼多多。"后来者"极兔入局时,国内快递业的竞争格局已形成,为了抢占市场,极兔掀起激烈的价格战。在快递量集中的义乌,每单揽件价格屡次跌破 2 元大关,而极兔一度给出每单 8 角的低价,远低于通达系。

以价换量的策略,让极兔用了仅一年时间就把日订单量稳定在 2 000 万票。极兔抢下的市场,大部分来自百世等竞争力较弱的快递企业。持续的价格战之下,为了守住市场份额,各大快递公司只能牺牲利润,不断降低价格。但对于百世而言,单凭价格策略已难以推动业务量的明显增长。

2021 年第二季度,百世快递的单票收入只有 1.86 元,同比下滑 17.7%,是通达系中降幅最大的。即便如此,百世的市场份额还是同比下降了 2.3%～8.4%,仅比极兔高 1.4%。单票收入下降挤压利润空间,让亏损多年的百世力不从心。2020 年,百世集团亏损 20.51 亿元,2021 年前三季度又亏损 17.51 亿元,其中主要受快递业务拖累。

极兔收购百世,是用金钱换时间,以较短时间在中国国内快递市场站稳脚跟。随着国家邮政局、市场监管总局强化对恶性低价竞争的打击,极兔"以价换量,以量占位"的竞争手段被遏制。如果不能赢得市场规模,不能深度融入阿里等生态圈,可能会陷入进退维谷的窘境。收购百世集团的国内快递业务,能让极兔实现后发赶超,跃入第二梯队,同时借助百世跟阿里的合作关系,融入阿里生态圈。目前百世快递的日单量在 2 500 万左右,来自淘系的快递单量约占总量的 40%。若极兔能接下这部分资源,将带来日均近 1 000 票的增量。

鲶鱼效应

随着百世的国内快递业务易主,快递江湖变成"三通一达"、极兔、京东、顺丰的竞争格局。极兔进入国内快递市场具有鲶鱼效应,极兔的一系列动作,或倒逼头部快递企业加速整合,减少互相消耗式的低端竞争。

经过一轮低价圈地后,极兔也逐步将业务重心转向提升服务质量,2021年多次在义乌地区进行提价,甚至部分地区的揽件价高于通达系。极兔的涨价,多半是从过去低价区间恢复到行业合理区间。中国电商快递市场的消费主体仍是价格敏感性客户,极兔在国内市场没有优势,不足以和顺丰、京东等竞争高附加值市场。

价格优势弱化,而极兔提升服务、积攒口碑尚需时日。根据国家邮政局的调查数据,2021年第三季度,在全国快递业务量排名居前的10个品牌中,极兔和百世的用户满意度和配送准时率最低。

长期以来通达系企业均势竞争,陷入胶着状态,一定程度呈现战略消极,对航空运力和绿色化、智能化等前瞻性投资不足。随着消费互联网跟工业互联网融合发展,快递服务必然向快链服务发展。极兔在快运市场实现了后发赶超,在资源聚合上走到部分通达系快递企业前面。

海外市场是极兔的另一个发力点。进入中国市场前,极兔已经是东南亚第二大快递公司,自建了航空货运队伍。2021年,极兔在海外市场动作频频,在印度尼西亚陆续推出升级服务产品以及大包裹递送、国际标准快递等服务。在新加坡推出4h快递服务,建设面积约 7 618 m^2 的仓库。

2021年11月,极兔完成新一轮25亿美元融资后,估值约200亿美元(1 300亿元),约为申通、圆通及韵达三家市值总和。

——根据《21世纪商业评论》相关文章改编

问题:

(1) 极兔速递在中国市场上快速成长的原因是什么?

(2) "三通一达"如何应对极兔的挑战?

案例 2

顺丰精耕"大闸蟹专属供应链"15年

扫码查看2022中国苏州阳澄湖大闸蟹开捕节现场。

2022年9月,顺丰作为阳澄湖大闸蟹指定物流供应商,见证了阳澄湖"第一篓大闸蟹"的捕捞全过程,并动用无人机"黑科技"把"第一篓大闸蟹"快速运送到主会场,获得了现场一致好评。

阳澄湖大闸蟹
开捕节现场

蟹起阳澄,顺丰专业护航15年

秋风响,蟹脚痒,在蟹满黄肥的季节,阳澄湖大闸蟹2022年依旧如约而至。据了解,顺丰已为阳澄湖大闸蟹保驾护航了15个年头,也见证了阳澄湖大闸蟹行业的蓬勃发展。

早在2008年,顺丰与苏州阳澄湖大闸蟹行业协会达成战略合作,寄出了第一只大闸蟹;2009年,顺丰首次将"航空"运输应用到大闸蟹寄递领域,为阳澄湖大闸蟹开辟了一条全新的"走出去"道路;2018年,双方签订深度合作协议,顺丰通过跨国运输让大闸蟹走向世界。

扫码查看阳澄湖开捕节活动现场,顺丰速运展台图。

顺丰展台

如今,面对更为庞大的市场需求,顺丰速运依托自身强大的供应链能力、专业冷链温控技术以及遍布全国的网络资源优势,以定制化专属物流解决方案,帮助阳澄湖大闸蟹安全、快速、鲜活地走向全国各地的餐桌上。目前,已在全国超300个城市实现次日达。依此,顺丰进一步助力阳澄湖蟹农、蟹商增收,实现社会效益与地方经济共赢,同时,提升阳澄湖大闸蟹区域品牌的知名度和美誉度。顺丰速运苏州区总经理李佳表示,针对阳澄湖大闸蟹寄递,顺丰将以运力+服务+科技三管齐下,为大闸蟹寄递"再加码"。

运力服务多维支撑,让闸蟹"鲜"人一步

由于大闸蟹属于高蛋白水产品,很容易腐败变质,离开水后的存活期很短,对运输时效、保鲜温控均有很高要求。换言之,想吃上最新鲜、肥美的大闸蟹,就必须要与时间赛跑,争分夺秒。

基于此,为了应对2022年国庆吃蟹的高峰考验,保障每只大闸蟹鲜活寄递,顺丰特别部署了13架"大闸蟹"运输专机,并调动储备了南京、无锡、杭州等周边城市的机场散航舱位资源,充分利用长三角经济圈运力资源全面开展"航空/高铁+大闸蟹"的跨城专享急件服务。顺丰规划了经济圈、五省及异地流向干线的提频与新增,累计规划干线数量101条/天,充分做好了高峰分流蟹季的运输保障。

同时,为了提升寄递时效,顺丰通过在阳澄湖设立专属中转场地的原产地直发模式,持续加密下沉揽收网点的铺设,并加大人员投入,让蟹农随时随地打包寄件。

除此之外,顺丰还通过预冷柜与冷媒,为大闸蟹提供"全天恒温、全程冷链"服务,并为大闸蟹包装打造专属标识,以便在各个环节精准识别,实现收—转—运—派全流程的"VIP优先通道",护航阳澄湖大闸蟹"全程新鲜"。

而针对江浙沪周边区域等需求端需要,顺丰新增了南京、上海、无锡、苏州、杭州等9个城市的"当天件"服务,保障阳澄湖产地早上捕捞螃蟹,当晚就配送到目的地的餐桌上,为周边消费者提供更新鲜、更极致的品蟹体验。除了"当天件"外,顺丰把"专享急件"服务延伸到大闸蟹寄递场景,推出了长三角经济圈高铁"专享急件"服务,最快只需4h,就能把大闸蟹从阳澄湖原产地送至餐桌。

科技赋能,助力闸蟹"鲜"上头

为最大化保障配送时效,突破路障、堵车等难题,顺丰打造了多种"人机"协同互补配送模式,目前已初步形成"大型有人运输机+大型支线无人机+末端投送无人机"共同构建的三段式航空运输网络,以实现快件最短时间通达全国或在疫情期间进行无接触配送。

在此次开捕节现场,顺丰无人机5min即从湖中央将刚刚捕捞的第一篓新鲜大闸蟹运输到岸边主场地处,相比传统运输模式所需的20~30min,运输效率提升近6倍。

扫码查看开捕节现场,顺丰丰翼无人机运送第一篓大闸蟹。

顺丰用无人机运送大闸蟹

顺丰旗下丰翼无人机有航程长、载重大、货仓容积大、可靠性高、全自动超视距飞行等优势，可以有效缩短配送时间。据悉，一段完整的环湖路线路程18km左右，若采用陆运，在不堵车的情况下需要1h左右，而使用无人机进行跨湖运输，10min左右即可送达；无人机还配备自研的冷运恒温箱和冷链记录仪，保证大闸蟹的品质安全，有效锁"鲜"。

除了运力"黑"科技"无人机"外，顺丰还自主研发了自动捆蟹机、注氧密封机等专业化包装设备，推出EPP泡沫箱＋大闸蟹专用冰袋＋塑封膜等专用包装工具，以科技手段极大地提升了打包和寄送效率，助力生鲜商户高效抢占"金秋蟹宴"。

李佳表示，顺丰已经不是传统意义上的快递公司，如今已然成为一家集科技、营运、网络、服务于一体的综合物流承运商，能够依据自身优势为不同场景和行业做出完整的供应链解决方案。

——https://baijiahao.baidu.com/s?id=17447391139188750908&wfr=spider&for=pc

问题：

(1) 顺丰是从哪些方面采取措施做好大闸蟹快递物流的？

(2) 为了保证大闸蟹的品质，大闸蟹快递时需要注意哪些问题？

三、实训操作

利用Excel工具画出快递完整业务的标准操作流程图。

项目二

网点业务及管理

知识目标
★ 了解快递网点的类别和管理模式。
★ 了解快递网点选址布局和岗位设置的原则。
★ 熟悉并掌握快件的收派件流程。
★ 熟悉快件揽收中的违禁品类别和处理方法。
★ 熟悉并掌握网点管理过程中所涉及的指标及分析方法。

能力目标
★ 能对网点的选址和内部布局提供辅助性建议。
★ 能根据国家相关制度,规范完成快件的揽取件操作。
★ 能熟练运用工具,设计并优化派送线路,完成派件操作。
★ 能通过收派作业效率的分析进行流程优化。
★ 能通过网点指标数据的变化进行相应的运营调整。
★ 能制定并执行网点突发事件的应急预案。

课程思政
★ 具有解决问题的积极心态。
★ 养成规范作业、谨防错漏的职业素养。
★ 养成敢于吃苦、锲而不舍的奋斗精神。
★ 培养学生的安全意识和环保意识。

关键词
快递网点　选址布局　岗位设置　揽件　派件　网点管理　突发事件

案例导入

驿站直送遍地开花,快递网点价值未来荡然无存?

新冠感染疫情导致快递企业竞争格局突变,而末端网点也正在经历前所未有的艰难时刻。除多地停发、业务下滑、网点暂停等情况外,不少加盟商反映,省区总部近期纷纷试水驿站直送模式,并在某些区域大力推行驿站直营化,快件由总部分拨直达社区驿站,引发加盟商关于网点价值的担忧。

以圆通郑州市三全路网点为例,凭借前期自动化设备的铺设和驿站直送模式的开启,在河南此轮疫情进入常态化管控后,2022年一季度业务量相比2021年同期提升近30%。目前,三全圆通下属共115家驿站,有7名驿站直送专员,7条直送线路,每条线路配送12~15家驿站,每条线路1 200~1 500票。随着业务量的增加,现在三全圆通已经开始从每天二派变成每天三派,时效上也能有效保障。

不仅是圆通,中通、韵达的网点也在总部的支持下进行驿站直营化,甚至有的地方直接由总部来运营驿站,探索未来的末端新业态。

驿站直送的模式并不复杂,这些驿站由加盟商直营,很多原来做承包区的快递小哥变身为驿站直送的司机,负责几个驿站的送货与寄件回收,而一部分问题件,直送小哥也需要处理。

不少地方的二级网点已经意识到生存危机,低价出售了加盟门店。驿站直发解决的就是中间商赚差价问题,在提升服务质量的共同前提下,总部与一级网点的诉求不谋而合。

一位河南的一级地级市加盟商算了一笔账,如果每天进港按照7万票投入驿站,原来给二级0.8元派费,现在给直投驿站0.5元,每票节省0.3元,一天就是2.1万元,一年就节省756万元。即便去除车辆与驾驶员的成本,一年的毛利润也可以达到236万元。如果投入350万元上线全自动分拣线,基本上两年就可以回本,之后的都是利润。

这一过程中,直送专员主要有三个来源:一是驿站站长和现有承包区的快递小哥直接转化为直送员;二是外聘司机为直送员;三是外包直送员(自带车)。

对于一级网点与总部来说,驿站直送的硬件设备全自动分拣线必不可少,三全圆通上线一套有80个格口的直线自动化分拣设备,有24辆小车。现在开了40个格口,每小时就能分拣8 000票快件,三段码直接设置为末端驿站,一个格口对应一个驿站,件量少的驿站可以合并共用一个格口。

驿站直送模式减少了中间商,在派费下降的情况下,直达末端有利于降本增效。这一模式对于二级网点的存在价值形成了挑战,但对一级网点来说,短期来看,总部全面推行直达驿站并不现实,还需要一个过程,这一演变过程中还需要网点来过渡。

一方面,通达系一级加盟商普遍在三四千家,而末端驿站数量在四五万家,如此庞大的驿站数量,总部全部实现直投并不现实,但在一些区域可以施行,如一些有总部分拨的地级市等,可以达到立竿见影的效果。

另一方面,如果通达系各家驿站各自为政,有的驿站件量并不足以养活门店,这样不划算的生意总部肯定不会直营。如果通达系将来继续兼并整合,这一趋势就无法避免。

另外还有一种形式,就是在总部参股的情况下,支持加盟商进行驿站全面直营化升级,待时机成熟,总部再直接接手。

驿站直发无疑可以提高效率,又节省时间,还能提高小哥的积极性。但驿站直送面临的送货上门、揽收下降、客户投诉等问题仍然需要重视。

一位通达系加盟商表示,驿站回收的都是散件,大客户都掌握在总部手里,包括送货上门等问题都不难解决。他担心的是,如果这一模式运营成熟了,蛋糕会不会被总部切走,或者降低直送费用等,还都是一个未知数。

——根据亿豹网相关报道修改,http://www.expressboo.com/detail_12497_3.html

任务一 网点概述

> **情景导航**

A是位于杭州城西与余杭交界处的一个新建小区,周边建有10多个楼盘,已有近1万户居民入住。现在该地区YD公司还没有开设网点,请问在这里开设网点是否合适?新网点在选址时需要考虑哪些因素?

网点(有的公司称为分站、营业部/厅、站点、点部)是快递公司在单个城市中最小、最基本的操作单位,也是快递网络的构成要素之一。它负责该城市或城市某一区域内快件的揽收、运输、分拣与派送工作,同时也具备财务结算、营销、质量控制等功能。

一、网点的分类

经过20多年的发展,在新零售、大数据、前置仓、仓配一体等的不断冲击下,固有的物流节点(客户—收件网点—始发分拨—目的分拨—派件网点—客户)被全部打散,网点也从单纯收派货物暂存经营场所发生了多样化演变,网点与分拨中心界线趋于模糊,单一的网点层次向多层次转变,网点的种类也随之发生变化。

微课:快递网点概述

根据不同的分类标准,目前网点类型可以分为以下几种。

1. 按经营类型划分

(1) 经营类网点。负责一定区域的收派、细分、建包、暂存、集中运输等工作,以及日常运营管理工作的场所,主要偏运作层面,侧重设备、流程、标准的投入,保障包裹在末端正常流传。电商件为主的公司,以此类网点为主,件量主要来自线上。

(2) 运营类网点。为客户提供寄件、取件、咨询、谈判的服务场所,同时也兼顾部分运作功能,对网点加密、收派员操作、客户体验、品牌形象起到一定作用。此类网点偏经营层面,侧重装修和地址位置的投入,以商务件为主,件量主要来自线下。

2. 按网络层次划分

(1) 集散型网点。集散型网点也称一级网点,主要承担所在区域的分拣、联合集包以及与该区分拨中心之间快件的往来功能,设备自动化程度高。

(2) 普通网点。普通网点也称二级网点,隶属于一级网点管理,负责一定区域内收派集散功能,为传统网点。按所负责的区域和快件数量,也可分为多个社区网点。

(3) 社区型网点。一般归为三级网点,存在于学校、写字楼、社区等件量高密度区域,面积较小,以收派为主,可由分拣直发或网点接驳,离客户最近,反应快速,核心为保障客户体验。

按网络层次划分网点类别如图2-1所示。

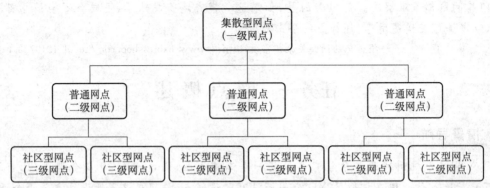

图 2-1 按网络层次划分网点类别

3. 按合作类型划分

(1) 自营型网点。由快递总部直接运营、集中管理的网点，隶属总部，按照总部的方针，由内部的统一管理制度进行调整，依照总部的意志行事。

(2) 加盟型网点。得到快递总部授权，共用快递网络并由加盟商自行运营管理的网点，通过合同来明确和快递总部的权利与义务。

资料链接 2-1：加盟连锁与直营连锁的区别

(3) 共建型网点。由各大快递公司，把各自的场地、车辆、人力、业务量整合起来，共同管理、共同经营的网点，多见于农村或较偏远地区。通过共建型网点，快递公司可实现快递作业活动的规模化，从而提高资源利用率，降低作业成本。其运作模式如图 2-2 所示。

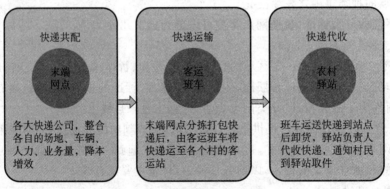

图 2-2 共建型网点运作模式

案例链接 2-1

东海首个"交邮共建"合作物流共配网点正式运营

近日，连云港市东海县首个"交邮共建"合作物流共配网点温泉客运站共配网点正式投入运营，申通、中通、圆通、韵达、百世、极兔等多家快递企业进驻共配网点，形成了具有鲜明特色的"快递车站"。

2021年以来,东海邮政管理局稳步推进"交邮共建"快递进村,刚刚投入使用的温泉镇客运站乡镇物流共配点由东海邮政管理局与东海县交通运输局合作共建,借助镇村公交全覆盖的网络优势,实现客货同网。配送网点对各行政村的包裹集中分拣,并借助公交线路将包裹带入各行政村内代收点,村民不用出村便能取到包裹,实现了跨行业资源的深度共享与效益共享。

东海县邮政管理局将以农村寄递物流渠道建设为主线,致力于实现全县364个行政村快递服务全覆盖,做到包裹"村村通"。

——江苏省交通运输厅,http://td.jiangsu.gov.cn/art/2021/5/24/art_41987_9825710.html

请谈谈自营型网点和加盟型网点的优缺点。

二、网点的选址及布局

(一)影响网点选址的因素

网点选址的原则是最大限度提高操作效率,最大限度优化操作成本。网点选址应考虑以下因素。

1. 人口分布

人口分布是网点布局的首要考虑因素。人口稠密地区往往快递服务需求大,应该根据人口密度分布设立网点。

微课:网点选址影响因素

2. 地理位置

递送员在路上的行驶时间实际上是只耗费成本(车辆运输成本、车辆里程折旧、人员工资成本),不产生效益的劳动时间。因此,理想的地理位置是位于覆盖服务区域的中心位置,以便使从网点到客户处的路程更短,耗费时间更少,让递送员用更多的工作时间去取件和派件,而不是浪费在路上。当然,在大客户集中的地带(快件主要产出地)可以根据快件量的多少设置专人或临时网点,目的是方便递送员的取派作业,提高整个快件流转过程的时效。

3. 交通便利性

在选址前,最好驾驶机动车和非机动车对该物业附近高峰时段的交通情况作一个全面的了解。需要了解的主要内容有往返集散中心是否快捷、所选网点周边的交通是否便利、是否存在扰民情况等。当然,在寸土寸金的城市里,很难选到十全十美的物业,很多快递企业的网点(尤其是在市区内的)周围多少都会存在一点拥堵现象。在租赁前,最好详细了解附近道路的主要拥堵时间,是否与站内转运车辆的主要进出时间一致,如果有冲突,则建议重新选址。如果用量化指标来选址,就是在考虑交通拥堵的情况下,覆盖范围的半径距离不超过半小时车程。

4. 相关风险

相关风险包括以下几项:①拆迁。城市发展日新月异,即使在郊区,城市化的发展速度也在加快。网点所在地可能会因为城市规划的需要而面临拆迁,而重新选址和搬迁会带来很大的工作量和搬迁费用。因此,在选址过程中,需要联络城市规划部门,了解备选地址在未来5年内是否属于拆迁规划范围,以避免不必要的损失。②租赁物业手续的合法性。根据我国的法律、法规,商业用房的出租必须具备房管部门核发的房屋产权证以及房屋租赁许可证,最好提供本房屋的消防设施达标合格证。③租赁期限的稳定性。网点签订租赁合同的物业使用应该有一定的稳定性,一般考虑年限为5年,甚至是5年以上。无论是操作面积、仓储面积、停车面积还是办公室面积,都要根据未来发展预期做相应的预算和规划。如果房屋面积和结构能够方便租赁者在业务发展的不同阶段对租赁场地进行拆分,则更加理想。

5. 建设成本

房价是快递企业营业网点建设中的一个重要成本。网点布局既要考虑顾客的方便,也要考虑营业网点的建设和使用成本,需要寻找两者的最佳平衡点。自建营业网点具有企业形象展示和服务业务展示的双重功能,网点的店面标识、环境布置、服务氛围营造等都要认真设计、严格统一;同时,营业网点是企业与顾客的重要接触环节,必须设计好服务流程,有效开展营销工作。自建营业网点便于企业有效控制营销渠道,充分发挥渠道在销售、服务、宣传、信息搜集等方面的作用,当然,代价是成本较高。

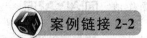

案例链接 2-2

数学模型算出的网点布局

目前,快递网点布局混乱,已直接影响消费者的用户体验,进而阻碍了快递企业的进一步发展。不过据业内人士介绍,与众多快递公司相比,顺丰在网点规划上较为科学,与其直营模式以及数学规划模式不无关系。

顺丰相关负责人表示,为了确保快递员能在1h内到达所属区域内任何地点,顺丰规划部根据数学模型计算出不同客户数量与不同商业流通频率下的服务半径,在北京平均辐射半径为4.5km,平均一个网点配置30人,"网点的疏密程度并不是绝对的,在CBD、专业市场等区域的网点布局会较为密集,在郊区则可能远远大于7km的服务半径"。

虽然顺丰的网点布局已经通过网点人员数量、场地面积、人均效能等一系列经营指标进行了规划计算,但顺丰的网点布局并不是一成不变的。据顺丰相关负责人介绍,顺丰根据业务量、场地面积、人均效能等经营指标对网点的运营能力进行计算,决定是扩大网点基础设施建设还是进一步分拆。不过,顺丰所采取这种精密的网点布局模式,对于各自为战的加盟制快递企业而言却较难实现。

(二)网点选址的步骤

1. 进行规划

将网点或集散中心服务区域未来5~10年快件量的预测数据(包括竞争对手的相关数据)提交给计划工程部(有的公司没有设立该部门,相关工作交由运营中心负责),由计划工程部进行规划、设计、布局、编制年度总投资预算,然后征求相关部门的意见及建议,经过修订后提交高层管理人员会议或董事会审核通过,并成立项目小组。

2. 调研与论证

项目小组根据以上规划进行网点或集散中心的选址、询价,对备选网点或集散中心进行现场调研,编制推荐方案论证报告、投资预算及施工周期,征求相关部门的意见及建议。经过修订后提交高层管理人员会议或董事会审核通过。

3. 办理相关手续

一般程序为谈判(购买价格或租赁的价格、时间等)、查验需要购买或租赁物业的相关合法证件、与预算比对、测算快件所承担的单位成本、拟订合同、律师审核、正式签订合同。

4. 采购相关设备与施工

对土建工程应采取招标形式;采购设备时,至少邀请3家以上供应商参与报价或邀请多家进行投标,对所采购的设备应当保证在3~5年内不落后于行业中等水平(包括考量性价比)。采购流程结束后就开始签订合同、施工、安装、调试、试运行。网点所需设备如图2-3所示。

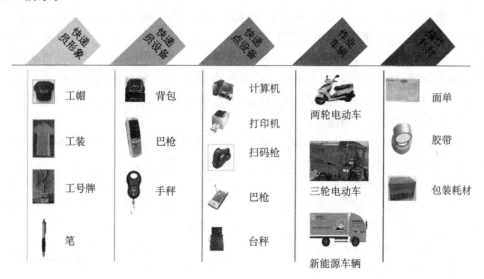

图2-3 网点所需设备

即问即答 2-2

网点选址工作一般是由谁来完成的?

(三)网点场地布局

网点场地应该按照不同的操作功能进行划分,并按照每个区域的工作特性,分别进行装修和布置。一个标准的网点主要有以下区域。

1. 车辆停放区

本网点所属车辆(包括助动车和摩托车)的网点内行驶和停放区域。其中停放区域具体又分为网点班车停放区和网点取、派件车辆停放区,该区域与网点大门之间应该有足够的宽度且通道无障碍物,以便车辆进出。另外,为保障员工和车辆进出的安全,车辆停放区应该在醒目位置张贴限速里程标识牌。

车辆进入和车辆离开的行驶线路应事先规划,并在地面上做明显标示,以提醒驾驶员按照行驶线路行驶。车辆应按照车位上的车牌号标示停放。这不仅有利于车辆的管理和进出库安全,对树立规范的站内操作气氛也大有裨益。

当然,对于北京、上海、广州、深圳等房租成本较高的一线城市市区,可以不设车辆停放区。

2. 仓储区

这个区域用来存放网点操作物料和特殊快件(高值快件、滞留快件、客户自提快件及待中转的快件等)。鉴于物料和特殊快件都是有经济价值的物品,仓储区域应该是一个密闭的空间(单独房间或铁笼),并设有"门禁"系统和影像监控系统。钥匙由指定人员保管,每一次进出都需进行登记。

3. 分拣操作区

所有快件进入网点内,都必须在这个指定的区域内进行装卸、扫描、分拣、集装等操作。该区域应该方便班车停靠,以便减少快件的搬运距离。相关分拣设备应该摆放在此区域的固定位置,以方便取用,如拆开集装袋所用的钳子、文件/小件分拣筐、分拣架、各种常用物料、各种交接表等,避免需要时临时寻找、搬运,浪费操作时间。根据进站快件的派送路区和出站快件的目的地,分拣操作区需进行再分区,每个细分区都有相应的分拣方案标示张贴在醒目的位置,以方便网点操作员因地址或目的地分辨不清时随时查看,防止错发及提高集包及装载班车的效率。

因网点的递送员也会在该区域进行理货、扫描、装车等操作,所以在规划该区域面积时,应参考本网点递送员人数,其标准大约是每个递送员负责 $3m^2$。

应在操作区域墙体的醒目位置设置看板区,可以用来张贴人员排班表、操作安全提示、进出网点班车信息、大客户特殊要求等当天各项操作提示信息,方便员工查询。有条件的公司可以设置电子看板。

操作区域与办公区应该是分开的,办公室人员经过批准方可进入操作区。有条件的应设置摄像头全面监控该区域。

4. 办公室区域

与外勤的递送员不同,网点经理、网点操作、财务结算、IT 人员是在站内进行工作的,所以网点要根据他们的工作性质设置办公室。

财务人员办公室要对安全有特殊要求,如安装门禁,进出必须登记,且备有保险箱用来保管当天收取的暂存现金。有的较大网点设有 IT 机房,应配备空气温度调节设备,保障服务器的安全作业环境。办公室内严禁出现快件。如有特殊情况需要将快件带入办公室处理的,必须有领取人信息登记,并得到操作经理的签字批准,还需在每天的异常日志中记录。

5. 休息区

有条件的网点可以设置休息区域。站内工作人员在午餐时间、递送员回站后,都可在此休息、进餐等。休息区内可以放置桌椅、冰箱、微波炉等设备,还可以放置小型的体育锻炼器械,如乒乓球台等。操作设备一律不得存放在休息区,快件更不能出现在休息区。

三、网点的岗位设置及对应职责

在快递公司的网点,一般会根据需要设置网点经理、财务、操作员、收派员、商务、后勤、人事、驾驶员、安全和客服等岗位。网点的组织架构如图2-4所示。

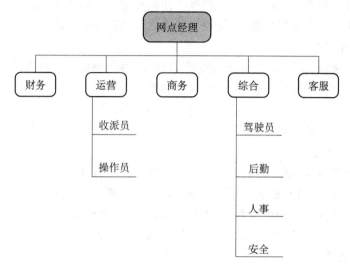

图2-4 网点的组织架构

以上岗位会根据网点的类型以及网点的运营状况进行更改,主要体现在数量、区域、岗位及岗位职责的调整。具体各岗位的职责详列如下。

1. 网点经理岗位职责

(1) 负责网点日常运营工作开展,严格监控各环节操作流程规范性。

(2) 负责网点人员管理与培训,监管网点成员及时有效地完成工作。

(3) 负责优化各项经营指标,降本增效。

(4) 负责网点晨会的组织与会议纪要。

(5) 负责与代理区协调工作。

(6) 处理网点突发情况,接受并完成上级交办的其他事项。

2. 收派员岗位职责

(1) 按照公司要求安全、快速、准确地完成日常收派件工作。

(2) 保证客户快件不受损失,确保公司利益不受侵害。

(3) 做好客户快件的运输及包装工作,维护公司良好的客户声誉。

(4) 及时回收散单货和月结款项,并在规定时间内如数上缴财务入账。

(5) 学习新业务、项目操作流程,并进行宣传、推广;负责区域内老客户的维护。

3. 操作员岗位职责

(1) 按照要求检查并接收递送员收取的快件,协助递送员进行快件的包装和面单检查。

(2) 按照网点分拣方案对出网点快件进行分拣、集装、暂存、装车,按本操作网点的路区划分对进网点快件进行分拣。
(3) 审核递送员带出派送的快件。
(4) 严格按操作流程逐件扫描快件和集装包,并及时上传到系统。
(5) 将出网点快件的运单信息及时准确地录入系统中,并将派送信息及时准确地反馈到系统中(递送员没有配备无线扫描枪的网点)。
(6) 在特殊情况下,负责支援客户服务工作以及递送员的紧急取、派件工作。
(7) 负责快件信息预报的发送、接收和网点之间的联络工作。

4. 财务岗位职责
(1) 申请票据,购买发票,准备和报送会计报表,协助办理税务报表的申报。
(2) 负责快递客户账单的整理、制作以及和客户的对账工作。
(3) 负责员工工资的核算以及员工工资资料的收集整理。
(4) 协助领导完成其他日常事务性工作。

5. 商务岗位职责
(1) 开发新客户,根据公司运作流程给目标客户提出合理化的快递解决方案。
(2) 维护老客户,每月根据公司要求登门或者打电话拜访客户。
(3) 负责合作客户合同的谈判、签约及管理,并按公司要求妥善保管各类合同。
(4) 及时将客户的信息反馈到网点,并第一时间做出调整。

6. 驾驶员岗位职责
(1) 监督每日正点班车和加班车辆的发运、配载、车辆空舱等情况,用 GPS 监控车辆行驶的路由是否合理、是否按既定时间行驶等情况。
(2) 网点车辆耗油、行驶公里、运行安全等数据的收集、整理、归档与保存,负责所有车辆的维修和养护。
(3) 处理车辆运行中的突发事件。
(4) 负责与运输分供方的联系工作,定期对分供方进行业务培训,提出改进建议。
(5) 负责车辆报修故障的月报统计工作,并分析人为或机械因素;对当地的运输市场进行定期调研,寻找替补分供方。

7. 人事岗位职责
(1) 负责网点的行政、人事考勤工作。
(2) 网点内安保、保洁以及工装、操作设备、办公用品的分发与保管。
(3) 物料管理。
(4) 对除机动车之外的操作设备进行维修及常规的维护和保养。

8. 安全岗位职责
(1) 上报和跟进本网点的各种操作缺失问题。
(2) 制作并按时上报本网点的质控报告;研究上级提供的质控报告;跟进本网点既定的操作指标,对达不到要求的考核指标进行分析。
(3) 对于操作的现有情况和改进措施提供合理化建议。
(4) 负责与本网点操作相关的培训工作和培训组织工作,并跟进培训效果;配合上级推行操作标准、流程和新项目的实施。

9. 客服岗位职责

(1) 受理及主动致电客户,能够及时发现客户问题,并给予正确和满意的答复。

(2) 与客户建立良好的关系,熟悉及挖掘客户需求。

(3) 具备处理问题,安排进展、跟进流程、沟通及疑难问题服务的意识和能力,最大限度提高客户满意度。

在一家网点中,上述这些岗位是否都要设立?为什么?

四、快递公司网点之间的协作管理

目前快递企业一般采用直营连锁和特许加盟两种经营运作模式,这两种模式都属于连锁经营。特许加盟是以一个品牌为主导,加盟者以法人资格加入,交纳加盟费、风险金、管理费等,加盟商不承担连带的法律责任。该模式下对管理要求高,有时可能会出现总公司难以指挥、管理、控制与协调各加盟公司,各加盟公司各自为政的被动局面。目前,国内民营的快递企业,如申通、圆通等都采用特许加盟模式。直营连锁则是以一个品牌为主导在各城市设立分公司,由总部统一指挥和运作,该模式下,总公司要承担各分公司的全部法律责任。这种模式的好处是管理和控制力强,不利之处是当公司业务快速发展时,可能会出现企业网络发展滞后于市场需求的情况。

(一) 特许加盟模式下网点之间的协作管理

特许加盟是民营快递企业在原始积累过程中快速成长的主要模式,粗略估计,特许加盟连锁式民营快递的业态在民营快递行业中占到80%以上。在当前中国快递业各企业发展参差不齐的情况下,优秀企业通过特许加盟方式扩张,无疑是规范行业经营秩序的良好手段。对企业而言,采取特许加盟方式发展,可以借助加盟商的资源,迅速铺开网点,实现企业的快速扩张。而加盟总店的整套全方位的培训管理,也能够推动行业健康有序发展。目前国内的民营快递企业,规模较大的都是由加盟扩张逐渐形成的。

1. 特许加盟模式的基本内容

商业特许加盟按其经营方式不同可以分为生产特许、产品—商标特许、经营模式特许三种类型。快递企业特许加盟属于经营模式特许,其中快递企业总部为特许人,网点加盟商为被特许人。在经营过程中,被特许人有权使用特许人的商标、商号、企业标志以及广告宣传,完全按照特许人设计的单店经营模式来经营,在公众中完全以特许人企业的形象出现;而特许人对被特许人的内部运营管理、市场营销等方面实行统一管理,具有很强的控制性。

在快递加盟双方各项意见达成以后,就会签订特许加盟合同,特许加盟合同是快递企业总部与网点加盟商之间权利和义务的规定。

2. 特许加盟模式的网点管理

1) 快递企业总部的基本权利和义务

（1）监督。为维护特许体系的统一性和产品、服务质量的一致性，快递企业总部有权对网点加盟商的经营活动进行监督。值得注意的是，快递企业加盟不同于一般的产品加盟，有着特殊的经营方式，所有的网点加盟商都只是代理商身份，不存在上下级关系，在总公司的监督管理下经营，地市公司没有权力监督下一级县级代理商。

（2）收费。快递企业总部有权向网点加盟商收取特许经营费和其他各种服务费用。对于各项资格复审通过的快递加盟商必须缴纳一定加盟费和保证金。目前，快递企业为了加快扩展速度，加盟费和保证押金费用一般比较低廉。而其他服务费用则是快递企业总部为加盟商提供各种服务的保障和源泉，有时网点加盟商还必须承诺按时缴纳各种费用，如运费、中转费、丢件赔偿费、违规罚款等。

（3）指导。提供开业前的教育培训以及长期的经营指导。一般对网点加盟商的培训包括公司概况、市场推广与宣传、来电来访客户接待、谈判技巧、业务操作流程、内部控制系统（货款控制、现金控制、欺诈控制、内审制度、人力资源管理）、风险规避等方面内容，以帮助加盟商提高业务和市场拓展能力。

（4）业务经营和支撑。快递企业总部必须负责快递网络平台的建设，以及网络系统品牌建设、业务策划、系统开发、商标、域名等工作；进行快递增值业务与产品的策划及实施，研发新型快递管理软件、通信终端设备及软件并做好全国性广告宣传工作。

（5）处罚。对违反特许经营合同规定，侵犯企业合法权益、破坏特许体系的行为，总部有权终止特许合同，取消网点加盟商的特许加盟资格。

2) 快递企业加盟商的基本权利和义务

（1）网点加盟商享有快递公司总部的商标、域名及相关要件的使用权，并能从事与特许快递公司有关的、合法的经营活动。

（2）有权获得特许快递公司的统一管理及各项配套服务、业前培训及经营指导、IT服务系统及相关的技术支持；同时在加盟点位于贫困地区的情况下，由总公司确认，可以享有快递网络扶持政策。

（3）加盟网点公司必须无条件接受快递总公司网管中心每年度组织的年检考核，将根据网点的总体实力、服务水准、信誉程度、公司管理、派送服务以及总公司财务结算等方面内容进行年度考核，在考核合格的情况下，才能继续享有加盟资格。

（4）网点加盟商在独立开展代理区域经营业务的同时，有义务协助总公司做好市场推广和销售工作，不得单独另行从事任何与快递相同或类似的业务，不得同任何与加盟快递公司构成直接、间接或潜在商业竞争关系的企业进行相同的合作。接受连锁网络管理中心的各项培训，遵守网管中心的各项规章制度与快件运作规则，做到一切行动听指挥且无条件地服从调度命令。同时必须使用由网络管理中心统一印制的面单及包装物。

3. 特许加盟模式的管理弊端

（1）结算。特许加盟制的快递企业在包括取派件成本、班运费成本、中转费成本等运输环节的结算和包括货到付款、代收货款、开箱验货、签单返还等在内的增值服务结算方面,由于内部成本无法回收等问题造成的矛盾日益突出,许多增值服务业务很难推行下去。例如,在特许加盟模式下,各分网点的特许加盟商在快递成本的重压下,总是从自身的利益出发,出于报复或反报复的目的,恶意扣押对方代收的货款,这样就会导致运营中心垫付资金紧张,出现网络结算困难。加盟网络资金结算问题不仅与快递公司的一些加盟点人员素质低有关,同时也与总部对各加盟点的管理控制不力有关。实际上,不只是加盟公司会出现现金流断裂问题,公司总部也会出现此类问题,一统快递公司倒闭的原因就是总部现金流断裂造成的。

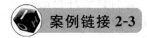

案例链接 2-3

快递加盟商的生存挑战

在新冠感染疫情冲击下,有的加盟网点持续亏损,有的加盟网点货量骤减,仅够维持生存。加盟商欠薪、关停的现象越来越多。

2022年1月,百世快运一个加盟网点因连续亏损超200万元被迫停运;3月,安能快递加盟商亏损20万元,退网却没收到退费,讨要说法时,才发现安能快递因内部资金链断裂已经关闭转型;6月,"极兔速递被曝拖欠快递员工资"的视频在网络流传,快递堆积成山,快递员打地铺讨薪的话题一度成为热议。快递网点加盟商作为快递公司的"线下网络",快递运输的"最后一公里",在过去3年时间里,运营压力骤增。

叶长林是中通快递北京中关村网点负责人。自2010年开始经营这家网点,叶长林已经在这里扎根了12年。这家最初只有十几个人的网点至今已经发展成260人的规模,快递范围涵盖了海淀街道、中关村街道、紫竹院街道和北下关街道。每天6:00,网点准时开门营业,每天有近3万单快递从这里出发被分派到附近小区里的各家各户。

不过,自从新冠感染疫情来临,该网点也一度陷入静止状态。叶长林对钛媒体记者表示:"第一年亏了260多万元,第二年亏了不到100万元。"首先是安全性,派送小哥每天都要穿梭在大街小巷,进入不同的小区,即便做好了自身的防护,也会面临不可控的因素。其次是经营压力,如人员风控、客户区域管控,导致派送单量下降,影响经营。叶长林所在的网点,一年的支出成本接近300万元。其中,员工工资大约需要100万元,场地、运营成本等约200万元。

唐中锋是北京海淀万和嘉园店菜鸟驿站站长。唐中锋在成为站长之前,也是一线快递员。不上学后,做过很多小生意的他,怎么也没想到自己有一天会干快递。"我以前干过快递员,也干过承包区,那等于单打独斗,没有组织,也没有人会保护你的权益。你只是和一个快递公司对接。快递公司又属于个人加盟,会出现很多欠薪,各项虚假投诉。但是加盟以后,组织管理更加完善,站点的权益也会得到保护。"唐中锋对记者表示。

在他看来,做快递员和驿站还是有很多不同的地方。"驿站的罚款相对快递员来说少了很多。假如客户投诉了,总部公司就会直接罚快递员的钱。做驿站的话,有些虚假投诉,菜鸟的官方,会给你阻挡下来。"另外,快递员在一个小区可能干两三个月就调走了,流动性比较大。驿站一直在一个小区里面服务,很多都脸熟,这样后期投诉会很少。

据记者了解,唐中锋目前开了3个菜鸟驿站,分别位于海淀上地、唐家岭、西北旺。在正常情况下,一个店的月利润大概在2万元。这样来算,唐中锋3个店一年的利润合计72万元左右。

快递企业的规模迅速扩大,某种程度上是得益于经济快速发展、廉价的劳动力、消费者的购买力。作为"最后一公里"的加盟商,也将承受行业的不成熟带来的各种风险。消费者的投诉、快递企业的罚款、行业的低价竞争,他们始终是站在市场波动最前沿的人。

——https://www.sohu.com/a/575894040_116132

(2)市场竞争。由于从业人员的职业道德素质不高,快递企业总部的管理控制能力和资源整合能力不足,致使特许加盟制的快递企业始终在低端市场经营。在低端市场,各加盟公司面临的最现实问题就是无法上调服务价格以及不断上升的运营成本,盈利空间逐渐缩小,但是各加盟点仍然只能采取价格战的手段陷入恶性竞争的循环。如果特许加盟快递企业跳不出低价竞争的怪圈,就将面临破产风险。

(3)IT应用。特许加盟快递企业在IT应用上存在很多问题,许多企业为了降低成本,只扫描运单号,不录入如客户信息等其他信息,这样不仅无法统计货物量,同时客户也无法通过信息系统查询快件情况。此外,特许加盟快递公司还不能充分有效地利用IT技术手段解决运输成本结算方面和增值服务业务方面的问题,技术应用程度不高。

(4)快件派送。许多快递公司的全国性快递配送网络不健全,现有网络多数由各加盟网点组成,这样的网络有时只能保证各网点所收取快件数的2/3可以通过自己的网络成功投送。因此在有些区域的快件本公司网络无法送达时,许多加盟网点就必须自己想办法来送件,由于超出了自身的派送能力,时常会造成快件延误或亏损性派送,所以特许加盟商总是以各种理由缩小自己的派送范围。和直营快递子公司相比,特许加盟公司在派送范围和派送时限方面通常都缺乏竞争力。同时,特许加盟式快递派送扣件敲诈的情况时有发生,加盟公司或员工个人将各地到本公司的快件进行藏匿,然后以电话的形式向加盟公司或特许总部提出敲诈的要求与金额,这通常是由加盟公司和特许人、员工与加盟公司之间的矛盾所导致的。

案例链接 2-4

快递变慢递!通达系多地员工出逃,网点动荡与加盟制模式有关?

"双十一"临近,快递物流业迎来旺季。快递企业本应积极备战,近期却频繁曝出网点停摆、派送变慢等问题,究竟怎么了?

快递网点动荡不安,终端消费者怨声载道,电商从业者苦不堪言。

一位电商从业者告诉记者,近期收到了一份包含20多家网点在内的异常名单,涉及安徽、四川、江苏、上海等多个地区,运营情况被标注为"送得比较慢""异常""严重异常"。

快递停摆不是新鲜事。从2020年3月开始,通达系多地加盟网点被曝出停止运营,原因有两个:一是上级网点降低(拖欠)派件费,末端网点主动歇业以示抗议;二是网点运营不佳,资金紧张,采取降低(拖欠)快递员工资的手段,导致员工集中离职,网点难以正常运营。

不过，对于网传大面积网点停摆的情况，圆通、申通、中通均予以否认，表示整体稳定，不存在网点停摆等问题。韵达声称，总部已派人对长沙观沙岭服务站等停摆快递网点进行协调处理，网点只停摆了一两天，现已恢复运营。

快递网点动荡，与通达系的加盟制模式有关。

在该制度下，总部和加盟网点基于合同开展合作，总部建立转运中心，进行中转和分拣，末端派送由加盟网点完成。双方对每一票快递费进行结算，各自账务相互独立。为了引导加盟商进行标准化管理，总部多采取激励、处罚等间接手段约束。

快递加盟网点的收入主要来自收件和派件两方面，收件主要依赖电商客户，但对于电商资源不发达的多数网点来说，只能靠派件收入维持运营。

在快递行业愈演愈烈的价格战下，各地收件和派件费均有所下降，引发网点经营困难、快递员收入下降等连锁反应。

一位西安的快递员告诉记者，在各大快递公司的博弈下，2020年派件费多次下降，"每件价格从年初1元降到0.9元，上个月又降到0.7元，还要自己负责油费、短信费"。

由于快递员工资由加盟商负责，派件费用在各个地区存在一定差异。

另一位河北县级快递员告诉记者，四通一达、天天快递在他所在县的派送费没有下降，一直是0.7元/件，但公司没有底薪，电话费是否报销也由加盟商老板自己决定，一旦被人投诉，还要面临罚款。现在他每月大概派送5 500件，收入在4 000元左右。

物流行业专家杨达卿告诉记者，有的基层网点服务竞争力或者增量业务不足，又缺乏总部反哺、单票收入下降、利润摊薄会导致加速失血。他认为，在快递市场多头竞争格局下，基层加盟网点的动荡难以避免。

——根据亿豹网相关报道修改，http://www.expressboo.com/detail_7926_3.html

（二）直营连锁模式下网点之间的协作管理

直营连锁也称正规连锁，是一种由公司总部直接经营、投资、管理各个分公司的经营形态。直营连锁模式下的快递企业，由快递企业总部全资或控股开设，对各网点拥有全部所有权、经营权、监督权，实施商流、信息流、物流、资金流等方面的统一管理。目前国内仅有中国邮政和顺丰两家快递企业采用完全直营的商业模式。

1. 直营连锁模式的网点类型

直营连锁模式的网点可分为自建和合作两种类型。自建营业网点是指由快递企业自行设立的网点，实行统一的标准化经营管理，负责各自区域的快递收取和派送；合作营业网点是指为节省营业网点成本和迅速铺开营销网络，快递企业和其他企业合作建立的营业网点。该形式采用战略联盟的方式，利用合作渠道担任快递零售服务，使其成为快递的零售终端。

建设合作营业网点的主要目的是更好地方便顾客，开拓小批量快递市场，如在一些居民区和大学校区附近选择报刊亭、小杂货店或便利商店等，设置收、发的代理点。顾客只需将快递物品交给附近合作代理点，由代理点工作人员审核后，顾客填写快递单，代理点按快递要求，对物品进行包装和暂时保管，再统一交给快递公司的工作人员。当快递公司将快件送达目的地的合作代理点后，由代理点通知收件人前来取件，并负责暂时保管。这种合作模式主要面对中小顾客、家庭及个人消费市场，给寄件人提供方便，也节省了收件人的等待时间；同时减少了快递员的工作时间，提高了快递公司的工作效率，有利于快递企业在社区树立更好的品牌形象。

驿站直送模式的探索

每天10:00多，北京通州区某个圆通网点的驿站直送员就会到附近片区，按顺序给几个快递驿站分发快递。一天下来，他可以分发上千票快递。

衔接网点和驿站的"直送专员"，是近两年"驿站直送"模式兴起之后的新岗位。所谓"驿站直送"，即快递网点的快递直接由"直送专员"集中送给驿站，之后再由驿站送货上门或者消费者到驿站自提。

借助"驿站直送"这一末端配送新模式，网点运营成本得到显著改善。"最后100米"配送给到驿站，驿站则乐于拿到更多业务量。不过，在新的变革出现之后，快递公司、网点、快递小哥、驿站等多方的利益被重新划分，相应的管理约束仍在摸索中。

"驿站直送"悄然兴起

在驿站开设较多的新社区，"驿站直送"的模式已经愈发受到认可。

位于北京通州的某社区，共包含8个小区，每天的快递量十分可观。但该社区刚开始有居民入住时，附近网点的快递员人手不足，大多数快递往往被直接放到驿站。如今，随着业务量越来越多，该社区的驿站依旧延续之前的做法，直接与网点展开合作。每天早上，中通、圆通、申通、韵达、极兔等不同品牌的快递会直接从网点拉到驿站，之后驿站的工作人员开始入库、上门配送等工作。

进入2021年，圆通在全国范围内加大了推广力度。圆通在其2021年财报中也提到："公司持续提高配送终端数字化水平，并推广驿站直送，探索创新配送体系建设。"在河南郑州，三全路的圆通网点从2021年开始尝试"驿站直送"，将承包区逐步向"驿站直送"模式转变。原来做承包区的快递小哥则成为驿站直送的驾驶员，一方面为分公司提高效率降低成本，另一方面快递小哥自己也能增加收入。

按照"驿站直送"的新模式，直送专员负责按照驿站三段码将所配送驿站的包裹装包、装车、卸车，按时送到驿站，并监督管理所配送驿站包裹的及时入库。与此同时将驿站的寄件取回，按时交给分公司。

网点、驿站各取所需

末端配送的流程调整之后，派费也因此有了较大变化。按照以往的情况，北京一票快递的派费普遍在1.4元左右（主要是通达系），这一成本需要快递网点承担。快递员把快递放在驿站或者快递柜，每票则需要支出0.3~0.5元不等。如果快递员的派件量大，这种方式可以帮助他提高派送效率，但同时也是一笔不小的支出，快递员通常会权衡考量。但采取"驿站直送"模式，驿站可以跳过快递员投递，直接找网点合作。相比快递员每票1.2~1.5元派费收入，驿站每票少拿0.3元。而这0.3元，就是快递网点在末端配送环节中节约的成本。

如果驿站自己去网点拉货,给到驿站的派费则要更高一些。不过这一方式对一些驿站来说并不划算。因为驿站还得加上驾驶员的成本、车辆、油等费用,这些成本加起来要高出多拿到的派费。一位业内人士据此推算,如果一个中转网点每天进港10万票,终端到驿站有7万票,按照每票省0.3元计算,一天可节省2.1万元,一个月可节省63万元,一年下来就是756万元。即便去掉直送员和车辆成本等,网点依旧可以节省不少钱。

与此同时,快递网点的人员成本也会随之下降。在广东英德,通过"驿站直送"模式,圆通快递员从50名减少到30名,终端入库入柜率从80%提升到90%以上。在河南洛阳,泉舜网点下属的20个驿站,初步规划出两条洛阳圆通直达驿站的直送线路,由2个驾驶员分别负责派送10个驿站。洛阳圆通负责人表示:"采取新模式之后,我们单票派件成本较老模式降低了20%。"

——https://baijiahao.baidu.com/s?id=1734434213300394928&wfr=spider&for=pc

2. 直营连锁模式的网点管理

(1) 人员管理。直营连锁模式的网点人员从招聘入职、培训到聘用期的考核、薪酬发放都由快递企业总部统一管理,各网点不具有自行招聘人员的权利。对于在职的网点员工,可根据其自身特点进行岗位、工作地点、职位的轮换。采用统一管理的方式,既有利于员工的晋升,同时也可以根据业务量的多少实时调整各网点的人员配置,避免企业资源浪费和人员设置的不合理。

(2) 门店管理。直营连锁模式下的网点实行标准化经营管理,包括商店规模、店容店貌、服务内容等。日常运营过程中,完全按总部的要求行事,总部发布指令,各网点无条件地执行指令。若网点之间存在快件的错发、丢失、误发等情况,则上报总部,由总部直接进行管理协调,而不存在网点之间因利益产生冲突等情况。

(3) 费用管理。直营连锁模式的快递企业费用管理统一化主要体现在3个方面:服务价格统一、网点成本统一、网点结算统一。直营连锁模式的快递企业各网点所提供的快递服务由总部统一制定,并统一定价,因此不存在加盟模式下网点之间价格不定、竞价竞争的情况。同时,采用统一的网点建设,由单一的投资者投资和统一结算,由总公司承担全部盈利损失,风险大,但信誉好。

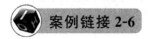

案例链接 2-6

顺丰速运:快和准带来的"高价"

在国内,民营快递大多给人以价格便宜、递送却不太让人放心的印象,但有一家叫"顺丰速运"的民营快递,却以"快人一步"的时效和"价高一筹"的服务,走出了一条完全不同的道路。目前年销售额已经突破了百亿元,成为可以与中国邮政EMS抗衡的民营快递巨头。

从一开始,"低价"就不是顺丰速运的经营之道,公司有非常明确的市场细分和产品定位:主要做文件和小件业务,其中尤以商业信函等高附加值的快件业务为主。

当然,告别低价的背后也需要各种系统和制度的支撑,与其他民营快递不同,顺丰速运拥有自己的飞机,而且实行直营模式,这是保证其服务质量和核心竞争力的重要因素。

直营管理下的时效考核

与申通、圆通等江浙民营快递巨头相比,顺丰速运的价格绝对可以称得上"昂贵"。以1kg重的包裹为例,从北京送到上海,顺丰速运的价格是22元,圆通快递只要10元,顺丰速运的起步价格,高出同行价格1倍多。

不过,还是有很多客户尤其是企业客户愿意选择顺丰速运,因为它的确快而可靠。如果在当天16:00寄出包裹,基本第二天下午就可以收到顺丰速运发送的"货已签收"的短信。而如果选择其他快递公司,则需要三四天,包裹到没到还需要自己打电话向对方确认。

当然,要做到"快而准",并不是一件容易的事。对此顺丰速运的一位管理人员告诉《第一财经日报》记者,顺丰速运与其他快递公司的差异,主要是由直营管理模式和管理制度规范的不同带来的。

在创业之初,顺丰速运和所有民营快递企业一样,为节约投资成本,加快网络扩张速度,新建的快递网点多数采用合作或代理的方式。这种形式和加盟类似,分公司归当地加盟商所有。不过,到2002年,顺丰速运最终将全部经营网点股权收回,确立了直营模式,并在深圳设立了总部。

直营模式确立后,对各地网络的管理自然更加得心应手,顺丰速运负责递送的员工开始按月进行绩效考核,表现与收入形成了直接的激励关系。同时,直营模式也为公司建立起贯穿整个快件流转环节的信息监控系统,对各环节的运转时效进行准确的控制奠定了基础。

据记者了解,从2010年开始,顺丰速运就研发出包含对快件跟踪、时效预警、路由规划等全部环节监控的"时效管理系统",从客户呼叫开始,系统就启动了跟踪流程,递送员要严格执行收1(1h内收件)派2(2h内派送签收)的时效要求,超时派件将直接影响当月的业绩考核。

——选自《第一财经日报》,https://www.yicai.com/news/2588310.html

(三)网点的拆分与撤并

市场是动态的,快递企业需要不断地进行服务网点布局优化,提升快件收派时效。快递企业服务网点布局优化归结为以下两类。

1. 网点拆分

网点拆分是指根据一定的标准来划分网点原来所管辖的服务范围,被划分出来的区域或是独立成为新的服务网点,或是与其他相邻的被划分出来的区域合并成为新的服务网点,也就是通过缩小原服务范围,增加服务网点数量。

网点拆分主要基于4项标准:人口密度标准、业务密度标准、管理幅度标准、客户类型标准。

(1)人口密度标准。克里斯泰勒提出了中心地"人口门槛"和"服务半径"的对应关系。当人口密度较大时,服务半径相对较小;当人口密度较小时,服务半径相对较大。人口密度标准就是根据区域人口密度,按照一定的标准对服务半径进行调整,改变网点覆盖区域。一般来说,人口的多少直接影响各种需求的数量。对于快递行业,除了关注人口密度,还应从就业结构来考虑。根据经验,第二产业和第三产业人员使用快递服务的比例更大。

(2) 业务密度标准。按照城市地域结构模式,城市一般分为中央商务区、中心城区、中心城区外围、近郊区、远郊区,从里向外商务活动密度越来越小,快递业务密度也越来越小。因此,越是靠近核心圈层的网点,业务密度越大,服务半径越小;越是靠近边缘区域的网点,业务密度越小,服务半径越大。业务密度也意味着收派员的劳动强度。收派员劳动强度过大会影响快件收派的时效,从而降低客户满意度,同时也会影响收派员进行业务开发,使得市场潜力不能充分得到挖掘。所以,服务半径应与业务密度相适应,以保证收派员的劳动强度处于正常范围。

(3) 管理幅度标准。按照管理层次与管理幅度,上一层级对下一层级人员的管理能力是有限的,操作人员比管理人员的管理幅度更大。此外,行业与企业的实际情况不同,管理幅度也不尽相同。从快递业的实际来看,网点收派员的数量保持在 $10\sim20$ 人为宜,一方面可以保证管理的精细化,另一方面可以降低管理成本。当网点收派员的数量随着业务量的增长而增加到一定水平时,即可考虑对该网点进行拆分。

(4) 客户类型标准。城市内部是由不同圈层组成的,同圈层内部呈现出相同或相似的客户同质性。若网点所服务的市场群体不属于同一圈层,那么其主要客户类型也不相同。对于快递企业来讲,如果客户类型具有较大的差异性,那么需求差异性也会非常明显,加大快递服务的难度。例如,跨越商务区和住宅区的主要快件类型不同,一部分是以文件为主的商务快递,另一部分是以包裹为主的包裹快递,这样就造成同一网点有两种不同的取派模式,增大了操作难度,可以考虑拆分。

网点拆分是快递企业由粗放式网点扩张向内涵式网点扩张转变的标志。快递企业经历了粗放式扩张的阶段,建立了全国性或区域性的空间网络,但因服务半径过大或相邻网点之间存在盲区,使得服务质量得不到提升,从而制约了快递企业的发展。通过网点拆分,可以对既有市场进行深度开发,有助于实现快递企业由粗放式网点扩张向内涵式网点扩张的转变。

新建网点需要先期投入固定成本和支付后续的变动费用,有一定的市场风险。因此,为规避因建立网点投资而带来的财务风险,许多企业采用对外合作的形式,主要有代理、加盟等方式,这样既保证了市场占有率,又有效控制了市场风险,这是中小型快递企业常用的做法,但不利于管理的规范化和企业的长远发展。

2. 网点撤并

网点撤并是指网点的撤销与合并,网点撤并主要是从经济角度来考虑的,根据供需平衡原则,当快递企业网点数量的供给能力大于市场需求能力时,则需要进行网点撤并。

当快递企业的供给能力(即网点数量)大于市场需求能力时,个别企业之间不可避免地出现恶意竞争,甚至网点处于亏损状态。服务网点撤并有 4 条原则:①地理位置偏僻,处于城市发展规划的被遗忘角落,办公环境得不到有效改善,发展前景黯淡的服务网点;②定位不明确,发展方向模糊的服务网点;③低产低效难以形成规模效益的服务网点;④重复建设、内耗严重的服务网点。

网点撤销主要适用于布局错误、市场资源严重不足的网点,以及在竞争中被彻底淘汰的网点。这样的网点对企业来说是一种负担,尽早采取措施进行撤销将有利于企业的长远发展。网点合并适用于布局不合理,但还有改进空间的网点,以及在与竞争对手的竞争中处于劣势的网点。通过与优势网点合并,以集中客户、资源,优化管理,降低成本,提高效益和竞争力。

任务二 网点业务操作

➡ 情景导航

有位叫李伟的先生打来电话,告知自己住在彩虹城6幢1单元301,有本书要通过快递寄给外地的朋友。你是YD公司该门店的收件员,接下来你要做哪些准备?如何完成收件工作?

一、快件揽收

收寄业务是快递业务流程的起点。收寄业务的规范性直接关系到整个快递服务的安全,并影响后续分拣、运输和派送环节的顺畅。

快件揽收是指快递业务员从客户处收取快件,包括验视、包装、运单填写和款项交接等环节,取件操作流程见表2-1。

微课:快件揽收

表2-1 取件操作流程

操作流程	时　限	备　注
收件准备	上班至接到取件指令前	检查各种工具和设备,检查仪容仪表
接收调度取件指令或按照约定时间取件	接到调度取件指令的同时或按约定的时间准时前往	可通过总部调令、App 接单、电话接单等
到达寄件人地址找到发件人	一般情况下是接到取件指令的60min内	或按照公司对外承诺的时间
验视快件、包装	称重前	查看货物有无违禁品,物品的包装是否符合要求
称重、收取运费、让客户签字确认、开发票、扫描快件、上传取件信息(如果携带无线扫描枪的话)	尽量在 5min 之内完成	月结客户可免收费这一项;如果是到付快件,需在运单上标示,或使用专用运单
与调度核对取件是否遗漏	扫描比对前	—
扫描比对,返回网点	返回网点前进行	—
与站务操作员交接快件;向结算员缴纳快递费,核对"到付"件数和金额	按照规定的时间返回	

在以上网点收件环节中,快件验视、包装、称重收费等环节尤其重要,以下将重点说明。

(一)快件验视

资料链接2-2:国家邮政局 公安部 国家安全部关于发布《禁止寄递物品管理规定》的通告

资料链接2-3:国家邮政局关于印发《邮件快件收寄验视规定(试行)》的通知

资料链接2-4:《邮政业寄递安全监督管理办法》

料链接2-5:某快递企业航空运输禁限寄标准

微课:快件的收寄验视

国明确规定危化品严禁收寄,危化品如何搭上快递运输车?

为确保快递服务安全,国家制定了3项制度,即实名收寄制度、收寄验视制度和过机安检制度。在收寄环节,务必确保实名收寄制度和收寄验视制度得到贯彻执行。

快件验视是指邮政企业、快递企业接收用户交寄的邮件、快递时,查验用户交寄的邮件、快递是否符合禁止寄递、限制寄递的规定,以及用户在邮件详情单或者快递面单上所填写的内容是否与其交寄的物品名称、类别、数量等相符的行为。其主要目的是维护邮件、快件寄递安全,保障寄递渠道畅通。

根据快件类别不同,其验视流程和重点也不相同,详细操作流程如下。

1. 一般快件的验视流程

(1)当客户交寄物品时,应当首先询问交寄物品种类,根据禁限寄规定,大致判断是否能够交寄。

(2)指导客户填写运单。填写前应提示客户阅读"客户须知",交寄物品名称、数量以及寄件人和收件人的姓名、详细地址、联系电话应如实填写,重要物品建议客户保价,所有项目填写后请客户签名确认。

(3)提醒寄件人出示身份证明,并对寄件人电话号码及相关信息比对核实后方可收寄。

(4)对照面单验视内件。将物品全部放入验视专用箱,对照面单首先核对物品品名、数量是否相符,如果不符,请客户修改运单或重新填写,复核无误后,逐件检验物品。

(5)每件物品均应全面浏览,关键部位应重点查看,如衣服夹缝处、鞋袜内、被褥棉絮中、书籍外包装与书面之间、自带纸箱骑缝处、自带填充物等,违禁物品容易藏匿其中。对电器、玩具、书籍等里面有空间或者可以挖开空间藏匿违禁品的物品,要采用摇的方式进行检查,听到物品空间内有响声,应请客户将其打开进一步验视。

(6)物品验视合格后,将物品逐件装入包装箱(袋)中,与客户眼同封装。

(7) 快件封面和面单的右上方加盖验视章、验视人名章,称重并标注重量。

2. 大宗快件的验视流程

(1) 向客户询问所寄物品种类、数量,确认客户种类为大宗快件,所寄种类为免检自封快件。如果客户是首次办理免检自封业务,应指导客户操作流程(如签订大快件寄递安全协议书);如果不是此类业务,应按照正常的快件验视流程进行收寄。

(2) 如交寄的大宗物品属于免检自封快件,应请客户出具不违反禁寄、限寄规定的保证书。如客户无法出具,则应按照正常的快件验视流程进行收寄。

(3) 对自封免检的物品,应查验面单上是否批注"自封(或已验视)"字样或加盖"自封(或已验视)"戳记。若客户未批注或未加盖,则应拒绝收寄。

(4) 在收寄时应按照所寄物品数量的适当比例进行随机查验,并记录备案查验情况。若发现有违反规定寄递禁寄、限寄物品的,应取消免检资格,并对全部快件进行验视。如客户拒绝开拆,则不予收寄。

3. 贵重物品的验视流程

(1) 询问客户所寄物品性质,确定物品种类。如客户交寄的物品为照相机、手机、手表、金银饰品、贵重物品及保价 1 000 元以上的快件,应确定为贵重物品。

(2) 指导客户正确填写运单,内件品名及数量处要详细填写内件物品的品名与型号、新旧程度、数量;指导客户阅读"客户须知"并提醒客户保价,向客户讲明保价的必要性。

(3) 提醒寄件人出示身份证明,并对寄件人电话号码及相关信息比对核实后方可收寄。

(4) 应会同客户当面验视内件,核对客户填写的面单信息与内件物品是否一致。

(5) 眼同封装,封装材料应适于贴用保价封志。在封装箱骑缝处每边居中位置粘贴一枚"保价物品"封志,在封志处骑缝加盖收寄验视章和收寄(验视封装)人员名章及寄件人签名或盖章,然后用胶带严密封口。封装后,加盖验视章、验视人名章,批注快件重量(贵重物品称重时精确到克)。

4. 化工类产品的验视流程

(1) 询问物品名称,验视物品,确认物品种类为可以寄递的化工用品。

(2) 确认物品为可以寄递的化工用品后,应请客户出具交寄化工产品安全保证书。如遇有对物品性质不能识别的,应请寄件人提供国家认定的具有化学品检测资质部门出具的确非危险品或妨碍公共卫生的物品鉴定证明,以及按该产品性质由相关的公安、防疫、消防部门出具的在正常作业条件下确保安全生产的鉴定证明后,方可收寄。

(3) 确认所寄物品的安全性后,指导客户正确、规范地填写面单,核查所填写内容是否与物品相符。

(4) 提醒寄件人出示身份证明,并核对寄件人电话号码及相关信息后方可收寄。

(5) 根据物品种类、大小,选择合适的包装材料进行封装,并粘贴化工类物品标示。

5. 易碎物品的验视流程

(1) 访问客户物品种类,确定物品为易碎物品。

(2) 指导客户正确、规范地填写面单,提醒客户保价事宜。

(3) 提醒寄件人出示身份证明,并对寄件人电话号码及相关信息比对核实后方可收寄。

(4) 对照面单验视内件,确保面单与内件物品相符。封装与普通物品不同,用耐压的瓦楞纸箱、钙塑箱包装，物品与箱板之间要留出 2cm 空间，用柔软物料充分填塞，并将内件分别包扎。若客户已有包装材料，则要进行检查：一要重点加强包装查验，查看是否使用了坚固耐压的包装箱，若使用木板箱，还要验看木板的厚度是否达到 1cm；二要查看箱内是否根据不同物品，用不同方式包扎好，箱内物品与箱体之间、物品与物品之间的空隙是否已用柔软物料充分填塞好等。

（5）称重后加盖收寄验视章等戳记。

6. 网点快递员验视流程

综上所述，网点快递员在接收用户交寄的邮件、快件时，应当履行下列职责。

（1）当面提醒用户必须遵守国家有关禁止寄递、限制寄递的规定。

（2）指导用户完整、清晰的填写快件详情单或者快递面单，并提醒用户填写的信息应当真实、有效。

（3）当面验视用户交寄的物品及使用的封装材料、填充材料，协助用户妥善封装。

（4）验视时发现疑似禁止寄递物品或者不能当场确定安全性的物品的，应当要求用户依法出示相关专业机构或者有关部门开具的安全证明。

（5）按照法律、行政法规的规定需要用户出示身份证件或者其他书面凭证的，应当向用户详细说明证件或者书面凭证的类别和要求。

（6）对验视发现的可能危害国家安全、公共安全的禁止寄递物品，按照有关规定处理并及时报告。

7. 快递企业验视流程

对用户交寄的邮件、快件，邮政企业、快递企业应当验视以下内容。

（1）用户填写的邮件详情单或者快递面单上的信息是否完整、清楚。

（2）用户填写的物品名称、类别、数量是否与交寄的实物相符。

（3）用户交寄的物品及使用的封装材料、填充材料是否属于禁止寄递的物品。

（4）用户交寄的限制寄递物品是否超出规定的范围。

（5）用户是否按照法律、行政法规的规定出示身份证件或者其他书面凭证。

（6）邮件、快件的封装是否满足寄递安全需要。

（7）其他需要验视的内容。

如在验视过程中有存在用户不配合验视，或存在疑似和确定禁寄物品的情况，网点应不予收寄；若发现利用寄递渠道从事违法犯罪活动的，应当立即报告，并协助做好相关调查工作。

（二）包装

资料链接 2-6：邮件快件绿色包装规范

资料链接 2-7：快件包装操作规范及检验方法

微课：快件包装操作

包装有两方面的含义，即包装材料和包装方式。快递员要从安全绿色的角度，选择合适的包装材料和包装方式。目前,快递公司采用的包装材料主要有白板纸硬包信封、塑料防水袋及瓦楞箱(图2-5)。对于易碎物品,还需要用气泡膜、气泡垫、泡沫等缓冲物品进行填充。

图2-5　常用包装材料

为了更好地促进资源节约利用,减少环境污染,国家邮政总局制定了《邮件快件绿色包装规范》,要求快递员进行包装时坚持标准化、减量化和可循环的工作目标,按照邮件快件包装基本要求等规定选用包装材料和包装操作。在满足寄递需要的前提下,防止包装层数过多、空隙过大。邮件快件包装空隙率原则上不超过20%。同一包装内有多件物品时,应当按照重不压轻、大不压小的原则进行封装。

针对不同的商品包装物选用和操作要求具体见表2-2。

表2-2　包装物选用和操作要求

包装物分类	适用物品	操作方法
信封、封套	文件、发票、磁卡	将文件、发票、磁卡等装入信封、封套内封口
包装箱	服装、鞋靴、家纺	将服装、鞋靴、家纺等装入包装袋内封装
包装箱、充气枕	体育用品、休闲食品、数码配件	将物品装入包装箱内,使用充气枕填充空隙,使物品在箱内不晃动
包装箱、气泡垫	酒类、饮料、珠宝、粮油调味品、个护品等	使用气泡垫包裹物品,装入包装箱内。可根据物品特性选择大气泡垫进行包裹
包装箱、聚乙烯软质泡沫	计算机、灯具、奶粉等	使用聚乙烯软质泡沫包裹物品,装入包装箱。个别易碎物品需上下部位防护
包装箱、充气柱	红酒、玻璃杯、大家电、大型水果	使用预制的充气柱包裹物品,装入包装箱
包装箱、植物纤维填充	厨具、工业零件、陶瓷制品	使用植物纤维填充,装入包装箱底部、四周和顶部,将物品包裹后封箱

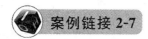

案例链接 2-7

顺丰投放使用新型循环快递箱 π-box

近日,在杭州顺丰的营业网点内,出现了一种魔术粘贴盒的新型循环快递箱 π-box。通过2步折叠、4步封箱,不到10s,一个箱子就可以投入使用。

目前,顺丰在杭州共计投放超2.5万个 π-box。截至目前,累计使用量达到8.8万次。

据顺丰的工作人员介绍,π-box 是在此前顺丰自主研发的第一代快递循环箱丰·box 基础上,于2021年9月推出的升级版,并率先在杭州、上海等地试点应用。根据实验室测试,π-box 可循环使用70次以上,整箱材料96%可回收。

相较于第一代循环箱,π-box 采用的是更易回收的单一化材料PP蜂窝板材,易清理,抗戳穿性能提升100%,极大地保护了快递内件。π-box 采用简单易操作的自锁底折叠结构和全箱体魔术粘贴盒模式,免去使用胶带纸、拉链等易耗材料。目前,π-box 共推出6种规格,寄件人可根据自身需求及物品实际大小选择对应型号,价格与以往纸箱收费一致。

据了解,2018年顺丰科技有限公司联合中国电商物流产业联盟等机构共同主办绿色包装大会,顺丰在会上发表多个绿色包装系列议题,并将旗下的包装实验室更名为SPS(可持续包装解决方案)中心。

也正是在此次大会上,顺丰推出了第一代丰·box 共享循环箱,引起业界的广泛关注。

与一次性包装相比,丰·box 有效解决了成本高、破损多、操作效率低、资源浪费等问题,其不仅开创了用拉链代替封箱胶纸、易拆封、可折叠、防盗、内绑定、无内填充等产品结构创新,还增加了防水、阻燃、隔热、保温等特殊性能,同时,丰·box 更拥有多达数十次乃至上百次的使用寿命,能最大化地从实际意义上践行绿色可循环的环保理念。

本次顺丰推出的 π-box 正是由第一代丰·box 衍生而来。

——中国快递协会,http://www.cea.org.cn/content/details_10_22146.html

(三)称重收费

称重收费环节将由快递业务员根据快件的始发地至目的地所在地区收费标准,结合快件重量对快件收取费用。若快件属于轻泡货,即体积重量[长(cm)×宽(cm)×高(cm)/6 000]大于实际重量,则按体积重量进行计费。

微课:运费计算

各快递企业在实际操作中,存在以下两种资费计算方式。

(1)首重续重计算方式:资费=首重价格+续重(计费重量)×续重价。

首重:快递企业根据运营习惯规定的计算资费时的起算重量,也可以称为起重。起算重量的价格为首重价格。一般快递企业都将首重定为1kg。

续重:快件首重以外的重量。续重=计费重量-首重。通常续重价格比首重价格低,而且随着续重的增大,续重价格也会减少。例如,一份重量为30kg的快件,如果首重为1kg,续重就是29kg。

【例2-1】 一票从上海寄往广州的快件（航空运输,系数为6 000）,使用纸箱包装,纸箱的长、宽、高分别为60cm、40cm、30cm,快件实重21.5kg,计算其资费。快递企业的资费价格见表2-3。

表2-3 快递企业的资费价格（1）

区间	首重1kg	1kg＜重量≤20kg	20kg＜重量≤50kg
上海—广州	12元	6元/kg	5元/kg
深圳—广州	10元	2元/kg	1元/kg

体积重量＝(60×40×30)÷6 000＝12(kg)

体积重量小于实际重量,计费重量应为22kg。

资费＝首重价格＋续重×续重价格
　　＝12＋(20－1)×6＋(22－20)×5
　　＝136(元)

(2) 单价计算方式:资费＝单位价格×计费重量。

单价计算是指按照平均每千克价格来计算资费。单价计算不区分首重和续重,明确平均每千克的价格,由价格乘以重量即可。这种计费方式与普通的运输计价方式类似。

【例2-2】 一票从上海寄往广州的快件（航空运输,系数为6 000）,使用纸箱包装,纸箱的长、宽、高分别为60cm、40cm、30cm,快件实重21.5kg,计算其资费。快递企业的资费价格见表2-4。

表2-4 快递企业的资费价格（2）

区间	20kg及以下	20kg以上
上海—广州	6元/kg	4元/kg
深圳—广州	3元/kg	2元/kg

体积重量＝(60×40×30)÷6 000＝12(kg)

体积重量小于实际重量,计费重量应为22kg。

资费＝单位价格×计费重量＝6×20＋4×(22－20)＝128(元)

(四) 面单填写

资料链接2-8：
《快递电子运单》解读

微课:面单填写

快递面单是指快递行业在运送货物的过程中用以记录发件人、收件人以及产品重量、价格等相关信息的单据,是发件人与快递公司交易的合同。快递面单又称快递详情单,包括快递企业 Logo、条形码、运单号、信息填写区等区域。随着电子商务平台和物流服务信息化飞速发展,面单号(或称为运单号)成为物流服务商串联快递单、订单、商家、商品等各种信息的枢纽。

2012 年,国家质量监督检验检疫总局和国家标准化管理委员会发布《快递运单》(GB/T 28582—2012),该标准适用于无碳复写纸印制的折叠式票据形式的快递面单(简称"纸制面单")的制作和使用。标准自发布以来,在规范快递市场行为、维护快递市场秩序、保障消费者合法权益等方面发挥了重要作用。但随着电子商务和网络购物的不断兴起,快递市场高速发展,传统的纸制面单已经不能适应快递市场高速发展的需要,快递电子面单(简称"电子面单")应运而生。下面将对以上两类面单进行介绍。

纸质面单采用手写或机打形式,一般有 5 联,分别为名址联、结账联、发件联、签收联、收件联(图 2-6),发件人在第一联名址联上填写所有信息,其他四联自动复印上所有信息并保管于不同的环节。其中发件联由发件人留存,结账联由收件网点保管用于信息录入,签收联由派件网点完成签字后回收备用,收件联是收件方收件后粘贴在邮件上的信息联。

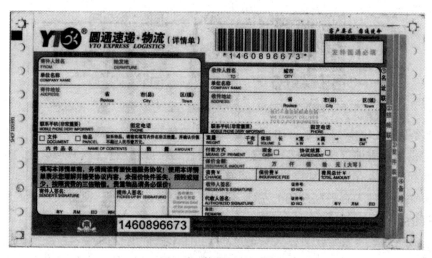

图 2-6 传统纸质面单

电子面单是将快件原始收寄等信息按一定格式存储在计算机信息系统中,并通过打印设备将快件原始收寄信息输出至热敏纸等载体上所形成的单据。客户只需在 App 上填写相应的信息,电子面单自动对接计算机信息系统、自动绑定快件编号、实时生成并高速打印快件收寄信息,更好地满足了电商批量交寄快件的需求,也越来越得到个人用户的青睐。

电子面单划分为以下 9 个区域,如图 2-7 所示。

(1) 快递服务组织信息区。该区域用于打印快递服务组织的名称、标识、客服电话等内容,以识别快递服务的提供者。收件人存根联和寄件人存根联由于已在条码区打印快递服务标识,因此不再设有快递服务组织信息区。

图 2-7 电子面单

什么是电子面单

推行电子面单

（2）条码区。该区域用于打印快件编号的条码标识。由于快件编号是企业进行内部处理和提供用户查询等服务的唯一依据，因此快件编号应清晰可辨、易于识读。对于收件人存根联和寄件人存根联，如果打印空间有限的话，可以只打印数字识别码。此外，在收件人存根联和寄件人存根联条码的左侧，还宜打印快递企业标识，便于收寄件人识别快递服务的提供者。

（3）目的地区。该区域又称大头笔区，用于打印快件的目的地名称或代码。由于快件的寄递信息已提前录入计算机信息系统，信息系统可以根据企业分拣封发计划和地址库等信息，自动匹配快件的目的地代码（即数据分单），为后续的机器分拣和人工分拣提供较大便利，以提高分拣效率，降低分拣差错。为便于识读，标准还规定电子面单目的地区的文字宜采用黑体或加粗黑体。

（4）收件人信息区。该区域用于打印收件人的名称（姓名）、地址、联系电话等内容。由于收件人信息是完成快递服务的重要基础信息，因此在派件存根联、收件人存根联和寄件人存根联上都应该打印此信息。此外，为便于识读，标准还规定电子面单收件人信息区的文字宜采用黑体或加粗黑体。

（5）寄件人信息区。该区域用于打印寄件人的名称（姓名）、地址、联系电话等内容。由于电商用户的计算机信息系统中已存有寄件人信息，因此派件存根联可以不打印此信息。但为了便于收件人知晓快件由何地何人寄出以及寄件人留存有关信息,标准规定收件人存根联和寄件人存根联上应打印此信息。

(6) 内件详情区。该区域用于打印内件的名称、类别、数量等内容。根据《邮政行业安全监督管理办法》《邮件快件收寄验视规定》等文件要求,用户应如实填写寄递物品的名称、类别、数量等信息,电子面单上的记载内容应与实物信息相符。

(7) 业务类别及业务处理区。该区域用于打印业务类别名称和业务处理相关信息。其中,业务类别名称包括即日到、次日到、优先快递、经济快递和代收货款等;业务处理信息根据各联的用途不同则有所不同。对于派件存根联,该区域应包括快件的质量、体积、运费、付款方式、代收货款金额、收派件时间、服务协议约定提示、寄件人签名等内容;此外,对于电商用户,由于以上信息已在信息系统中记载,因此派件存根联可不设置业务类别及业务处理区。对于收件人存根联,该区域应包括快件的付款方式、代收货款金额等内容;对于寄件人存根联(三联),该区域应包括快件的质量、体积、运费、申报保价(保险)金额、保价(保险)金额、收件时间、收派员签名、服务协议约定提示等内容。

(8) 用户签收区。该区域应包含收件人/代收人签字、签收时间等内容。用户收件时应及时填写以上信息,作为快件投妥的重要凭据。

(9) 自定义区。该区域由快递企业根据自身业务需要设置,包括二维条码、易碎品提示等信息,以满足个性化业务发展需要。需要说明的是,有条件的企业可积极采用二维码技术,通过在自定义区打印二维码,记载、保存寄件人和收件人的名址、订单详情、快件路由等信息,用于自动分拣,也可用于用户信息保护等工作。

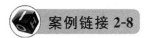

从"马克笔"到"三段码",电子面单在中国快递业历经了怎样的进程

在电子面单普及之前,中国快递普遍使用的是纸质面单,纸质面单一般分为4联、5联,一位快递网点负责人对《经济观察报》记者回忆了彼时纸质面单的使用情况。在整个快递运转过程中,五联纸质面单要陆续被撕下来,分别交给客户、财务、揽件方、派件方和收件人。

整个运转流程中,这五联纸质面单负担了信息流转、分拣标识、资金结算、管理考核等诸多流程。例如,在资金结算方面,网点需要每个月月底汇总其中一联,再交给客户财务,进行运费结算;在分拣环节,需要有人用马克笔在面单上写上目的地,再由分拣人员按照马克笔标注的缩写进行定向分拣。在整个流程中,分拣环节对人力依赖程度最高,分拣员的工资也高出其他人员一截。

电子面单的推出解决了这一问题。

第一版电子面单打印的内容主要包含收发货人、收发货地址、商品信息以及一个"一段码","一段码"代表目的地的分拨中心市,实际上代替了此前快递员用马克笔加粗大写的分拨中心的缩写。"一段码"在2015年的版本更迭中变成了"二段码",添加该包裹的派送网点,2016年升级为"三段码",可精确到具体的快递员。目前电子面单已经升级到"四段码",第四段指向该包裹的具体小区/楼栋或者代收点。

电子面单＋分拣码(一、二、三、四段码)的出现是快递行业自动分拣推广应用的基础,在自动分拣机上,机器可以扫码面单条形码、识别前置的分单码,并将不同的快件投入不同的目的地格口。自动分拣设备的投入让中国快递网络的运行速度和操作能力大幅提高,也降低了快递网络的运营成本。

从技术上自动分拣的原理是识别包裹的分拣流向并投递到对应的格口,将地址进行编码也并不难,但如何在扫描面单的时候立刻就能识别出来,其背后依然需要一套非常完善的系统和算法的支撑,确保电子面单在商家端打印的时候,分拣码即已经明确地通过三段码显示于电子面单。这意味着从电商平台、商家到快递总部、快递网点、快递员的整个信息链条已经形成一个完整的闭环。

凭借电子面单和手持终端等硬件设备,数据得以从电商穿透至快递网点。

一些业内人士认为,电子面单等数字化技术也在一定程度上塑造了中国快递公司的组织形态和管理形态。"此前加盟制的管理是比较粗糙的,有点类似于'划地盘收租',就是把不同的片区通过加盟的形式分包出去,却无法进行精细化管理。因为纸质面单上的信息大部分没有录入快递总部系统,快递总部无法了解网点内部的经营状况、客户构成等。但是有了电子面单后,总部才真正看清了网点内部正在发生什么、趋势是什么样的,才能在管理的意义上让总部和加盟网点形成一个紧密的组织形态",业内人士对记者表示。

——http://www.expressboo.com/detail_8382_3.html

二、快件派送

微课:快递派件作业

机器人送快递

派送是指快递服务组织将快件递送到收件人或指定地点并获得签收的过程,是快递工作流程的最后一个环节,也是直接面对客户,影响快递服务整体形象的最重要一环。派件操作流程如表 2-5 所示。

表 2-5　派件操作流程

操作流程	时　限	备　注
派件前准备工作	上班至出发派件前	检查各种工具和设备,检查仪容仪表
与站务操作员核对派送区域的件数、交接签字、装车	在规定出发时间的前一个小时内进行	确认快件总量、有无错分或异常情况
设计当天派件的路线	按照设计的路线第一时间送达	在设计路线时优先派送特殊件,减少空白里程

续表

操作流程	时 限	备 注
快件装车	根据派送线路,将快件按顺序整理装车	遵循快件装载的几点基本原则,合理码放集中放置
到达收件人地址进行派件服务	在客户处尽量在 5min 内完成	查验客户身份,提示客户验收快件并签收。因内件破损、丢失等导致的纠纷,若无法当场解决,及时请相关负责人出面解决,以免耽误其他快件的派送
核对签收单、上传签收信息、返回网点或开始取件	返回网点前进行	根据调度指令派送应急快件
与站务操作员交接签收单;向结算员缴纳到付运费和代收的货款	返回网点即可进行	完成异常件的交接

在以上网点收件环节中,路线设计、派送服务、派件异常情况的处理等环节尤其重要,以下将重点说明。

（一）派送路线设计

派送路线是指快递员结合自己所管辖的服务区域,对所接收快件进行派送时经过的地点或路段,按照先后顺序连接起来所形成的路线。合理设计派送路线,可以有效提高派送服务水平,节约派送时间,保证派送效率。

资料链接 2-9:快件装载的注意事项

派送路线设计的原则如下。

1. 保证快件安全

快递服务的宗旨是将快件完好无损、及时安全地送达收件人。保证快件安全原则对派送路线的要求包括路面质量好、车道宽敞、车流量少、坡度和弯度密度小、不能很偏僻等。

2. 保证派送时限

派送时限是指从完成快件交接到派送至客户处的最大时间限度。派送时限是客户最重视的因素之一,也是衡量快递服务质量的一项重要指标。导致快递员无法在规定派送时限内完成派送的因素主要包括以下几项。

（1）当班次派送快件量过大。

（2）在同一班次内,因客户不在而需要二次派送。

（3）天气、交通堵塞、交通管制等不可控因素。

（4）派送车辆故障。

（5）选择的派送路线不当等。

3. 优先派送优先快件

优先派送的快件主要包括以下 4 种类型。

(1) 限时快件。客户有严格的限时送达要求，需要优先派送。限时快递是快递企业承诺在约定的时间之前，将快件送达客户的快递服务。如限时送达生日礼物、结婚贺礼等。

(2) 等通知派送的快件。根据寄件客户的要求，快件到达目的地后暂不派送，待寄件客户通知后才安排派送。

(3) 二次派送快件。首次派送不成功的快件。因为快递员在给客户留言或与客户电话联系时，约定了第二次派送的具体时间，需要按约定时间派送。

(4) 保价快件。一般价格较高，一旦丢失，会给快递企业和客户带来非常严重的损失。快递员携带保价快件路上行走时间越长，快件丢失或损毁的概率就越大。为了降低风险，在不影响其他快件派送时限的情况下，应优先派送保价快件。

4. 先重后轻，先大后小

由于重件或体积大的快件的装卸搬运劳动强度大，优先派送，既可减轻全程派件的作业难度，也可减少车辆的磨损和能耗。

5. 减少空白里程

空白里程是指完成当班次所有快件的派送行走路线的实际距离减去能够完成所有快件派送的有效距离。空白里程既增加了运输成本，又增加了快递员的劳动时间和劳动强度，同时也影响快件的派送时限。为了减少空白里程，需要做好以下几方面的工作。

(1) 快递员应熟悉派送段内每个路段、街道所包含的门牌号。如果派送段内包括商城、学校、超市等场所，需要了解其布局，确保能以最短距离到达客户处。

(2) 快件排序时，应将同一客户的多票快件排在一起，一次派送。

(3) 对于同一派送段，应掌握多条派送线路，选择最短路径进行派送。

(4) 及时掌握派送段内的交通和路况信息，避免因交通管制或道路维修而绕路，增加空白里程。

在完成整体的路线设计后，对具体到每一个派送单元内的路线，也需要进行仔细的规划。和相对固定的整体路线不同，每个派送单元内每个频次需要派送的楼栋、楼层都会有差异，细排路线的设计在每次派送时都会有一些差异。其顺序原则如下。

(1) 派送特殊件。
(2) 派送驿站件。
(3) 派送智能快递箱件。
(4) 派送大件、重件。
(5) 派送大件、重件的邻近件。

（二）派送服务

快件派送服务是指快递员完成派前准备工作后离开营业网点，按照预先规划好的派送路线，依次到达派送目的地，交由客户签收，最终完成派送任务的工作过程。派送服务有3种方式：网点自提、按址派送、暂存代收。目前，按址派送和暂存代收仍是快件派送服务的主流方式，网点自提在实践中应用较少。下面将针对按址派送和暂存代收两种方式进行详细讲解。

1. 按址派送

按址派送是快递最为传统也是使用场景最为常见的一种派送服务,通过将快件亲自交给收件人(代收人),其操作要求如下。

1) 派送至客户处的相关操作

(1) 快件派送前,快递员应识别快件派送地址,如果客户是老客户,且面单上的地址属于固定的办公地址,可不经过电话联系,直接上门派送。如果客户的地址是酒店、宾馆、车站、场馆等临时场所或学校、住宅小区等,应在快件派送前致电客户,询问客户的具体地址以及客户地址处是否有人签收快件。

(2) 快件派送前,若有代收货款业务快件,结算方式为现金结算,且金额较大,则需提前通知客户,告知客户应付金额,提请客户准备应付款项。

(3) 快递员将快件派送到客户处,为了保证快件的安全,防止他人冒领,应在核实客户身份后方能派送。快递员应要求查看收件人的有效证件,并核实客户名称与面单上填写的内容是否一致。如果客户没有随身携带有效证件,快递员应根据收件人的电话号码与客户联系,确认收件人。其中,有效证件是指政府主管部门规定的能证明收件人身份的证件。常用的有居民身份证、户口簿、护照、驾照等。

(4) 快递员将快件派送到客户处,如果客户不在,快递员必须根据面单记载的收件人电话,及时与收件方客户进行联系。

① 与客户约定再次派送的时间,并在面单或快件上注明。

② 如收件人指定其他人代签收,需仔细查看代签收人的有效身份证件,确认代签收人的身份后,交由代签收人签收快件,同时,应告知代签收人代收责任。

③ 若快递员未能与收件人取得联系,需要留下派送通知单,告知客户快件曾经派送。派送通知单应包括快递员姓名、联系电话、本次派送时间、下次派送时间、快件单号等内容。

2) 提示客户验收快件

(1) 收件人身份无误,快递员应在快件交给收件人的同时,请其对快件进行检查。如果是一票多件快件,需提醒收件人清点快件数量,快件的实际件数需与面单上所填的件数一致。

(2) 如收件人因快件外包装破损或其他原因拒绝签收快件,快递员应礼貌地向收件人做好解释工作,并收回快件。同时,请收件人在快递面单等有效单据上注明拒收原因和时间并签名。

3) 客户签收快件

客户签收快件可采取手工签字、盖章签署、电子签收 3 种方式。无论采取哪一种方式,客户都应在外包装检查完好的情况下签收。

(1) 手工签字。快递员应该礼貌地请客户在收件人签署栏,用正楷字写上收件日期。如客户的签名无法清晰辨认,快递员应该再次询问收件人全名,并用正楷字在客户签名旁边标注收件人的全名。任何时候快递员都不得代替客户签名。填写收件日期时,应详细到具体的时、分,填写格式为××月××日××时××分。

(2) 盖章签署。如收件人选择用盖章代替签字,则请收件人在面单的收件人签署栏盖上代表收件人身份的印章,同时在日期栏写上具体的收件日期。盖章时,必须在每一联面单的收件人签署栏盖章,且必须是同一枚章,即确保每联面单与上门派送操作要求盖的章一致。如面单内容不清晰,快递员应询问收件人的全名,并用正楷字在盖章旁边注明收件人的全名。填写日期时,如客户的印章带有日期,则不需要重新填写;如印章上没有日期,则需要请客户填写日期,或在收件人的监督下由快递员填写具体的时间。收件时间的填写格式为××月××日××时××分。

(3) 电子签收。电子签收是指在快件派送完毕后,请客户在移动扫描设备屏幕上进行签名确认。签收完成后,移动扫描设备即时将签名图片传输到系统服务器上。

4) 揭取面单

(1) 背面带胶直接粘贴的面单。快递员左手按着面单左边打孔边,右手拿着需要客户签字的面单,用力拉,即可把面单取下,粘贴在快件上的随货联无须取下。

(2) 面单袋粘贴的面单。可用小刀轻轻划开面单袋(注意划开面单袋时不得划坏面单),将面单全部取出。

(3) 电子面单。沿边角撕开存根联即可顺利揭下。

2. 暂存代收

快递业集中度持续提升
资本入局"最后一公里"

乡村快递"最后一公里"

与传统物流相比,快递更注重速度和服务,是一种门到门的个性化精益物流服务。但在日常的快递派件过程中,收件人上班、外出等原因导致快件无法顺利派送,送货速度慢、快递签收难等问题致使快递企业和客户之间难以协调,物流最后一公里问题愈加明显。

暂存代收是一种建立在电子商务发展基础上的新型业务,由快递企业统一将快件安置于某处,再由客户自提回家。它是电子商务结合线下物流、快递、仓储应运而生的一种新型的快递包裹收发模式,这种新型的快递包裹收发模式目前主要有 4 种运作模式。

(1) 电子商务公司组建快递自提点,运作比较成功的有京东商城、菜鸟驿站。前者是商家自行建立,后者是以菜鸟网络牵头,由加盟商加盟的形式,运营和搭建的位于社区、行政区和交通便利位置的快递包裹的代收发和自取服务点。此类平台服务标准、规范,依托于信息系统和大数据,收、派件时效很高,受到了多数快递公司和收派员的青睐。

资料链接 2-10:
快递驿站如何选址

案例链接 2-9

桐庐首个无人快递驿站试运行 取件人可自助扫描出库

5月27日午间,机关工作人员袁晨根据快递短信提示,刷脸进入位于桐庐政府综合楼地下一层的快递驿站,从大件区找到他网购的婴儿车,通过自助出库扫描,完成取件流程。

这是桐庐首个无人快递驿站,由桐庐县机关事务服务中心联合桐庐邮政管理局(民营快递发展中心)打造。门头安装统一标识;进门一侧设置了人脸识别系统,凡机关工作人员均可刷脸进入,快递员则刷卡进入,保证快递的安全性;货架分成多个区域,方便取件人按编号找件;放置出库扫描一体机,取件人可自助扫描出库,确保取件可追溯;放置"三通一达"自助寄递设备,寄件方式更灵活,寄件服务全天候。记者还看到,墙上挂了取件、寄件流程以及相关制度,站内还设置了大件区、包装回收利用箱等。

"原先快递是放在机关事务服务中心楼下的,货架少,快递放得散乱,也有人反映出现过错拿、遗失等情况;现在有了快递驿站,虽然是无人看管的,但是安全性很高,快递在哪个区域,短信内容也有显示,整个取件流程方便顺畅。"袁晨体验完无人快递驿站取件后,感到很满意。

桐庐民营快递发展中心产业发展科科长许晨昊告诉记者,无人快递驿站从派件到取件,有效保证了快递保存的安全性与取件便利性。今后,桐庐将以县政府无人快递驿站为样板,全力推进县内小区、园区、机关楼宇等快递终端设施建设、优化,提升群众快递收寄满意度,展现"快递产业之乡"的特有风貌。

——http://www.expressboo.com/detail_9445_1.html

(2)智能快递自提柜,是一个基于物联网的,能够将物品(快件)进行识别、暂存、监控和管理的设备,与PC服务器一起构成智能快递投递箱系统。PC服务器能够对本系统的各个快递投递箱进行统一化管理(如快递投递箱的信息、快件的信息、用户的信息等),并对各种信息进行整合分析处理。快递员将快件送达指定地点后,只需将其存入快递投递箱,系统便自动为用户发送一条短信,包括取件地址和验证码,用户在方便的时间到达该终端前输入验证码即可取出快件。

智能快递柜:打通
快递"最后一公里"

快递柜收费

智能快递自提柜的快件投放和提取均采用自助形式,管理和运营成本较低,在高校、社区、工商业园区、写字楼等很多地方得到了大量应用。目前国内较为知名的有丰巢、E邮柜、速易通等。智能快递自提柜操作流程如图2-8所示。

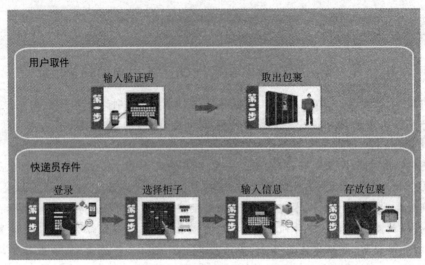

图 2-8　智能快递自提柜操作流程

智能快递柜之争：丰巢推出"双面柜"

2019年7月,丰巢推出了双面开门智能快递柜,即快递员在墙外派快递,用户在墙内取快递。

此次采用全新研发的双面锁板技术,采取嵌入墙体式的设计,新增了周期性执行的"巡检算法"和"分布式集群监控",提高双面柜机的稳定性;同时,通过"双向心跳"和"哨兵设计"的技术原理,创建了"格口竞争"模型,避免双面同时打开同一个格口,提升了安全性,并利用物联网技术做到对单一格口进行实时监控,达到对格口的高效控制和管理。

如今,我国快递业务量一直保持高速增长的态势,并且此种态势在接下来的几年中还将继续延续。国家邮政局数据显示,2021年,全国快递服务企业业务量累计完成1 083.0亿件,同比增长29.9%;业务收入累计完成10 332.3亿元,同比增长17.5%。其中,同城业务量累计完成141.1亿件,同比增长16.0%;异地业务量累计完成920.8亿件,同比增长32.8%;国际/港澳台业务量累计完成21.0亿件,同比增长14.6%。

与此同时,巨大的末端配送压力也伴随着海量的包裹量迎面袭来。在此背景下,社会人口红利还在逐渐消退。于是在多重因素的影响下,智能快递柜应运而生并迅速扩张,这种模式也被多方认为是缓解末端配送压力,解决快递行业"最后一公里"投递痛点的有效手段之一。《2018—2023年中国智能快递柜市场前景及投资机会研究报告》指出,到2020年,中国智能快递柜市场规模将近300亿元。

在经过一段时间的格局演变后,目前的智能快递柜市场基本形成了"丰巢系"和"菜鸟+中邮速递易"两大对垒阵营,双方的布局步伐也在持续推进。事实上,菜鸟2019年以来在驿站智能柜发展方面也推出了多项举措。

2019年3月,针对一部分快递员不取得用户同意,擅自把快递放在取件柜的行为,菜鸟方面表示,菜鸟驿站智能柜上线了自主设置新功能,把选择权还给用户。同月又宣布,菜鸟驿站智能柜已全部开通刷脸取件功能,国内全面进入"刷脸取件"时代。5月,菜鸟驿站还宣布启动多元服务,在杭州全面升级了新服务。除免费保管外,消费者可以选择到驿站自提、到快递柜自提、送货上门等多种方式收快递,区别于单一的自提柜。

在2019年4月18日,中集旗下智能快件箱品牌中集e栈开始全面退出市场,系统更新后并入丰巢,丰巢将全面接盘e栈。值得一提的是,京东在2019年3月正式启用了自营快递柜,并完成了首批投放,意图在智能快递柜市场分"一杯羹"。

然而,尽管市场扩张如火如荼,但各方在跑马圈地的同时却仍面临盈利难题。前期为了抢占市场份额,大家都是在烧钱求增长,亏损是行业中的普遍现象。现阶段虽然利润获取逐渐被各方提上日程,但众企业却还在苦苦探寻理想的盈利途径。

此前,丰巢等一些快递柜企业曾尝试采取"打赏"或"超时收费"的模式拓展盈利途径,但一经推出就被推上舆论的风口浪尖。快递柜收费标准受到质疑,消费者对收费机制也普遍表现出较为抗拒的态度。对于从业者们来说,如何发掘出合理的盈利渠道及时止损仍是重中之重。

——http://www.cea.org.cn/content/details_24_18818.html

(3) 电子商务公司或者快递公司与便利店合作模式的快递自提点,像顺丰与七十一便利店的合作,京东与唐九便利店合作。其他著名电子商务B2C网站与便利店、干洗店的合作等。

(4) 快递公司为了收发件方便而自己运营和建立的快递自提点网络,当中要数顺丰速运的授权自营店嘿客最为出名。顺丰速递公司以自身业务发展和业务探索为前提,在国内很多地方建立了快递自提和自发网络。大大提高了快递包裹收发的便利性。

即问即答 2-4

暂存代收的方式有什么利弊?

(三)派件异常情况处理

1. 未完成派送

因客户不在家也无人代取,且无代收点或菜鸟驿站等末端配送平台,收派员将无法完成快件的派送。针对此类快件,应做好派送时间、派送人、未成功派送原因的记录,上传至物流系统,并将快件妥善保管,与收件人预约重新派送的时间。

2. 代收

无法签收时,经收件人(寄件人)允许,可由其他人代为签收。代收时,收派员应核实代收人身份,并告知代收人代收责任。

3. 例外情况

在验收过程中,若发现快件损坏等异常情况,收派员应在快递面单上注明情况,并由收件人(代收人)和收派员共同签字;收件人(代收人)拒绝签字的,收派员应予以注明。

4. 用户自取

用户自取适用的情况：投递2次仍无法投递的快件；相关政府部门提出要求的快件。收件地址属于尚未开通快递服务的区域，通过与寄件人协商，可采用收件人到指定地点自取的方式。

5. 与用户协商

对有特殊需求的用户，快递服务组织可与用户协商，采取其他方式妥投。

6. 无法投递快递

首次无法投递时，应主动联系收件人，通知复投的时间及联系方法，若未联系到收件人，可在收件地点留下派送通知单，将复投的时间及联系方式等相关信息告知收件人。

复投仍无法投递时，可通知收件人采用自取的方式，并告知收件人自取的地点和工作时间，收件人仍需要投递的，快递服务组织可提供相关服务，但应事先告知收件人收费标准和服务费用。

若联系不到收件人，或收件人拒收快件，快递服务组织应在彻底延误时限到达之前联系寄件人，协商处理办法和费用。

(1) 寄件人放弃快件的，应在快递服务组织的放弃快件声明上签字，快递组织机构凭放弃快件声明处理快件。

(2) 寄件人需要将快件退回的，应支付退回的费用。

7. 无着快件

(1) 快递服务组织应及时登记无着快件，并将无着快件每半年1次集中到省级邮政管理部门所在地或其办事处所在地，申请集中处理。

(2) 无着快件的信件，自快递服务组织确认无法退回之日起超过6个月无人认领的，由快递服务组织在邮政管理部门的监督下销毁。

(3) 无着快件的其他信件，自快递服务组织确认无法退回之日起超过6个月无人认领的，由快递服务组织在邮政管理部门的监督下进行开拆处理，不宜保存的物品除外。

(4) 对因寄件人或收件人信息缺失而导致的无着快件，能从拆出的物品中寻找收件人或寄件人信息的，应继续尝试投递或退回，除此之外，对于能够变卖的物品，应交当地有关部门收购，价款上缴国库，不能变卖的，按以下要求处理：①存款单、存折、支票，应寄交当地人民银行处理，其他实名登记的有价证券，应寄往发行证券的机构处理；②金银饰品，应由邮政管理部门指定的机构收购后，由邮政管理部门上缴国库；③本国货币，应由邮政管理部门上缴国库，外国货币应兑换成人民币后由邮政管理部门上缴国库；④户口迁移证、护照和其他各类证书，应送发证机关处理；⑤其他不能变卖的物品，根据具体情况，妥善处理。

三、特殊业务处理

在快件业务中，经常会由于各种原因出现一些特殊业务，对待这些业务，需要有专门的处理方法。下面选取比较常见的贵重物品件、遗失件和延迟件逐一介绍。

（一）贵重物品业务处理

按照国际航空运输协会规定(IATA)，货物价值等于或超过1 000美元/kg就被定义为贵重物品。一般情况下,贵重物品都是有形物品,通常国内民营快递公司根据各自风险控制能力将高价值货物定位在5 000~10 000元,客户托运物品的价值在此区间的,即被视为贵重物品。

1. 一般具有高价值的货物

(1) 金、银、铂金等贵金属及由其制成的饰品。

(2) 合法的货币、有价证券、支票或者股票、高价值邮票和信用证、信用卡等。

(3) 钻石、红宝石、祖母绿、蓝宝石、猫眼石和珍珠等宝石。

(4) 由以上宝石镶嵌的饰品。

(5) 古董表以及宝石镶嵌的名贵手表。

(6) 由金银以及白金制成的艺术品。

(7) 手机、计算机等电子产品。

(8) 艺术品,包括字画、瓷器及其他艺术收藏品。

(9) 保健品,包括人参、虫草及其他生物制品等。

(10) 各种高科技仪器。

2. 贵重物品件操作时应注意的事项

(1) 贵重物品的操作必须由固定的项目小组完成,其人员需经过审核,他们的签名、指纹需存档。

(2) 包装要求:①外包装必须有足够强度,确保不会在装卸、运输途中破损。②为安全起见,每件货物必须贴有一次性的、不可以恢复的封条或蜡印。③在包装外必须预留一些空白处方便贴标签。④包装外要有具体的收货人和联系方式。

(3) 快递面单上,"品名"一栏必须正确地填写货物品名,如有特殊代码(如保密代码)也需一并填写,并填写整个包装的体积和实际重量,贴上"特殊货物"等"绿色通道"类或VIP标签。

(4) 贵重货物的各环节均受监控,在网点、转运中心均设有贵重物品仓库(有监控录像),等候发运时需存放于此。每一个环节的交接均有记录,包括重量记录。

(5) 转运中心接到始发站货物信息预报后,由专人负责监督操作、装货与封存的整个流程。

(6) 目的站接到转运中心货物信息预报后,由专人将贵重货物存放进贵重物品库区,并拍照存档。

(7) 由专人负责派件,必要时拍摄存档。

(8) 所有的操作环节应在有摄像监控的情况下由两人以上共同操作。

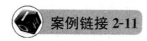案例链接 2-11

保价快递丢失,损失由谁承担

寄出贵重物品时,寄件人特意选择快递员推荐的保价服务,结果快递寄丢,但快递公司只愿部分赔偿。近日,浙江省东阳市人民法院审结一起快递服务合同纠纷案件。

温州的小美给东阳的朋友寄了一块价值5万元的手表。快件寄出前,特意跟快递员强调是贵重物品,千万不能直接放门口,一定要打电话联系收件人本人签收。快递员听闻,便推荐花30元进行部分保价,并表示保过价的快递不会丢。

然而,事情出乎意料,快件最终还是丢了。快递公司表示只能按照保价条款赔偿6 000元。小美不接受快递公司的赔偿方案,遂将收件、派件的快递公司分支机构及各自的法人一并告上了收货地东阳法院。

小美认为,快递员未提全额保价的事情,其也根据快递员的推荐选择了30元保价服务,快递公司应全额赔偿。

温州公司龙港分支机构(收件方)表示,收件时寄件人确实说过手表价值5万元。当时看寄件人没保价,还特意推荐了购买保价服务,也是为了让派件快递员知道是贵重物品要打电话送上门。

金华公司东阳分支机构(派件方)表示,派件快递员并不知此单快递是贵重物品,也未被提醒要电话联系收件人以及快递不能放门口,故敲了门没人回应就直接放在门口。

法院审理后认为,本案中小美在寄件时已着重强调所寄手表的价值,但收件快递员在明知系贵重物品的情况下,仅推荐了部分保价,未提醒小美对寄送物品可以进行全保,且无证据证明收件快递员已对保价条款、赔付规则等进行提示说明,故应以寄送手表实际价值5万元确定损失。但寄送手表丢失,双方都有责任。经法官了解,快递收件人已搬离小美寄件时填写的地址,实际居住地为东阳另一处地址。小美在寄送贵重物品时,未尽到特别注意义务,即寄件时未与收件人核实现住地址便按收件人留存的旧地址进行寄件,对寄送手表丢失的结果,负有一定的责任,酌定小美自负20%的责任。派件快递员在派件时,未核实寄件物品相关情况,包括寄件物品的价值等,即按普通快递的派件方式进行派件,直接将快递放于收件地址门口,而未联系收件人让其本人直接签收,是导致手表丢失的主要原因。上门收件方温州公司龙港分支机构作为承运人应对全程运输承担赔偿责任,丢件发生在东阳市区域内,故温州公司龙港分支机构应和金华公司东阳分支机构连带赔偿小美损失的80%(即4万元)。分支机构可以用自己的财产先行承担,不足部分,由温州公司法人和金华公司法人承担。

本案判决后,原、被告均无异议,被告已赔偿原告4万元。

法官说法:本案中,快件的收、派件工作虽由不同的快递公司完成,但托运人只与第一承运人(收件承运人)订立了运输合同。凡是在全程运输中发生的货损,第一承运人都应当承担赔偿责任;损失发生在某一运输区段的,与托运人订立合同的承运人和该区段的承运人承担连带责任。关于赔偿金额,由于收件的快递员在明知是贵重物品时并未对保价条款、赔付规则进行详细说明,丢件后,不宜以保价额定损,而应以实际价值确定货物损失,因托运人自身也有过错,可以适当减轻承运人的赔偿责任。

——人民法院报,http://rmfyb.chinacourt.org/paper/html/2022-05/26/content_217242.htm

(二)遗失件处理

快件遗失分为整件遗失、内件遗失和内件部分遗失。

1. 快件遗失产生的主要原因

(1)包装不当。①封箱不严,或封箱胶带的强度不够,导致包装封口在运输过程中开裂,内装货物可能因此丢失。②包装箱强度不足,运输过程中受压后,包装箱破裂,货物脱落导致丢失。

(2) 仓库管理不善。除人为盗窃因素以外,为客户提供仓储服务时,因为仓库收货、发货错误而导致库存盘亏。通常,快递或物流企业只对客户托管、托运货物的外包装件数负责。如果在进出仓库的交接过程中发生差错,快递或物流公司就必须承担货物短少的责任。除外包装件数外,如果快递或物流公司还要对内件数量负责,则承担的风险就更大。这就要求操作人员在提货、进库、出库等环节实行严格的交接清点手续。定期进行库存盘点也可以降低一定的风险。对于快递货物在分拨中心点的临时存放(如周末和节假日未派送的滞留货物),也最好能够每天进行状态扫描和比对,以便跟踪货物的状态。

(3) 运输过程中的疏漏。如果车辆后门在行驶途中意外打开,或车门封闭不严,或敞篷车内的快件因颠簸而滑落,或在装卸过程中没有严格进行清点交接,也很容易造成货物的丢失。

(4) 派送过程中的疏漏。①摩托车、电动车、自行车递送员采用捆绑方式携带货物,如果捆绑不严会导致快件脱落。②快件没有及时送达收件人,而是留置在收货单位的传达室等非指定收货人处,从而导致丢失。③将快件送错收件人。有些递送员不仔细查看送货地址和收件人,将贵重物品或有价值的文件错给其他人,此类快件一旦错送是很难再收回的。而且,即使当初购买了货物保险,保险公司对这种情况一般也是不予赔偿的。④有些递送员急于完成派送任务,在收件人不在场的情况下,随便找其他人代签,由此造成的遗失案例屡见不鲜。因此,特别是对于贵重货物的签收,一般不主张代签收的行为。签收一定要严格按照发货人的指示进行。需要签收单位盖章的,务必取得收货单位的盖章。对于个人签收,要验证收货人的身份。如果货物由其他单位代签收,则代签收单位必须是正规的公司或机构,代收人必须签署全名并填写经过核对无误的身份证号码。

2. 需采取的措施

针对快件遗失的现象,一般快递公司需要从以下几个方面采取措施。

(1) 完善货物交接流程与规范,包括:①递送员与操作员的交接;②提、发货驾驶员与操作员的交接;③班车驾驶员与操作员的交接。交接流程一定要能够界定和明确丢失的责任。发现货物缺失的环节应在第一时间向上一个环节追究责任。在交接过程中发现的缺失,由交接的上一个环节操作单位承担责任;在交接后发现的缺失,则由交接后的操作单位承担责任。

(2) 及时比对数据,以便第一时间发现问题。将进站实物与预告清单进行比对,可以在第一时间发现货物短少的情况,从而及早采取行动。

(3) 务必对"实物"进行条码扫描,而非独立的运单。

(4) 贵重货物设立高值货仓库,并进行严格的管理,包括进出登记、每日盘点、换班交接等。

(5) 操作场所尽可能安装监控设备,且监控主机存放区与操作区分离,录像资料保存3个月以上。

(6) 检查车辆是否密封完好,确保车门在行驶过程中不会松开。

(7) 文件类快件使用专用篮集中放置。

(8) 派送时,不宜将快件直接捆绑在自行车、摩托车上,宜使用带锁的箱子。小包裹和文件类快件则装入背包里。

(9) 对错发的快件密切跟进,尤其是错发到分供方的快件。

(10) 落实异常快件的管理责任,及时处理异常快件。

(11) 选用服务质量好的配送分供方。

(12) 高价值快件的派送,对签收人的身份确认十分必要。如果代签收,必须经过收件人的同意,并验证代签收人的身份证件,还可以安排客服再次联系收件人,确认快件是否收到。

(13) 尽可能不接收旧包装箱,尤其是高价值快件。

(14) 在机场提货时仔细检查货物,尤其是高价值货物。使用一些简易手段判断货物情况:①听,摇晃货物,听听是否有被掏箱的感觉。②看,观察外包装是否完好,封口处是否破裂或被人为撕开。③掂,抬起货物,感觉是否明显轻于应有的重量。

(15) 严把员工入职关,防止引入"内贼"。

(三) 延迟件处理

通常,快件延误主要是由外界客观因素和企业内部因素造成的。外界客观因素主要有天气异常、交通意外、第三方责任和客户自身原因。企业内部因素主要有资源配置不足、操作差错、分供方选择不恰当、承运违禁物品等。

为了降低快件的延误率,一般需要从以下几方面着手。

(1) 审核快递路由工程设计是否能够满足客户的时限需求,如果工程设计本身无法满足时限要求或采用的计划不妥善,延误就不可避免。

(2) 审视企业的组织和管理架构本身是否存在固有的缺陷,例如,管理制度不科学,导致加盟网点重取件、轻送件。如果存在这个问题,必须找到解决或平衡的措施。

(3) 审视企业的资源配置能否满足业务发展的需要,如人手、车辆资源的配备是否与业务量匹配。尤其是在操作高峰期(大货量期间)能否满足操作的资源需求。

(4) 评估配送分供方的操作能力和配送时限是否能够保证网络运作的要求。

(5) 在配货航班的选择上,舱位的可靠性必须重点考查。主要航线必须有备选航班。

(6) 为节日前后、航空运输的旺季准备货物及时转运的备选方案。

(7) 各转运班车的准时性必须得到保证。转运车辆的车况必须保持良好的状态。每天出车前后进行车辆检查是一个良好的操作习惯。

(8) 通过规范操作流程,减少错发、漏发等操作失误。

(9) 进行延误的统计、分析,找出延误发生的主要原因,重点解决造成延误的瓶颈。

(10) 合理调度车辆资源,避免因为工作量不平衡而造成个别路区无法及时完成派送。

(11) 对于货量激增等异常情况,提前给各个操作环节发预告,以便提前做好操作准备。

(12) 建立由质控团队、管理制度以及IT系统支持的服务质量跟踪系统,监控、分析和跟进每一起延误或严重延误事件。

(13) 注重运单的内容完全,确保收件人信息的完整性、准确性。

(14) 每天及时跟进派送异常快件。
(15) 管理人员跟车了解递送路区的派送能力,解决派送能力的不足或不平衡。
(16) 采用传送带等技术,提高站内的分拣效率,确保递送员出发派送的时间。
(17) 充分利用 IT 系统功能,解决一票多件货物在站内的分拣困难问题。
(18) 对于节假日派送快件,进行送件前的电话预约,减少跑空的时间。
(19) 验货快件,避免接收违禁品,以防货物被安检部门扣留。
(20) 拒绝接收超大超重的航空运输货物,避免因无法通过安检或无法配上航班造成延误。
(21) 及时去除包装箱上的旧标签,以免影响各个环节的正确分拣。
(22) 加固、贴牢运单及运输标签,以防止因脱落而造成货物无法按时转运。

任务三　网点业务管理

情景导航

范哲是某快递公司的网点负责人,最近因为各种原因被频繁扣款,很是头疼,请帮他想想如何管理网点?从哪些方面来进行管理?

网点管理主要分 3 个方面进行:一是生产作业管理;二是运营管理;三是突发事件管理。

一、生产作业管理

快递网点的生产作业管理主要是对收寄和派送作业及服务于收派作业的辅助活动进行管理,其对象主要是快递员、快件处理员及客服人员等,通过对这些作业人员作业过程的监督管理、作业效率效果的分析及作业组织的优化,来提高网点生产作业管理的有效性。

(一)收派作业过程监督

资料链接 2-11:《快递安全生产操作规范》解读

资料链接 2-12:快递公司对网点考核常用的质控指标

快递网点管理在收派作业过程的监督管理方面的目标主要包括:快递员的形象和行为符合国家及企业的有关规定;快件符合国家及企业的有关规定;收派工作的实施质量(指标)符合国家及企业的有关规定。

对于生产作业的管理工作主要体现在两个方面:一方面是在网点时可以采取现场监督的方法,包括现场的指挥、纠正、督导、会议等;另一方面可以使用表格之类的量化管理工具,或是关键考核指标的设置,从而确保收派作业人员遵守操作规范、进行安全生产。

(二) 收派作业效率效果分析

快递网点的收派作业,必然消耗或使用人工、设备、时间、财物等资源。单就收派作业的效率而言,快递网点的管理者应用最少的资源去完成最大量的作业任务,追求作业效率的最大化。

快递网点的管理者在进行效率分析时,一般应从两个方面入手:整体效率评价可以帮助快递网点管理者判断快递网点运营的整体水平,反映管理者运用资源能力的大小;个体效率评价则体现了不同员工业务水平的高低,反映员工个人对自身资源运用能力的不同。

在进行整体效率分析时,应先进行信息识别,明确分析的目的,根据目的从庞杂混乱的数据中确定有用信息。例如,要分析收派作业效率,必须具有快递员的区域分析数据、业务量数据和出勤数据。通过对以上数据的计算,得到每个区域的平均日均派送件量,对明显高于和低于的区域予以关注。

在进行个体效率分析时,需要在整体分析的基础上,再调用更为细致的业务数据,如收派作业的行动轨迹、派件的总里程、派件的总时长等,即可得出个体效率差异的原因。

进行这些分析,可以引导快递网点的管理者进一步对不足之处做原因探究,从而帮助管理者明确网点作业组织改进优化的方向。

(三) 收派作业组织优化

快递网点的管理者通过对本网点的作业效率进行分析,可以明确网点的生产作业管理优化的方向。这可以从多个方面进行:①从整体入手,如作业环境(网点功能区域布局)的优化、作业设备的优化、作业流程的优化、作业标准的优化;②从个体层面入手,如收派区域的优化、收派路线的优化等。下面以收派作业时间、空间分布规律为例,对收派作业进行优化。

收派业务量是指某一片区(或某一收派线路)在一个时间段内收寄和派送的快件总量,反映了该片区(或该收派线路)在某一时间段内的工作量总和、工作效率及经济效益。收派业务量分析是在收派快件的票数、件数、重量、营业收入等指标统计的基础上进行的,通过分析,可为合理配置人员、车辆,优化收派线路、制订收派计划提供有效依据。

1. 收派业务量时间分布分析

在某一地区,社会活动作息时间基本一致,生产工作习惯非常接近,使收派业务量在一个周期内呈现有规律的波动起伏,往往在某一时间段内密集发生,而其他时间段则是零散分布。

天分布规律:一般来说,每天有两个高峰期,一个是在 10:00—12:00,另一个是在 16:00—18:00,这两个高峰期的业务以取件为主。

周分布规律:一般情况下,周一是派件的高峰期,因为很多在周末无法派送的快件都要求在周一派送。周二、周五则是取件的高峰期。

月分布规律:一般情况下,月初和月末是业务高峰期,每月中旬业务量较少,而其他时间的业务量变化不大。

年分布规律:每年业务高峰期都与几个重要的促销和节假日有关,如"6·18"、国庆节、春节前都是业务高峰期，圣诞节前一段时间是国际件的高峰期。总的来说，10月开始至年底是一年中快件业务量最密集的时期，而夏季则是一年中快件业务量较少的时期。

2. 收派业务量空间分布分析

收派业务量的大小在空间分布上与城市的规划布局、社会经济活动密切相关。在商业发达的地区或工业区，往往收派业务量大、密度高、发生频率高；在住宅区，往往收派业务量小、分布零散、发生频率低；在同一经济区域里，收派需求时间比较接近。因此，收派管理人员必须根据业务量的空间分布特征，进行区域划分和标注，对不同的区域，采用不同的收派方式。

3. 收派作业优化

（1）时间优化。虽然不同地区、不同企业的实际情况可能不一致，但快件业务量会随着社会经济活动的变化而变动，总体上会呈现出一定的规律性，而且快件业务量在时间分布上具有明显的不均匀性、波动性、周期性的特点。因此，网点管理人员应对本网点快件业务量的时间分布情况进行总结和归纳，并根据时间分布规律对收派业务进行优化，科学配置收派资源，合理安排、调度收派人员及车辆，既要保障业务高峰期收派工作质量，也要避免收派资源在业务低谷期的闲置、浪费。

（2）空间优化。空间优化应根据快件业务量空间分布的特点采用合适的方法。对于业务量密集的区域，应采用多人多车、小批量、多批次的方式，要求在最快的时间反应，最短的线路收派，以便在同一时间段内进行多个收派任务，保障在尽量短的时间段内完成多个任务。例如，采用较大车辆将大量快件运送至密集地，再用多部小型车辆进行二程接驳派送；对于业务量分布零散的区域，一般采用机动性较强的运输工具。根据收派业务的时间要求及地点分布情况，合理设计收派线路，以达到在一条线路上一台车可以完成多个任务的目的，从而在保障及时收派的基础上，对收派成本进行合理控制。

二、运营管理

网点运营管理的作业管理工作集中在对员工个体作业管理的微观层面上。而在宏观层面上，快递网点自身也要受上级公司的管理约束，这一约束主要体现在指标考核上，上级公司下达的指标会根据外部环境和自身经营实际不断调整、补充和更新。这些指标大致分为经营指标、质量指标、时效指标3类。快递网点必须根据这些指标的变化情况适时调整自身的经营管理、质量管理和人员管理。

1. 经营管理

快递网点承担的经营指标主要有两类：一类是直接指标，如客户商务开发、对赌返点业务量基数，这会给网点带来直接的经济效益；另一类是间接指标，如客户维护、客户引流等，以间接增加客户的数量，并使客户的快递消费活动得以持续。

快递网点营运策略的调整是建立在市场分析基础之上的，快递网点的管理者应该善于观察收寄业务的数据，对市场情况做出准确的分析判断。

首先要分析区域内快递市场的特征，包括规模、结构、前景等；其次要分析客户群体的特征，包括其使用快递产品的习惯、获得快递产品的渠道；最后要对竞争对手进行分析，比较双方的优势、劣势及对客户的影响,从而判断是否需要做策略上的调整。这意味着并不是竞争对手做得比我们好的地方就一定要进行调整。

总体而言,快递网点的收寄业务发展,一方面,受所属快递公司整体品牌形象的影响,这是网点本身无法控制的;另一方面,快递网点自身的努力也会在很大程度上积极促进收寄业务的开拓。因此,网点管理人员应有足够的勇气来对自身的经营策略做出适当的调整。

2. 质量管理

优质高效是快递服务的生命线。快递网点操作中的每一个环节都有严格的时效和质量管控,以确保这一要求的实现。快递企业对于网点的绩效考核是以质效指标的达成率来体现的。快递网点管理者要通过科学有效的质量管理办法来改善这些关键的考核指标。

下面以一个非常有效的质量管理方法 PDCA 质量管理法为例,结合现场管理的五要素分析法、鱼骨图分析工具对快递网点的遗失件进行质量管理介绍。

资料链接 2-13:巧用"鱼骨图"
分析安全管理中存在的问题

资料链接 2-14:一文
看懂"人机料法环测"

PDCA 法可以概括为 4 个阶段 8 个步骤,即计划(问题界定、原因分析、确定主要原因、制订行动计划)、执行、检查和处置(总结经验、提出遗留问题)。

(1) 计划。首先需要对问题进行界定,通过对遗失件的问题统计,发现大部分都发生在现场作业环节;其次进行原因分析,此时现场作业方面的原因可以使用人、机、料、法、环(现场管理五要素)的分析方法,分析的过程可以使用鱼骨图分析工具,把要解决的问题作为中心问题,而五要求就可以作为分支问题;再次确定主要原因,在所有导致遗失问题的原因中,确定最主要的原因;最后提出解决办法,如做大小件分区、双线卸车、快递员交叉做派件扫描等,如图 2-9 所示。

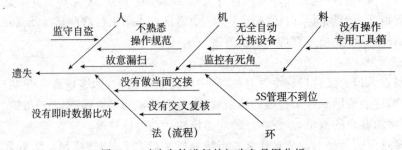

图 2-9 对遗失件进行的初步鱼骨图分析

(2) 执行。进行执行阶段后,需要依次按照网点的情况进行渐进式推进。

(3) 检查。在执行过程中,还需要对各项工作的进度进行严密的计划,并按计划去检查工作落实情况,以便及时发现问题。

(4) 处置。这个阶段需要对前期的工作成果和经验进行评估和总结,并对遗留问题进行梳理,需要在今后加以解决。

3. 人员管理

在快递网点的日常管理中,为适应运营状况变化进行的人员管理主要体现在数量、区域、岗位及岗位职责的调整。人员管理在这一范围内的目标要兼顾效率和公平两个方面。保持收派业务量的相对均衡考虑的就是公平;考核指标的达成率就是考虑效率。

下面以高峰期人员管理的调整为例进行讲解。对于业务高峰期的人员调整,需要考虑的最关键指标就是延误率,网点管理人员需要提前对近 3 个月的快递员延误率数据进行调取,对延误率超过管理标准(一般以连续 3 个月达到 5%的延误率为标准)的收派区域进行区域调整或人员调整。

再结合实际情况进行人员调整,例如,收派分离,部分收派人员专职从事收割业务;抽调操作人员,补充到派送延误率较高的区域和预测派送业务量增幅较大的区域,以及作为预备人员随时补充到派送高峰区域;招聘一定数量的临时人员等。

对人员进行调整时,要尽量排除偶然因素的影响。因此除了关注作业效率指标的值,还应对其持续程度做出规定。

三、突发事件管理

在快递网点经营过程中,会突然发生一些造成或者可能造成人员伤亡、财产损失、运营网络阻断、用户信息泄露的紧急事件。发生这些突发事件的原因,既有内部的安全隐患、矛盾纠纷等风险,也有外部的自然灾害和事故,如空难、公共卫生事件、社会安全事件等。快递网点管理者要根据国家有关法律法规的要求,制定突发事件的应急预案,并建立实施预案的保障措施,具备预案的实施能力。

资料链接 2-15:国家邮政局关于印发《国家邮政业突发事件应急预案》(2019 年修订)和《邮政业人员密集场所事故灾难应急预案》等专项应急预案的通知

(一) 应急预案制定与执行

应急预案是针对具体设备、设施、场所和环境,在安全评价的基础上,为降低事故造成的人身财产与环境损失,就事故发生后的应急救援机构和人员,应急救援的设备、设施、条件和环境,行动的步骤和纲领,控制事故发展的方法和程序等,预先做出的科学而有效的计划和安排。

应急预案的制定有科学的程序与方法,其内容也有一定的规范。快递网点管理者要遵循程序、方法、内容的要求,结合法律法规、上级企业的规定和网点的自身实际,制定切实可行的突发事件应急预案,并采取积极措施保障其执行。

应急预案的制定程序包括成立编制组、评估分析、预案制定、预案评审发布4个步骤。其中,评估分析最为关键,需要从法规制度、历年情况、技术情况、人物情况和能力情况等方面进行分析和评估。法规制度主要是指针对制定这个预案需要参考的资料,一般包括《中华人民共和国突发事件应对法》《国家邮政业突发事件应急预案》《公司突发事件应急预案》、突发事件相关的法律法规以及各专项预案、网点各部门制定的操作规程等;历年情况主要是对历年此类突发事件的情况了解,包括事件发生的原因、造成的影响、当时的处置措施及事后的总结评估等;技术情况主要是指对现状进行梳理,分析突发事件是否会造成人身伤害、财产损失、收派及操作中断、信息泄露等危害;人物情况主要是指对现在工作人员对事件突发的能力情况,以及现有设备和技术造成事件突发的可能性评估;能力情况是指对突发事件所需的数量和状态所做的风险分析。

应急预案的内容一般包括总则、组织机构及职责、预防和预警、应急处置、后期处置、信息发布、保障措施、宣传教育培训和演练等。在编写时不能照搬照抄,应结合实际,对可能造成的人身伤亡、财产损失、运营中断、信息泄露等风险因素进行分析评估,并编制各专项预案,编写的各项措施应在可控范围内,以保证预案的可行性。

下面以网点突发停电为例,给出应急预案的编制标准。

网点突发停电应急预案

一、总则

1. 编制目的

为了提高本网点在突发停电事故时的应变、指挥和处理的综合处置能力,避免因突发停电造成作业混乱,无法按时完成快件的收寄及派送作业。

2. 编制依据

根据《中华人民共和国突发事件应对法》《中华人民共和国安全生产法》《总公司突发事件总体应急预案》,结合本网点实际,特编制本预案。

3. 适用范围

本预案适用于本网点突发停电的预防预警和应急处置工作。

4. 工作原则

在总公司的统一领导下,坚持统一指挥、密切配合、快速反应、科学处置,逐步实现本网点停电应急管理工作的规范化、制度化和法制化,充分发挥各部门的力量,共同做好停电的预防和处置工作。

二、组织机构与职责

成立停电应急领导小组,负责突发停电的应急指挥和协调工作,并根据停电规模及时间长短,接受总公司突发事件领导小组及快递主管部门的统一领导。停电应急领导小组由网点经理和各部门主管组成,具体职责如下:

(1)制定本网点突发停电应急处理预案。

(2) 组建应急处置队伍,组织实施人员训练和预案演习,督促检查事故的预防措施和应急处理的各项准备工作。

(3) 发布和解除应急救援令,组织指挥应急队伍和救援行动,现场处理突发事件。

(4) 组织调查停电发生的原因,总结停电教训和应急处理经验。

(5) 做好停电善后处理工作。

三、预防和预警

(1) 值班室安装停电报警装置,一旦发生停电事故,报警器自动报警,值班人员24h在岗。

(2) 自备发电机,每两周空载试验一次,每月联机试验一次。

(3) 加强重点设备检查,发现隐患及时汇报、处理,保证设备正常运行。

(4) 加强用电设施设备的检查,发现问题及时汇报、处理。

四、应急处置

1. 事故报告

应遵循"迅速、准确"的原则,在第一时间上报停电情况。发生重大安全险情或重大事故后,相关部门负责人应立即将事故情况如实向停电应急领导小组汇报。

2. 应急响应

(1) 营业网点出现停电事故,应立即通知应急小组成员,应急小组负责协调其他相关部门。

(2) 需派送快件的分拣工作如无法使用流水线,应加派人手对快件进行人工分拣至各派送段。如果需派送快件的人手不够,可由应急小组协调其他营业网点进行协助。

(3) 派送业务员可以继续使用无线数据采集器完成派件操作,手工抄写派送路单并注明日期和派送段代码,确保派送票数准确。

(4) 无线数据采集器的各种数据仍然按操作标准实施上网传输,当系统恢复正常时,需检查并补齐扫描操作。

(5) 业务员当日收取的出口快件,直接送至营业网点做出口操作,相关信息仍通过无线数据采集器上传。

五、后期处置

1. 善后处置

(1) 事故结束后应立即上报,报告内容包括停电时间、停电地点、初步分析停电原因、现场采取的措施等。

(2) 做好善后处理工作,尽快消除停电事故的影响。对因为停电造成的快件积压应积极采取措施,增加人员进行人工分拣,延长作业时间,力保快件时限不延误。

(3) 对停电事故的起因和处理结果进行认真分析总结,同时将分析报告通报给相关人员。

2. 奖惩评定

为提高停电应急工作的效率和相关部门、个人的积极性,按照有关规定对在停电处置过程中表现突出的部门和个人给予表彰,对处置和保障不力,给本网点造成损失的单位和个人进行惩处。

六、信息发布

按照"谁处置、谁发布"的原则,由停电应急领导小组负责有关停电信息的发布工作,召集本网点所有员工介绍停电事故的处置工作。

七、保险措施

(1) 公司备用发电机一直处于正常备用状态,当停电事故发生后,备用发电机能够及时启动以保证公司正常供电。

(2) 停电应急领导小组成员随时处于待命状态,一旦发生突发停电事故,应立即启动应急预案,采取正确的处理方法。

(3) 坚持"安全第一、预防为主"的方针,日常加强电力安全管理,落实事故预防和隐患控制措施,有效防止因设备过载线路老化、短路等原因造成的电力事故发生。

八、宣传教育、培训和演练

1. 宣传教育

有计划、有目的、有针对性地开展停电安全事故及有关知识的宣传,增加预防停电的常识和防范意识,提高防范能力和应急反应能力。

2. 培训

通过培训,使本网点员工懂得在突发停电情况下如何采取处置措施,提高应急救援水平,增强员工自我保护意识和对供电设施的保护意识。

3. 演练

每半年组织一次停电事故演练,并将演练情况汇总后上报总公司应急突发事件工作办公室。

九、附则

本预案的最终解释权归本营业网点所有,本预案从即日起实施。

×ד营业网点

××××年××月××日

(二)人身事故与禁寄品处理

在快递网点的日常经营活动中,有两类突发事故发生的频率非常高:一类是各种大大小小的人身事故;另一类是快件中发现的禁寄物品。快递网点全员对于这两类突发事件都应该清楚其处置流程与措施。作为管理者,在此基础上还应关注如何预防此类事件的发生。

1. 人身事故处置

发生人身伤亡事故时的处理要点如下。

(1) 按照伤亡程度进行现场应急处置。先对伤员的受伤程度进行判断,若是轻伤,应立即进行包扎、止血或直接送到最近的医院就诊;若是重伤,则立即拨打120急救电话,同时联系其家人,并在救护车到达之前进行力所能及的救护,同时将情况及时向上级汇报。

(2) 按照伤亡程度执行处置程序。若发生轻伤事故,工伤者应填写工作事故登记表,由部门负责人进行现场调查,并在工作表格内说明事故原因和责任,提出处理意见和整改措施;若发生重伤事故,发生事故部门必须及时报告安全管理部门,安全管理部门应及时向各企业主管领导汇报,并成立事故调查小组进行调查,召开事故分析会,认真查清事故原因及责任,提出处理意见及改进措施。伤者或委托者应及时、如实地填写工伤事故登记表;若发生死亡事故,必须立即报告,由企业主管领导及安全管理部门配合政府有关部门组成事故调查组,进行调查处理。事故发生部门应及时、如实地填写工伤事故登记表;发生重伤或死亡事故的部门要会同安全管理部门立即组织抢救伤员和做好现场保护工作,及时拍照及记录有关数据,并绘制现场示意图。未经主管部门同意,任何人不得擅自改变或清理现场。

(3)后期处置包括及时召开事故分析会,找出事故原因。事故分析应做到事故原因没有查清不放过,事故责任者和员工没有受到教育不放过,没有防范措施不放过。对于违反规章制度及相关操作规范而造成的事故,要追究领导和当事人的责任,并根据情节轻重和损失大小分别给予罚款、赔偿经济损失或行政处分;制定预防事故重复发生的措施。这些预防措施涉及作业操作规范、作业环境和作业条件诸多方面,需要有计划地实施,以消除危险因素及安全隐患;加强安全知识教育和安全意识教育,对负伤者进行复工安全教育;在管理上完善和执行各项人员安全管理规章制度,落实各个作业环节的人员安全防范措施。关键是要总结教训、制定措施、加强培训教育、执行管理制度和措施,避免类似事故再次发生。

2. 禁寄品处理

按照国家的新处置规定,对禁寄物品的处置措施做以下总结。

(1)停止。所有禁寄物品都要立即停止发运。

(2)报告。报告有3个规律:所有禁寄物品都要报告邮政管理局;判断禁寄物品的性质涉及哪个部门就报哪个部门;除宣传品外,国安公安不重复报告。

(3)疏散。对有可能扩散并造成人身伤害的禁寄物品要立刻疏散人员、隔离现场。

项目小结

本项目介绍了快递公司网点的定义,阐述了网点的选址、布局、网位设置业务,分析了网点的取件、派件业务及特殊业务的处理,还介绍了总部对加盟网点的管理。网点是快递公司直接面向客户的窗口,网点的服务好坏会直接影响客户的满意度和忠诚度,因此,网点业务的规范化操作是非常有必要的。

课后练习

一、问答题

1. 快递公司可以从哪些方面吸引客户?
2. 递送员在派件时应注意哪些问题?
3. 快递公司采用直营与加盟两种运营模式各有哪些优缺点?

二、案例分析

案例1

DDS快递倒闭背后:加盟模式松散频发携款潜逃

DDS快递造成的乱局还未平复,其他快递公司已经开始争抢DDS快递留下的地盘。

DDS快递的对手用的重要一招,还是"免费代收货款"业务。尽管DDS曾因这项业务摔了大跟头,甚至倒闭后还在全国引发追讨货款和欠薪潮。

DDS事件"后遗症"

作为DDS快递历时十多年营造的全国快递网络中的一个节点,广州天河某电脑城的商户们也在本轮风波中未能幸免。不过,很快就有其他快递公司开始争夺DDS快递留下的地盘。有几家快递公司在做该电脑城的业务,尽管这几家公司的网点不在电脑城,但一个电话过去,业务员很快就能过来收货,而且保证早上收货,16:00之前就能将回收货款给货主。

但这依然不能打消货主们的疑虑。"我们都被DDS快递事件吓着了。一家经营了十多年的公司都会跑,还有几个公司是可靠的?"该商户苦笑道,大的有保障的公司,不够快速和灵活,或者收费太贵,做计算机零配件的生意本来就利润微薄,一个价值1 000多元的配件可能只有不到100元的利润,而且还包括快递费用,"走DDS快递约15元,走申通也得30元左右,更别说顺丰了。与其这样,还不如不卖"。

他说,电脑城的销量已经大幅减少。货主们希望改走银行渠道,但消费者一嫌麻烦,二也担心网络银行的安全性。还有一些商户,被DDS快递拖欠的货款有一二十万元,直接影响了现金流。"最初是三五天内回款,后来拖到一星期,再后来十天半月地拖,现在,已经没指望能要回拖欠款了。"

记者采访发现,DDS快递事件表面原因是扩张过快、低价入市引发的资金链断裂,深层次原因则是代客户回收款项,又对款项监管不力,以及松散的加盟模式。

"华南地区90%的快递公司都有代收货款这一项业务,其中大多数是免费的。"昨天,广东一位快递公司老板接受记者采访时说,全国其他地区的情况应该与广东差不多。

只有少数快递公司(如顺丰和EMS)是收费的,收费标准为3‰~3%。一些原来没有做代收货款业务的快递公司,也有意在2011年开展这项业务,"毕竟是一块大蛋糕"。

松散的加盟方式

代收货款常常引发事故,上述电脑城商户就告诉记者,几年前他就碰到过一家小型快递公司倒闭,业务员代收的货款没能追讨回来。但此后他就选择了较大型的DDS快递,没想到又碰到这种事。

"如果营业执照的'经营范围'中没有代收货款这一项,就不能从事这项业务;否则算超范围经营。"江苏南京苏商律师事务所律师蒋进说,他建议货主与快递公司签订固定合约,在填单时注明代收货款等字样,这些证据都有利于事后追讨欠款。

"快递公司年年都有业务员或者分公司经理携款潜逃的事情,主要是因为这个行业很多都采取加盟的方式扩张网络。"东莞一位快递业界人士告诉记者,除顺丰、德邦物流等个别公司是直营外,大多数快递公司都采取加盟,以及加盟与直营兼有的方式。

这种加盟模式十分松散,一些公司要求有两三万元的押金,一些甚至连押金都不要,"快递业量大才有钱赚,一个快件成本五六元,开价6元怎么有得赚?除非做量。而量需要有很大很强的网络。这种背景下,如果网点的货量上不来,没钱赚,就可能引发业务员或者公司经理携款潜逃。"

DDS快递事件给业界敲响了警钟,部分公司已把加盟的押金提高到3万元,签约时限延长至3年。一邦速递负责人林英武告诉记者,他们不会挪用客户货款用作公司经营,网点都是日结,而且加盟商除了押金,还需要缴纳5 000元预付款,用于冲抵将要送达的货物价值,一旦预付款余额低于1 500元,系统就会提示充值。

速尔物流华南区一位资深人士告诉记者,该公司将推行一系列电子化手段加强对网点的财务监控。如从东莞派发一趟价值100元的货物到广州,业务员先揽货并送到东莞分拨中心,此时就相当于加盟商欠了公司100元,直到公司统一专车送货到广州分拨中心并送到个人手中拿回货款。如果未能及时还款,系统将不再调配新的派送任务给加盟商,以使损失降到最低。

还有一些公司,开始从加盟向转让方式过渡,尽管后者的成本要高很多,但公司对网点的控制力将大幅增强。

——http://www.techweb.com.cn/business/2010-02-01/531909.shtml

问题:
(1) DDS快递公司的加盟管理存在哪些问题?
(2) 应如何规范快递公司的加盟管理?

案例2

上海邮政探索"网点+便利店"服务模式

2021年5月,上海市邮政分公司与上海罗森签订战略合作协议,开展全方位合作,共同打造"便捷高效、功能齐全、安全保障"的综合便民服务平台。这是上海邮政首次尝试"邮政网点+便利店"的合作方式。随着第三批200家罗森门店邮件自提业务的上线,目前,上海共有300家罗森门店开通此项服务。

在上海市邮政分公司寄递运管部项目负责人看来,虽然目前通过罗森门店投递的邮件占比不高,但便利店的覆盖面更广,收件人在取快递的同时还能逛逛便利店,这让更多百姓乐于接受。

近日,房先生在罗森便利店服务人员的协助下取到邮件后,顺便买了一份速食晚餐。从事IT工作的他经常加班,已经习惯了下班取快递时顺便买份晚餐的生活模式。

安先生也觉得,代投点的开通给他的工作提供了便利。他说:"罗森门店代投点使投递工作'多了一个选项',而且邮件放在这里比放在小区门卫处或者快递架上要安全。"

目前,上海罗森门店数已超1 000家,2022年还将开通200家门店的自提业务,未来将考虑开设罗森便利店邮件收寄功能,以进一步拓宽服务范围、丰富服务种类。据悉,除了快递业务方面的合作,双方也考虑在金融、邮务等领域开展合作。

——https://baijiahao.baidu.com/s?id=1721542687061915638&wfr=spider&for=pc

问题:
(1) 快递企业与连锁便利店合作有哪些好处?
(2) 快递企业还可以从哪些方面来完善末端配送网点布局?

三、实训操作

1. 实际参与派件业务,并总结应如何做好派件工作?
2. 针对延误件,画出其初步鱼骨图分析。
3. 针对网点快件积压情况写一份应急预案。

项目三

分拨中心业务及管理

知识目标

★ 了解分拨中心与网点的关系以及分拨中心之间的等级关系。
★ 了解分拨中心的选址影响因素。
★ 了解分拨中心基本的岗位职责和设施设备的工作原理。
★ 了解三段码的编码规则。
★ 熟悉分拨中心的基本操作流程。
★ 熟悉并掌握分拨中心管理过程中所涉及的指标及分析方法。

能力目标

★ 能对分拨中心的选址和内部布局提供辅助性建议。
★ 能对分拨中心的设施设备进行简单的维修维护。
★ 能根据企业相关制度,规范完成快件的总包接收操作。
★ 能依据企业制定的分拣依据,对快件进行熟练分拣。
★ 能对分拣完的快件进行封装和发运操作。
★ 能通过对分拨中心的作业质量指标进行分析比对,及时发现问题。
★ 能对分拨中心出现的异常情况及突发事件进行处理。

课程思政

★ 诚信正直,有良好的责任感和团队合作精神。
★ 具有耐心细致的工作态度,精益求精的工匠精神。

关键词

分拨中心　选址布局　总包接收　快件分拣　三段码　总包封发　业务管理

案例导入

抓狂的快件中转

分拨中心是一个地区中的集散地,一般设在大城市和交通便利的地方,两个目的地之间的分拨中心数量,决定了一个包裹到客户手上时间的长短。例如,同一天,有两个包裹,一个是从上海到西安市区,另一个是从上海到浙江淳安,好多淘宝网的卖家买家,第一反应就是到淳安的快,因为江浙沪一般都是第二天到,其实,很多时候,反而是第一个快。假设,如果当天有上海到西安的航班,包裹上了飞机,第二天就可以到。而第二个快件,从上海出发,杭州是第一个分拨中心,然后再去淳安,如果是淳安下面的农村,第二天几乎100%到不了,甚至第三天都困难。因为,对于快递公司来说,不可能任意两个快递服务点之间都有直线联系,而它们采用的是蜘蛛网式的布局,每个地区,有一个集散中心,该地区所有快递点的包裹,都由全国各地到这个分拨中心,然后安排车辆下派件。由于有些地方点特别多,所以分拨中心也多。一般一级分拨中心是省会城市,二级中转是地区市,三级中转是县级市。

所以,一般除了江浙沪、京津、珠三角三个快递特别便利的区域,其他地方,如果客户是镇上的,那一般都决定了这个包裹至少要经过2~3个分拨中心才能到客户手上,时间也就是3天以上了。另一种情况是,快递从收件到发件中心的速度远高于分拨中心到客户手中,其实不仅是因为大部分快递收件有钱、派件无偿的情况,每个快递员心里都有个数,几点可以赶上快递发车,所以,这之前他会收件,赶不上了,就不收了。所以卖家会发现,即使最偏僻的地方,只要包裹送到快递员手里,包裹肯定当天能到中心城市,也就是发件中心。但是,航班也好,公路运输也好,到了分拨中心,两个分拨中心之间的运输,不一定能赶上对方的发车时间,结果就是每个分拨中心停留一天,所以速度慢了,至于有些更偏僻的地方,快递两天送一次甚至一周一次(往往是海岛或者林场),这个速度就让人抓狂了。

分拨中心是对自己辐射范围内站点的进出港快件进行集中,再根据路由规则,按照快件的目的地进行分拣归类后,转运到下一个集散中心或城市的站点。它的主要作用是可以降低单位运输成本。分拨中心按照计划路由和时间将发往不同城市的快件通过集货、分拣、再集货运输的方式发往目的城市。根据规模效应,单次运输的快件量越多,单票快件的运输成本就越低。也就是说,通过集散中心的集货、分拣再集货运输的过程,可以降低单票快件所承担的运输成本。分拨中心作业流程如图3-1所示。

分拨中心的工作主要有3项:第一,快件集中。各始发站点的出港快件首先运到分拨中心,由其对快件进行集中操作处理。第二,快件分拣。分拨中心根据分拣方案,即根据目的城市的运输方式(陆运班车、航空或铁路)将同一目的地的快件进行集货分拣。大件货物分拣后直接装车,小件货物和文件经过分拣后还需要进行集包操作,即将同一目的地的快件装载到一个集装袋或集装器中,以便提高下一个集散中心或者操作站点的操作效率。第三,快件转运。完成分拣后的快件,将装载到不同目的地的陆运班车、飞机或火车上,集散中心按照路由计划的时间表,将快件按时发出,以保证快件准时到达目的地。

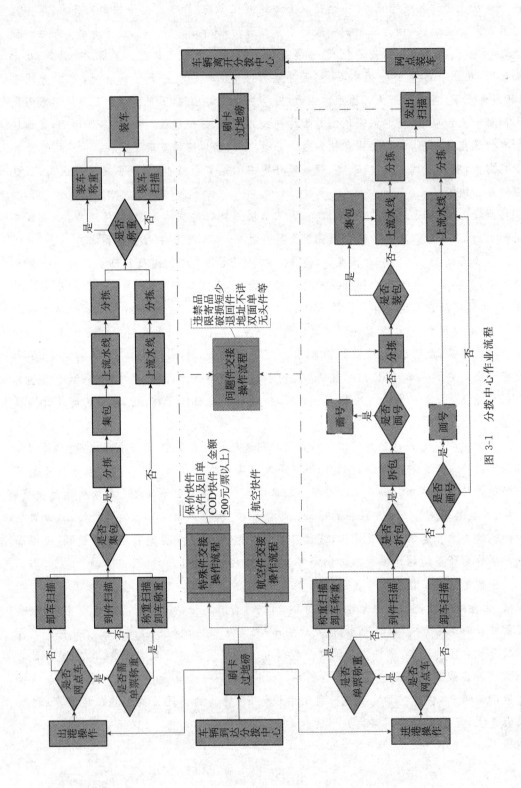

图 3-1 分拨中心作业流程

项目三 分拨中心业务及管理

任务一 分拨中心概述

> 情景导航

吴小芳以前在YD快递公司的网点工作,最近刚被调入分拨中心工作。刚来的时候,分拨中心负责人告诉她,分拨中心的业务和网点的业务有些类似,但又不完全一样,需要在工作中好好体会。那么,这两者的区别到底在哪里呢?

分拨中心(也可称为集散中心或转运中心)就是负责快件集散的场所,与物流的仓配中心不同,分拨中心不具有仓储、加工功能,主要实现的是快件从分散到集中再到分散的流动过程。

一个分拨中心下辖若干个网点,负责区域内所有网点的快件集散。根据所负责快件的范围,分拨中心可分为不同级别:负责跨市跨省区快件集中和分发任务的分拨中心级别较高,称为一级分拨中心或者区域分拨中心,主要负责将其他分拨中心的快件进行集中,通过公路或航空等运输方式发往其他分拨中心;负责周边一两个城市快件集中和分发任务的分拨中心级别较低,称为二级分拨中心,主要负责将上级分拨中心或下级网点的快件进行分拣封发。

不同级别的分拨中心主要业务基本相同,会根据所对应的级别关系略有不同,所有货物在到达目的城市之前都必须按照路由规则经过相应级别分拨中心的转运处理。

一、分拨中心的选址

分拨中心在整个快递网络中起着承上启下的枢纽作用,其数量和层级的确定直接决定了快件能否快速准确地送到消费者手里,过多会引起人力和物力的浪费,过少则会降低总体的中转作业效率。因此,分拨中心的选址对公司的运营成本和速度有着较大的影响。

1. 分拨中心选址的影响因素

(1) 地理位置。理论上,分拨中心最理想的地理位置是处于所覆盖网点范围的中间位置,距离各网点路程相对均等。但实际上,像上海的很多快递企业的分拨中心却是选在青浦区,其主要原因是其毗邻虹桥国际机场和沪宁、沪杭高速公路匝道口。同时,土地与物业价格较低、大型货车进出不需要办理通行证。

(2) 交通便利性。进出分拨中心的主要运输方式是陆运班车与航班运输,所以,理想的集散地址应该毗邻机场和高速公路的匝道口,如浙江省杭州市下沙镇设立的省内与区域集散中心集聚区。

(3) 租赁物业手续的合法性。根据我国的法律法规,商业用房的出租,必须具备房管部门核发的房屋产权证及房屋租赁许可证(外资背景的快递企业,除要求业主提供上述证明外,还需要提供本房屋的消防设施达标合格证)。同时,因需要安装传送带等分拣作业系统,应预留电力容量增容的空间。

(4) 中长期发展规划。在制定发展规划时,①应考虑政府在经济和交通方面的发展规划、企业的发展战略、竞争对手的布局,规划从整体布局上分期进行。②在购买或租赁分拨中心时,务必对城市发展规划进行咨询,防止盲目投资。③分拨中心的配套设施投资较大,如安装分拣流水线等,有条件的快递企业最好采取购买的形式,从长期效益来看,可以降低集散中心的运作成本。④如果是采取租用形式,租赁期限应在8~10年,否则,分摊到单件上的集散运营成本很高。

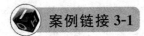

顺丰南疆分拨中心选址叶城

6月24日,记者从叶城县委宣传部了解到,近日,叶城县与新疆顺丰速运有限公司签订了合作协议,今后,新疆顺丰速运有限公司将对叶城县的特色农副产品产业发展进行精准帮扶。

此外,该公司将投资上亿元在叶城县建立新疆顺丰速运有限公司南疆分拨中心。南疆分拨中心将充分利用叶城县的交通地理位置优势,带动叶城县以及南疆物流业快速发展。

新疆顺丰速运有限公司总经理张邦冕说,该公司将在叶城县成立顺丰速运农民合作社,协助叶城县发展核桃等农副产品的销售和运输。该公司还将与叶城县电商产业园合作,打造顺丰电商产业园,成立叶城县电商产业园培训基地,为该县提供专业的电商业务培训。

据了解,新疆顺丰速运有限公司南疆分拨中心项目落地叶城县后,将为当地带来强大的信息流、用工流和资金流,为叶城县打赢脱贫攻坚战作出积极贡献。

——新疆经济报,http://www.cea.org.cn/content/details_10_16671.html

2. 分拨中心的选址步骤

(1) 提出宏观需求。将分拨中心服务区域未来5~10年快件量的预测数据(包括竞争对手的相关数据)提交给计划工程部(有的公司没有设立该部门,相关工作交由运营中心负责),由计划工程部进行规划、设计、布局、编制年度总投资预算,然后征求相关部门的意见及建议,并经过修订后提交高层管理人员会议或董事会审核通过,并成立项目小组。

(2) 调研与论证。项目小组根据以上规划进行分拨中心的选址、询价,对备选的分拨中心进行现场调研,编制推荐方案论证报告、投资预算及施工周期,征求相关部门的意见及建议。经过修订后提交高层管理人员会议或董事会审核通过。

(3) 办理相关手续。一般程序为谈判(购买价格或租赁的价格和时间等)、查验需要购买或租赁物业的相关合法证件、与预算比对、测算快件所承担的单位成本、拟订合同、律师审核、正式签订合同。

(4) 采购相关设备与施工。对土建工程采取招标形式;采购设备时,至少邀请3家以上供应商参与报价或邀请多家进行投标,对所采购的设备保障在3~5年内不落后于行业中等水平(包括考量性价比)。采购流程结束后,就开始签订合同、施工、安装、调试、试运行。

二、分拨中心的布局

1. 车辆停放区

分拨中心的车辆通常都是5t以上的大型箱式卡车,所以库区及通道需有足够的空间供大型货车掉头和行驶。有条件的公司应将操作月台纳入设计建筑中,以免装卸车时抬举货物,从而增加劳动强度。月台的高度需要与5t卡车车厢地板的高度一致。若有不同高度车型的车辆,月台上也可以安装人工升降台。月台上方应有遮雨棚,以免下雨时影响快件的操作及淋湿快件,遮雨棚伸出的长度应超出月台宽度3m以上。

为保障员工和车辆进出的安全,车辆停放区应该在醒目位置张贴限速里程标识牌。车辆进入和车辆离开的行驶线路应事先规划,并在地面上做明显标示,以提醒驾驶员按照行驶线路行驶。

2. 仓储区

仓储区用来存放分拨中心的操作物料和因各种原因未能按时发出的滞留快件。与网点的仓储区一样,这里也应该是一个密闭的空间(单独房间或铁笼),并有门禁系统和进出登记制度,有条件的应安装摄像头全面照射该区域。分拨中心的操作设备,如托盘、液压搬运车、叉车、可伸缩的移动传送带等设备体积较大,仓储区也应规划操作设备的固定存放位置,并作相关标示。

3. 快件进港分拣操作区及快件出港分拣操作区

分拨中心的分拣、集装等操作都在此区域进行。分拨中心分拣的快件量是网点的几十或上百倍,在操作区域的划分上需清晰地将进港操作区和出港操作区区分开来。在操作中,包裹类快件的分拣与文件类快件的分拣采用不同的操作设备,因此,在分区域时也应将这二者分开,使其在不同的区域作业,以免互相影响。

由于班车与航线较多,在各操作区域内应当明示快件流向(张贴或悬挂看板),以便员工查询。

操作区域与办公区应该是隔离的,办公室人员必须经过批准方可进入操作区域。有条件的企业应安装监控系统全面监控该区域。

除滞留快件外,操作区域还会暂存经支线班车或零散航班运达集散中心的快件,由于尚未到处理该批次快件的时间,此类快件会暂存于此,等待下一个批次的快件到达时一并处理。此类快件应放置在摄像头照射下的中间位置,并将快件摆放整齐,面单正面向上。

分拨中心大部分都是在夜间操作,对灯光照明度要求较高,尤其是操作区应有足够的照明,保证可以清楚地识别面单、标签,满足操作的各种需求。同时,应按照规定的时间保养维护备用发电机组。

4. 办公室区域

分拨中心总经理(经理)、财务结算、IT等后勤保障人员在办公室区域工作,办公室区域应与操作区域分开。IT机房和财务办公室应符合安全要求,如安装门禁,进出必须登记,财务办公室需配备保险箱,IT机房需配备空气温度调节设备等。集散中心的快件处理量很大,为保证服务器和数据安全,避免因突然停电而导致数据丢失,集散中心必须备有UPS(不间断电源)设备。

办公室内严禁出现快件。如有特殊情况需要将快件带入办公室处理的,必须有领取人信息登记,并得到授权经理的签字批准,还需记录在每天的异常日志中。

5. 休息区

操作人员、驾驶人员可在此区域进行休息、进餐等活动。休息区只能有桌椅、冰箱、微波炉等设备,所有的操作设备都不能存放在休息区,快件更不能出现在此。分拨中心每天都有很多班车进出,班车驾驶员经常会在集散中心等待一定时间后再出发。有条件的分拨中心可以为班车驾驶员设置专门休息区。为保障快件和操作设备的安全,班车驾驶员不能与分拨中心的员工共用一个休息区,更不允许班车驾驶员进入集散中心的操作区域。

三、分拨中心的岗位设置

在分拨中心,一般设置有内场操作员,航空进出港联络与订舱员,提、发货人员,质量监控员,车辆管理员,陆运、空运调度员,行政后勤人员等岗位。它们对应的岗位职责如下。

1. 内场操作员

(1) 按照到港货物信息(航空、铁路、班车等),做好接货准备。

(2) 对到港货物进行卸货、分拣、扫描、集装、归位、装车。

(3) 核对预报件数、扫描件数与进港货物的件数是否相符。

(4) 对出港快件进行集散扫描,并按航班和班车的路由计划准时装车,与驾驶员完成交接。

(5) 快件出现异常情况时的处理。

2. 航空进出港联络与订舱员

(1) 及时接收始发站/分拨中心的出货预报,整理预报及提货单据,安排提货。

(2) 收集本分拨中心所有出港信息,及时向目的站/集散中心发送货物出港预报。

(3) 向各相关部门反馈本分拨中心进出港操作的异常信息(快件异常、操作异常、班车异常、航班异常等)。

(4) 根据各始发站、分拨中心货物出港预报,计算货量所需舱位,向航空公司或航空代理预订舱位。

(5) 作为本集散的对外接口,负责回复、解答涉及集散操作和班车航班等各方面情况的询问。

3. 提、发货人员

(1) 根据快件预报内容和进出港联络员的指示,在规定的时间内,到相应的提货点提取货物并核对货物的数量及质量(破损情况等)。

(2) 提货后在规定的时间内回到分拨中心。

(3) 提货时如出现破损/丢失货物,必须当场与承运商交涉,开具破损/丢失证明。

(4) 将出港货物在规定的时间内送到指定的地点交货,交货时仔细核对单据和货物,确保搭乘预订的航班/车次。

(5) 将交/提货时的异常情况及时反馈给主管领导。

4. 质量监控员

(1) 上报和跟进本分拨中心的各种操作缺失问题。

(2) 编制并按时提交本分拨中心的质控报告;分析上级提供的质控报告;实时关注本分拨中心的质控指标,对达不到要求的指标进行分析,制定改进措施。

(3) 统计本分拨中心每日操作货量并按时上报,对每个操作批次的进出港货量数据进行比对,编制比对报告,跟进数据异常情况的处理。

(4) 接收并回复兄弟操作单位对本分拨中心操作缺失的查询。

5. 车辆管理员

(1) 分拨中心车辆操作的所有相关单据的收集、整理、归档与保存,所有车辆的维修和养护。

(2) 车辆报修故障的统计工作,并分析故障原因。

(3) 利用GPS监控自有或分供方的车辆运营情况,处理车辆运行中的突发事件。

6. 陆运、空运调度员

(1) 安排本分拨中心驾驶员和车辆资源。

(2) 监督每日分拨中心快件的发货情况,报告班车配载情况;爆舱时安排加班车辆。

(3) 本分拨中心航空、陆运代理的管理。

(4) 维护本分拨中心与航空公司、空港地面服务部门和代理的关系。

(5) 收集、整理航线信息和空港操作信息,每周分析整理分拨中心空运成本(航空运价、地面操作费用),形成报表后上报集散中心总经理(经理)。

7. 行政后勤人员

(1) 集散中心相关行政、人事事务。

(2) 安保、保洁、工装、办公用品管理。

(3) 物料管理。

(4) 对除机动车之外的操作、办公设备进行维修和常规的维护。

四、分拨中心的设施设备

"双11"运输高峰邮政快递处理创新高

超级机器人分拨中心

分拨中心的处理业务中,主要设备包括输送机(传输设备)、分拣机(分拣设备)及附属的读码称重设备;在智能化分拣场景下,还会有分拣机器人(处理小件)、分拣机械臂(处理中大件、重件)设备。

以下就输送机、自动分拣机和分拣机器人进行详细介绍。输送机主要用于快件的传输,配合不同环节对于快件移动的要求,使流水线的平均快件充填率始终保持在最大。分拣机、智能机器人、机械臂的自动化程度很高,处理员主要的工作是利用这些设备,完成快件的上线工作。

(一)输送机

输送机是半自动机械化分拣的主要设备,它其实是一种搬运设备。利用输送机进行半自动机械分拣时,快件在指定位置上机传输,面单一面向上,快件传输至分拣工位,分拣人员及时取下快件。这种设备有多种分类和多种形式,一般可按重力式、滚轴式、皮带式分类,是构成自动分拣系统的基本组成部分。依据快递对象的特点,快递业使用带式输送机、链式输送机、辊道式输送机,如图 3-2 所示。

资料链接 3-1:
快件输送装置的调速

图 3-2 带式输送机、链式输送机和辊道式输送机

1. 带式输送机

带式输送机是用连续运动的无端输送带输送货物的机械。用胶带作为输送带的称胶带输送机,简称胶带机,俗称皮带机。

带式输送机的结构特征和工作原理:输送带既是承载货物的构件,又是传递牵引力的牵引构件,依靠输送带与滚筒之间的摩擦力平稳地进行驱动。带式输送机不仅是使用最普通的一种连续输送机,而且最具有典型的连续输送机的各种特点。在各种连续输送机中,它的生产率最高、输送距离最长、工作平稳可靠、能量消耗少、自重轻、噪声小、操作管理容易,是最适于在水平或接近水平的倾斜方向上连续输送小型件货的输送机。

2. 链式输送机

链式输送机的特点:用绕过若干链轮的无端链条作牵引构件,由驱动链轮通过轮齿与链节的啮合将圆周牵引力传递给链条,在链条上或固接着一定的工作构件上输送货物。

3. 辊道式输送机

辊道式输送机是一种广泛使用的输送机械。辊道式输送机结构比较简单,它由一系列以一定的间距排列的辊子组成,用于输送成件货物或托盘货物。货物和托盘的底部必须有沿输送方向的连续支承面。为保证货物在辊子上移动时的稳定性,该支承面至少应该接触四个辊子,即辊子的间距应小于货物支承面长度的1/4。

(二)自动分拣机

自动分拣机指的是受到自动控制的一套机械分拣装置,它是由接收分拣指令的控制装置、把到达分拣位置的货物取出的搬送装置、在分拣位置把货物分送的分支装置和在分拣位置存放货物的暂存装置等组成。分拣作业只需通过键盘向控制装置输入分拣指令,其余的全部由机械装置执行完成。

目前比较常用的分拣控制技术是扫描识别技术,在货物的固定位置上贴有某种标识,货物到达分拣位置,扫描仪对标识扫描识别,然后按事先设定的程序操作,使货物按指定路线运到指定的位置。采用自动分拣装置使分拣处理能力提高,分类数量比较大,准确率也大幅提高。

1. 自动分拣机组成结构

1)控制装置

控制装置的作用是识别、接收和处理分拣信号,根据分拣信号的要求指示自动分拣装置对货物进行分拣。分拣信号通过磁头识别、光电识别和激光识别等多种方式输入分拣控制系统中,分拣控制系统根据对这些分拣信号的判断,决定某一种货物该进入哪个分拣道口。

(1)控制目的。控制目的是把货物按要求分拣出来,并送到指定地点。通常需要把分拣的指示信息记忆在货物或分拣机械上,当货物到达时,将其识别并挑出,再开动分支装置,让其分流。

(2)控制方式。控制方式分为外部记忆和内部记忆两种。

① 外部记忆是把分拣指示标记贴在分拣对象上,工作时用识别装置将其区分,然后进行相应的操作。

② 内部记忆是在自动分拣装置的搬送设备入口处设置控制盘,利用控制盘,操作者在货物上输入分拣指示信息,这个货物到达分拣位置时,分拣设备接收信息,开启分支装置。

控制方式的选择在决定全部分拣系统时是一个需要考虑的重要因素,它对分拣系统的能力和成本有很大的影响。

2)分类装置

分类装置根据控制装置传来的指令,对货物进行分拣。我们把货物输送到按照货物的类型,或按照货主要求或按照尺寸、重量等分类的输送机分支或倾斜滑道上去完成货物的分拣输送。

分类装置是将挑选出的货物移出主输送带,转入分支输送带,是自动分拣系统的一种重要装置,主要有以下几种方式。

(1)推出式。在输送机的侧面安装推出设备,分拣出的货物到达此位置后,设备将货物推离主输送带,并推入分支输送带。它不受货物包装形式的限制,瓦楞纸箱、袋装货物、木箱等均适宜这种方式。不过,太薄的货物、容易转动的货物、易碎的货物不宜采用这种方式。分拣能力越高,分支机械的冲击力也越大,此时必须注意对货物的损伤情况。

(2)浮出式。它是一种在主输送机的下方安装浮出式机构,工作时把货物托起并送入分支输送机的装置。在分送时,对货物的冲击力较小,适合分拣底部平坦的纸箱和用托盘装的轻、重货物,不能分拣很长的货物和底部不平的货物。

(3) 倾斜式。它是在主输送机上装有分送装置,货物到达规定的分拣位置。分送装置动作,如分送装置转向一个角度或开放通路对货物分拣。

自动分拣装置的分类方式很多,具体选择哪种形式,需要考虑以下几个因素才能决定:分拣对象的形状、体积、重量和数量;搬运的路线及变动性;单位时间内的处理能力;分拣的种类数;设备费用、占地面积、周围环境等条件。

3) 输送装置

输送装置的主要组成部分是传送带或输送机,其主要作用是使待分拣商品通过控制装置和分拣装置。在输送装置的两侧,一般要连接若干分拣道口,使分好类的货物滑下主输送机,以便进行后续作业。

4) 分拣道口

分拣货物脱离主输送机(或传送带)进入集货区域的通道,一般由钢带、皮带、滚筒等组成滑道,使商品从主输送装置滑向集货站台,工作人员将该道口的所有货物集中后,组配装车并进行配送作业。

2. 自动分拣机的特点

(1) 能连续、大批量地分拣货物。由于采用大生产中使用的流水线自动作业方式,自动分拣系统不受气候、时间、人的体力等的限制,可以连续运行,同时由于自动分拣系统单位时间分拣件数多,因此自动分拣系统的分拣能力是连续运行 100h 以上,每小时可分拣 7 000 件包装商品,如用人工则每小时只能分拣 150 件左右,同时分拣人员也不能在这种劳动强度下连续工作 8h。

(2) 分拣误差率极低。自动分拣系统的分拣误差率主要取决于所输入分拣信息的准确性,而这又取决于分拣信息的输入机制,如果采用人工键盘或语音识别方式输入,则误差率在 3‰ 以上;如果采用条形码扫描输入,除非条形码的印刷本身有差错,否则不会出错。因此,目前自动分拣系统主要采用条形码技术来识别货物。

(3) 分拣作业基本实现无人化。建立自动分拣系统的目的之一是减少人员的使用,减轻人员的劳动强度,提高人员的工作效率,因此自动分拣系统能最大限度地减少人员的使用,基本做到无人化。

3. 常用的自动分拣机

(1) 推块式分拣机。推块式分拣机是指横向推出式辊道分拣机。它以辊道输送机为主,在分拣口处的辊子间隙之间,安装一系列的由链条拖动的细长导板(推块)。平时导板位于辊道侧面排成直线,不影响分拣物的运行;在分拣时,导板沿辊道间隙移动,逐步将分拣物推向侧面,进入分拣岔道。推块式分拣机呈直线布置,结构紧凑、可靠、耐用,使用成本低,操作安全,可以单、双侧布置,如图 3-3 所示。

其特点是可适应不同大小、重量、形状的各种商品;分拣时轻柔、准确;可向左、右两侧分拣,占地空间小;分拣时所需商品间隙小,分拣能力高,机身长,出口多。这种分拣机动作比较柔和,适用于分拣易翻倒或易碎的物品。

(2) 翻板式分拣机。翻板式分拣机是用途较为广泛的板式传送分拣设备。它由一系列相互连接的翻板、导向杆、牵引装置、驱动装置、支承装置等组成。当货物进入分拣机时,光电传感器检测其尺寸,并将信息输入计算机中。当货物到达指定格口时,符合货物尺寸的翻板即受控倾翻。每次有几块翻板翻转,取决于货物的长短,而且当货物翻落时,翻板也按顺序翻转,使货物顺利地进入分拣道口,这样就能够充分地利用分拣机的长度,提高分拣效率,如图3-4所示。

 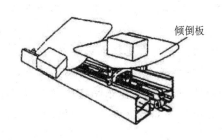

图3-3　推块式分拣机　　　　　　　　图3-4　翻板式分拣机

翻板式分拣机的适用范围大,可分拣箱类、袋类等货物。但该分拣机分拣席位较少,且只能直线运行,占用场地较大。

(3) 托盘式分拣机。托盘式分拣机是一种应用十分广泛的分拣机,它主要由托盘小车、驱动装置、牵引装置等构成。其中,托盘小车又有多种类型,有平托盘小车、U形托盘小车和交叉带式托盘小车等。传统的平托盘小车和U形托盘小车利用盘面倾翻的方法依靠重力卸落货物,结构简单,但存在上货位置不准、卸落时间过长的缺点,结果造成高速分拣不稳定以及格口过宽等问题。

交叉带式托盘小车的特点是取消了传统的盘面倾翻、利用重力卸落货物的结构,而在车体上设置了一条可双向运转的短传送带(称为交叉带),用它来承接上货机输送的货物,将其牵引运行到相应的格口,再由交叉带运转,将货物强制卸落到一侧的格口中,托盘式分拣机如图3-5所示。

图3-5　托盘式分拣机

青岛顺丰启用全国首台海鲜全自动分拣机

日前,青岛顺丰在城阳区济青海鲜水产品批发中心正式启用海鲜产品全自动分拣机,这是顺丰国内首台针对海鲜产品的全自动分拣机。据介绍,该分拣机可提高海鲜分拣时效 0.5 个工作日,减少人员参与率 50%,分拣效率提高 5 倍多,破解了快递高峰期时效难题,加快了青岛当地特色海鲜产品销售。

春节前两个月为每年网购高峰期,为此,顺丰研发出了国内首台针对海鲜产品全自动分拣机。该机器可以根据海鲜快递流向,自动分类、分拣以及免去人工手持终端扫描环节,每分钟可分拣近百件。相较于人工分拣,该机器可以由原来人工分拣每天 1 万件提高到 5 万件,增效 500%;原来每天需要 20 人,现在全自动化只需 10 人左右,减少人员参与率近 100%。在疫情当下,有效地减少了人工参与,不仅降低了企业的成本,也保障了快件的安全。

据了解,济青海鲜批发市场每天海鲜发货量约为 14 万件,其中最受欢迎的是青岛本地鲜黄花鱼、带鱼及海蛎子,可占发货量的 80% 左右。顺丰着力打造的特色经济项目针对这一需求,推出青岛海鲜单品及礼盒等,受到了广大农产品经营者以及用户的欢迎和认可。除青岛外,顺丰鲁东区覆盖的烟台、威海两个城市海产品丰富,依托"天网+地网"的强大运输能力保障时效,顺丰特色经济海鲜业务每年销售额都在不断增长。

除海鲜之外,青岛啤酒、烟台樱桃等区域特色产品也是顺丰特色经济的重要组成部分。其中,烟台大樱桃仅上半年直接带动当地近万家农户、商户,实现当地樱桃销量达 10 亿单。

——青岛新闻网,http://www.expressboo.com/detail_8654_1.html

探访青岛快递分拣中心:工人每天工作 12h, 分拣"神器"一天分拣 30 万件

随着 2020 年"双 11"战线的拉长,你购买的"战利品"也许已经在路上。目前,来自全国各地的快件陆续涌入青岛,各大快递公司的包裹可以用堆积如山来形容。面对如此庞大的快件数量,岛城各大快递公司的分拣中心已开启"连轴转"模式。记者探访发现,随着自动化分拣、高速运转、智能扫描等先进技术的运用,快递分拣已更加智能高效。

现场:快件"堆成山",分拣"连轴转"

11 月 8 日,记者来到青岛邮区中心局陆运中心,偌大的快件分拣车间内已是一片忙碌的场面。在 1 500 m² 的场地内,上百名工作人员在流水线上扫描、分拣、装运即将发出的包裹。快递分拣机器也在高速运转,成堆的快件被一一分拣到不同的邮包中去。

"今年'双11'的战线拉长了,从11月开始,快递数量有了明显增长。"青岛邮区中心局陆运中心分拨中心主任丁玉超告诉记者,11月7日中心共处理包裹38.7万袋(件),较2019年同期25.6万袋(件)增长了51.2%,而在平时,中心的快递处理量大约在25万袋(件)。"11日开始,我们将迎来高峰期,到时候快件处理量每天能达到45万到50万件,为了应对'双十一'高峰,我们已经开启了加班加点模式。"丁玉超介绍说,根据往年"双十一"的包裹量分析,海量的包裹给邮政分拣、运输、投递带来的是一年比一年更大的压力,预计2020年"双十一"期间,邮件处理量将再创历史新高。由于快递高峰的到来,要处理比平日多几倍的快件量,目前中心工作人员增加了近200人,一天分为两个班次,每班次共有230人共同作业,工作12h。同时,自动化分拣设备几乎24h运行,大幅提升了快递分拣效率。

效率:分拣"神器"一天分拣30万件

记者了解到,随着自动化分拣、高速运转、智能扫描等先进技术的运用,快递分拣更加智能高效。

"这是我们去年安装的小型邮件分拣机器,集高速运转、自动化分拣、智能大数据扫描于一体,将在今年'双十一'发挥重大作用。"丁玉超告诉记者,这套分拣设备可实现小型邮件高速自动化分拣。它拥有202个格口,能够替代人工扫描配发过程,使邮件在环形设备上自动识别落格。记者观察发现,当快件由传送带送到小件分拣机前时,工作人员只需将这些快件的标签朝上摆放到小件分拣机的格口上,分拣机随即对每个快件上的信息进行扫描,往前传送一段,就自动落入对应的大邮包内。当大邮包装满后,机器会亮灯提示,然后工作人员可以将分拣完后的邮包取走,更换上新的邮包。

据了解,分拣设备可按1m/s、1.2m/s、1.5m/s三个转速设置。例如,按照1.5m/s的转速,在邮件业务量饱和的状态下,可以发12 000~15 000件/h,按照20h计算,每日可以处理24万~30万件。"分拣机器效率很高,运作起来一天能顶100个人的工作量,大幅缓解了工作人员的分拣压力。"丁玉超介绍。

——青岛新闻网,https://baijiahao.baidu.com/s?id=1682894483273312858&wfr=spider&for=pc

(三)分拣机器人

机器人是安装有微型计算机,能按编程指令自动完成一系列动作的机械。仓库中的作业具有多样性,要求机器人具有识别和判断功能,还需要具备一些简单的决策功能。在物料处理系统中,机器人主要用于货物分类、成组载荷。在分类作业中,机器人能够记忆位置、识别垛形,把指定位置的货物取出后放到输送机上。在成组作业中,机器人能够按成组要求,把有关的货物集中到一起,甚至装箱打包。

南京启用全国首个物联网机器人分拨中心

使用机器人的另一个理由是,在恶劣环境中,如高温、冷藏、有毒气体等会危害人员身体健康的场合,可由机器人替代人工作业。

机器人的最大优点是操作的准确率高、速度快,在自动化分拣作业中起着重要作用。

资料链接3-4

联邦快递在广州启用人工智能分拣机器人

联邦快递近日宣布，与智能机器人公司合作，启用人工智能驱动的智能分拣机器人，在数字化运营和建立智能物流网络方面做出更多努力，以处理不断增长的电子商务货运量。

名为DoraSorter的分拣机器人，已被用于联邦快递位于广州的华南电子商务货件分拣中心，该中心占地面积约为5 200 m², 使用DoraSorter分拣机器人能够处理来自华南地区电子商务客户的进出口小型包裹。

DoraSorter分拣机器人的核心功能是，可以根据包裹的目的地进行分拣操作，从而配合分拣中心的总体操作流程。该机器人的主要特点有：最多可承载10 kg包裹，最多可同时操作100个目的地流向；采用特制抽屉状"爪手"，能够与传送带无缝衔接；用条形码读取器扫描包裹条形码获取目的地信息，"爪手"从传送带接收包裹，随后将包裹移动至相应目的地格口投放包裹。

联邦快递以及智能机器人公司，会根据操作要求，对机器人不断进行调整，并探索更多的应用场景。

联邦快递亚太、中东和非洲地区总裁表示："随着电子商务在地区未来的零售业中占据中心地位，上门取派件的速度已经成为推动分拣机器人应用的主导因素。中国是全球最大的电子商务市场，我们希望建立一个由数据驱动的智能物流网络，以帮助客户在数字经济中发展自己的业务。人工智能驱动技术将继续改变我们支持该地区客户的方式，并提升未来的供应链。"

联邦快递中国区操作副总裁表示："创新是我们的核心，也是联邦快递在中国发展策略的主要因素。我们一直探索和投资各种新技术来提升运输的每一个关键环节，以满足不断变化的客户需求。电子商务的快速增长使客户对物流服务的时效性和灵活性提出了更高的要求，为整个物流行业带来机遇和挑战。我们通过机器人技术提升操作效率，构建敏捷物流基础架构，并以此支持中国电子商务行业的发展。"

2021年，联邦快递在中国测试自动驾驶递送车，在亚太、中东及非洲地区测试了自动派送机器人，还推出了一种由传感器驱动的物流设备，旨在加强急救药品和紧急医疗物资等关键货物的跟踪精度、运输可靠性和时效性。

——https://baijiahao.baidu.com/s?id=1723009865007419666&wfr=spider&for=pc

任务二　分拨中心业务操作

情景导航

李军是刚来YD公司杭州分拨中心工作的新员工，公司安排你带他进行分拣作业，你会着重从哪些方面来教他呢？

分拨中心的主要功能是通过处理中心的分拣作业,快速完成快件按既定路由的集散与转运,其作用是通过快件业务量规模的集中来降低平均运输成本。快件在整个处理过程中会由分散到集中,再由集中到分散,这也是控制快递服务质量和经营成本最关键的环节。

整个分拨中心的快件处理业务包括总包接收、快件分拣以及快件封发等环节。

微课:快递处理作业

资料链接3-2:总包单件

资料链接3-3:总包接收前的准备工作

一、总包接收

快件总包是指混装在一个容器内,同一路由、同一种类的快件的集合,包括快递分部对中心的总包,以及分拨中心对分拨中心的总包两种。

总包接收是处理中心责任的起点。快递处理员在总包揽收环节要完成总包接货、验收交接及总包拆解等工作。

(一)总包接货

快递车辆进入分拨中心以后,快件处理员需要先检查车辆封志,然后对总包进行卸载,卸载操作要遵守安全生产操作规范的要求。卸载时要对总包的外观、规格、路向、数量进行检验。对检验有异常的总包,要立即反馈给现场管理人员,划分好交接责任,并按照处置程序及时做好异常处理工作,保证快递服务安全和快件处理时效。对验收完好的总包,要及时做好交接进行拆解,进入分拣封发环节,保证快件处理时效。

1. 检查并拆解车辆封志

车辆封志是固封在快件运输车辆车门上的一次性封验工具,其作业是防止车辆在运输途中被打开,保证已封车辆完整地由甲地运到乙地。封志大体可分为两大类:一类是实物封志,如金属类和塑料类封志;另一类是信息封志,如卫星定位系统,是无形的封志。

运输车辆的封志完整无损,表明车辆在运输过程中车门没有被开启过,接收部门操作人员应核对封志号码与路单记录的封志号码是否一致,待签字确认后用剪刀剪断封志,进行后续卸载操作。若拆解车辆封志之前,封志已经出现断开、损坏、标签模糊、塑料封志反扣松动能被拉开等现象,则属于异常车辆封志,需在路单上进行批注,并查明原因,及时进行处理。

2. 总包卸载

完成封志检查后,快件处理员把快件总包放到直接伸入车厢内部的皮带输送机上,皮带输送机会将快件总包送至供件台上的供件工位。

在进行总包卸载时,需要根据条形码扫描器的扫描速度来控制卸货速度,并在操作过程中查看总包有无异常。外观上要看有无破损、拆动痕迹,有无水湿、油污现象,有无包牌脱落、字迹不清现象;规格上要看是不是超大、超重包;还要看包牌上的路由信息,是否与包牌上的条码扫描结果一致等。

(二) 验收交接

为保证能安全、迅速、完整地传递快件,减少丢失、损毁和内件短少等现象发生,在快件处理的每个关键环节都必须严格执行交接验收、逐件比对和平衡合拢3项基本要求。这3项基本要求具有明确快件处理各环节、各操作人员责任界限,保证相互督促严格执行规章制度,保障服务质量的功效。

1. 交接验收

交接验收是快件操作程序开始与结束环节都应遵守的操作规范,只有对这一环节严格把关,才能保证其工序操作正常。进站与出站之间办理的交接,必须严格遵守双人共同验收制度。

进站总包交接时,收方应认真清点总包数量,并验视外包装是否完好,封志是否符合规格,是否有水湿、油污现象。出站总包也要逐袋验视总包规格、数量、发运方向是否有误。

2. 逐件比对

快件总包接收后、封装前应根据快件编号和总包编号逐件比对相关封发清单、路单,以确保快件及总包信息与实物相符。逐件比对具有双重作用,既可以发现路单或封发清单的差错,也可以发现实物的差错。

随着信息技术的发展,目前快递企业大部分采用信息系统。接收、封装总包时利用条码扫描设备逐件扫描快件、总包条形码,扫描信息上传系统后,通过系统自动进行比对。

3. 平衡合拢

每班次或每日快件生产结束,必须对快件进、出、存总件数进行汇总比对,进站快件总件数加上班次留存件数应等于本班次快件出站总件数加库存总件数。若结果相等,则平衡合拢;若结果不相等,则应按规定复查,复查无果要上报相关部门,并详细记录差异情况备查。相关部门要认真分析差异情况,总结规律以整改流程,加强细节管理。

以上3个方面的要求在快件处理的每一个环节都起到重要的作用,必须严格遵守。

(三) 总包拆解

总包拆解是指将接近站点的总包拆开,转换为散件。总包拆解有人工拆解和机械拆解两种方式。机械拆解是指用电动或推式悬挂机把总包悬挂提升起来再拆解的方式。

在总包拆解前应采取人工或电子的方式进行信息比对,比对内容包括快件路由是否正确,有无误发;根据封发清单逐件核对,包括快件编码、原寄地、件数、重量;检查快件封装规格标准;比对合计数量是否有误;划销处及签章处是否盖章。

总包拆解的要求主要有以下3点。

1. 封志拆解

(1) 右手持专用拆解剪在靠近铅封处剪断一股扎绳,不可损伤封志,保持扎绳、封志和袋牌连在一起。

(2) 应使用专用拆解剪将塑料封志剪断。

2. 倒袋

(1) 双手握住总包包袋底部的两角向上轻提,小心倒袋。

（2）每开拆完一袋，拿出相关快件后，要随即用手将袋撑开，采用"三角看袋法"，验看袋内有无遗漏快件。使用机器开拆的，也要验看袋内有无遗漏快件。

3. 拆解后

（1）对拆下的空袋、袋牌、铅志、绳扣等物，放在指定位置，以备查用。

（2）拆解中发现异常情况的空袋、袋牌、铅志、绳扣等物，应妥善保管，以便作为相应证物。

（3）拆下的包牌、封志应放在专用箱内，区分一次性使用和循环使用的容器；按型号和材质，整齐叠码堆放完好的总包空袋；将破损、水湿、油污的总包空袋放到指定位置；对总包空袋上粘贴的快件总包条形码签进行清理，并存放在指定区域；作业结束后，检查场地有无散落的空袋。

总包接收工作完成后，要按照有关管理要求对现场进行清理、检查，保证总包、快件不遗漏，现场环境安全有序。

二、快件分拣

快件分拣是将快件按寄达地址信息进行分类的过程，可以分为直封分拣和中转分拣两类。其中，直封分拣是指分拨中心按照快件的寄达地点直接封发给到达城市分拨中心的分拣方式，途中无须再次分拣封发，可直接进行快件的派送处理；中转分拣是指分拨中心按照路由规则，将快件先封发给路由上其他的分拨中心，经再次分拣处理、封发后到达寄达城市分拨中心的分拣方式。

（一）分拣依据

快件的分拣是快件处理过程中的重要环节，分拣得正确与否决定快件能否按预计的时限和合理的路线及有效的运输方式送达客户。起初，国内快递企业在分拣操作中大多以面单书写的地址、邮编、电话区号为依据进行分拣；近年随着信息技术的发展，自动化分拣设备的研发，以及电子面单的推行，数字化应用在快递企业中越来越普及。因此，分拣依据也随之发生变化。快递企业将枢纽分拨中心、区域分拨中心、网点三级来进行划分，并给予相应的代码，并将由这三级代码组成的一串数字称为"三段码"。

资料链接3-4：分拣线的安全操作注意事项

各家企业的三段码编码规则并不一致。最简单的编码结构是枢纽分拨中心—区域分拨中心—网点。例如，某快递企业一票快件从广州发往河南省焦作市的网点，其三段码编码是371-391-009，其路由路线是广州（枢纽）—郑州（枢纽）—焦作（区域）—网点。还有的企业为方便网点的进一步分拣，把分拣编码划分到派送段或快递员，形成"四段码"的结构。未来，这种结构还为分拨中心直接进行派送段级的分拣提供了可能。但也有的企业不使用枢纽分拨中心，而是直接采用"区域分拨中心—网点—派送段"的结构。

在对具体区域进行编码时，各家企业也是不尽相同，有的直接采用电话区号或是略加改造，有的则是对每一号位进行从属性编码，用第1位数字表示大区，第2位数字表示省区（区域），第3位数字则用作城市编码。

在一些企业的实践中,还可能出现在某一级别的分拨中心下进行附属编码,附属编码的使用情况比较复杂。有的企业用于区别该枢纽地区的位于不同地点的分拨中心,有的企业是区别同一分拨中心的不同处理批次等情况。例如,有些快递企业在同一枢纽城市建立陆路、航空两个分拨中心,就会采用城市电话区号附加附属编码的形式,如以 010A 代表北京陆运处理中心,以 010B 代表北京航空处理(集散)中心。也有的企业用附属编码表达分拣要求,用偶数表达整包中转,用奇数表达需要拆解的总包。甚至附属编码还可以进一步组合,如以 010AB 来对应北京陆运处理中心的 B 处理批次。当然,具体附属编码是否出现,以及怎么定义,最终取决于企业自身业务的需要。

(二)分拣方式

按使用工具的不同,快件分拣方式可分为人工分拣、半自动分拣、全自动分拣 3 种。目前,多数快递企业的一级分拨中心都已实现自动化分拣,少数分拨中心实现了智能化分拣,其分拣部分的工作依靠自动化或智能化设备自动完成,但在处理展开超大超重快件时,还需要依靠人工分拣。在一级分拨中心之外的大多数分拨中心,主要还是依靠半自动和人工的方式来实现分拣功能。

资料链接 3-5:分拣作业方式的改进

1. 人工分拣

人工分拣是一种主要依靠人力,借助一些简单的生产工具(如分拣格口、手推车等)来完成整个分拣作业过程的分拣方式。该分拣方式人工成本高、分拣错误率高、耗时长,在快件业发展初期业务量较小时使用。随着快递量的增长,人工分拣已逐渐被其他更为高效的分拣方式所取代。

2. 半自动分拣

半自动分拣是一种人机结合,利用机械输送来完成人工分拣的分拣方式,这里的机械指的是计算机、传送带、摆臂等,人工起辅助、处理异常问题的作用。这种分拣方式的特点是能够连续不断地操作,降低操作人员劳动强度,提高分拣效率,是当前主流的分拣方式。

在分拣过程中,因受赶发时限、运输方式、劳动组织、快件流向等因素的制约,该分拣方式并不是将快件一次性直接分拣到位,而是通过将快件从运输车辆上卸往自动传送带,由摆臂对快件先进行宽范围的分拣,再由人工根据快件标识进行手工分拣,将快件放置到其所属的位置中。

3. 全自动分拣

全自动分拣是一种采用自动分拣设备,无须人力介入即可完成快件分拣的方式。这种分拣方式信息化程度高,不受气温、时间、人员体力影响,可以长时间、高效率地进行货物分拨,不仅成本低,而且时效高,更精准,但目前仅限于分拣小件文件类快件,大件物品、形状不规则、面单受损等情况仍需采用半自动方式进行分拣。

(三)特殊情况处理

大件分拣员在发现路区代码错标时,应及时做更改,并重新上流水线操作。更改时必须将错误的代码划掉,并重新标注代码。

建包分拣、路区代码标注时,如发现代码错标,应及时交给组长处理,及时更改正确地址中转。如发现时中转车辆未发车,必须将货件中转出去。

在路区代码标注过程中,如一时不能确定正确路区代码,或因地址不详不能确定,不应随便标注代码,或直接投入流水线。应先将货物拉下,待有空时咨询其他同事,确定后标注正确代码再中转。

各分拣岗位如发现快件外包装破损,或面单脱落等问题件,应及时报班组长处理。尤其对于散落的内寄物,在报班组长后,协助班组长收集清点,不得监守自盗。

资料链接3-6:
分拣易发生的错误

如流水线中断,且需较长时间修护,或出现停电,且暂不确定来电时间,需启动应急方案,保证操作。

如有员工意外发生工伤,现场管理负责人需即刻带员工就医,安排员工替班。

即问即答 3-1

一名优秀的分拣员应具备哪些素质?

三、快件封发

快件封发是按发运路线将快件进行封装并交付运输的过程,包括总包封装和总包发运两个环节。

(一) 总包封装

总包封装是将快件装入总包空袋(容器)中,使用专用工具封扎、封闭袋口或容器开口,并拴挂包牌或标签的过程。在装袋和封扎、封闭袋口或容器开口时,可使用一些辅助工具和器具,以便快速地完成快件封装作业。

1. 总包封装的准备

资料链接3-7:
总包袋的选用规则

(1)封发清单。封发清单是登列总包内快件的单号、寄达地、种类或快件的内件类别等内容的特定单式,是接收方复核总包内件的依据之一,也是快件作业内部查询的依据。从形式上看,有纸质清单和电子清单之分(目前多使用电子清单);从内容上看,有普通快件清单、保价快件清单、代收货款清单。因清单形式的不同,录单也有手工登单和扫描登单两种操作方式。

(2)总包包牌。总包包牌是指快递企业为发寄快件和内部作业而拴挂或粘贴在快件总包袋指定位置上,用于区别快件的所属企业、运输方式、发运路向等信息标识。国内快件和国际快件的总包包牌有一定区别。

(3)总包路单。总包路单是记录快件总包的封发日期、接收日期、封发路由、总包数量和种类、总包总重量、原寄地等详细信息的单据,用于运输各个环节的交接。

2. 总包封装的操作

(1)选用大小适宜的包袋。使用总包空袋的大小,应根据快件的数量和体积合理选用,切忌用大号总包空袋封装少量快件。

(2)包牌(包签)的粘贴位置根据袋内快件盛装的多少而定,但应在总包封扎后的中上部为宜。

(3)规范的总包空袋置于撑袋车或撑袋架上。

(4)快件按"重不压轻、大不压小、结实打底、方下圆上、规则形放下、不规则形放上"的原则装袋。

(5)内件为易碎和液体的快件要单独封袋。

(6)文件型快件、保价快件、代收货款快件、到付快件、限时快件应单独封装总包袋,文件型快件如果与其他快件混合封装时,要捆扎成捆。

(7)快件装袋时,面单向上摆放。

(8)快件装完袋后,需随袋走的封发清单要放入特制的封套入袋。对总包袋盛装不能过满,装袋不宜超过整袋的2/3,重量不宜超过30kg。

(9)使用专用或特制的绳或塑料封带,在贴近快件处将总包袋扎紧封口。

3. 总包封装的检查

对封装完成的总包进行检查,检查的基本要求如下。

(1)总包袋外无快件遗漏。

(2)封装后的总包整洁、无渗漏现象、无尖锐凸起。

(3)包牌、标签粘贴或悬挂牢固,字迹、条码清晰。

(4)包口封扎牢固。

(二)总包发运

1. 总包堆码和装车

厢式汽车是快件总包运输的主要运载工具,以陆运车辆快件装载为例,介绍总包堆码和装车的注意事项。

(1)装载工作应由两人(及以上)协同作业。

(2)堆码总包要求:逐层码放,大袋、重袋堆在下部,规则形总包堆在下部,不规则形总包放在上部,不耐压、易碎总包放在上层。

(3)满载时(要按载重标志),要从里面逐层码高后向外堆码结实打底,较小的总包放在中间压住大袋袋口,填放在低凹和空隙处。

(4)数量不满载的,车厢里层最高,层次逐渐外移降低,这样可防止车辆启动、制动时堆位倒塌造成混堆,易造成卸错或漏卸。

(5)数量半载的,里层高度可稍低,比照第(4)条所述堆码,不可以只装半厢,造成前端或后端偏重。

(6)严禁将快件均码在车厢左侧或右侧,造成侧重不利于行车安全。

(7)装卸具有两个以上卸货点的汽车,要按照"先出后进""先远后近"的原则装载总包,堆位之间应袋底相对(总包袋底部贴在一起,可防止混堆),也可用绳网分隔。分隔方法有两端分隔和逐层分隔:①两端分隔就是两个堆位快件总包从两端护栏杆堆码向中间移装,但中间必须有绳网将两堆位分开。②逐层分隔就是将"后出"(班车线路后到的)快件总包在汽车上码好后用绳网隔断,然后再装"先出"快件总包。

2. 车辆施封

总包装载结束后,由车辆押运人员(或驾驶员)将车关闭,处理场地人员负责对车辆加封,在车门指定位置进行施封。押运人员、驾驶员和场地处理人员在施封前应检查车辆封志是否符合要求,GPS 定位系统是否正常,条形码是否完好无损。若不符合规定,则需重新施封。完成施封后,押运人员还需打印交接清单,并和驾驶员核对清单上记录的总包包号、封志号以及车辆、驾驶员、押运、发车时间等信息是否一致,签字确认。

车辆封志的使用应遵循以下要求。

(1)装好车后,必须将封志号码填入路单相应栏目,装车人员负责检查核对。

(2)封车时如果车辆封志损坏,装车人员必须拿坏的封志和路单到封志管理人员处更换,否则不能领取;换封志时,必须同时更改路单上的封志号码,确保路单号和车门封志号码相对应。

(3)场地装发完毕后,装发人员与押运人员共同对车厢进行施封;押运人员或驾驶员应对封志号码进行检查核对,并在路单上签字确认。

(4)车辆到达总包接收部门后,接收部门操作人员应先检查封志是否完好,并核对封志号码与路单记录的封志号码是否一致,之后签字确认。

四、分拨中心其他作业

(一)分拨中心保价物品作业

快件保价是指客户向快递企业申明快件价值,快递企业与客户之间协商约定由寄件人承担基础资费之外的保价费用,快递企业以快件声明价值为限承担快件在收派、处理和运输过程中发生的遗失、损坏、延误等赔偿责任。

邮寄快递包装完好,
货物少半顾客追责

对快递企业来说,快件价值越高,遗失、损毁所产生的风险越大。为了规避风险,快递企业一般都规定了保价物品的最高赔偿价值。业务员在收取快件的时候需要注意,客户填写的快件声明价值不得超出本企业规定的最高赔偿价值限制。如果超出,则建议客户对快件进行投保。

保价快件普遍是价值比较高或客户非常重视的物品,因此需妥善包装快件,并使用特殊的标识提醒各操作环节注意保护快件。例如,采用保价封签,在快件封口的骑缝线上粘贴保价封签,并请客户在封签的交接处签名,确保只有破坏封签才能打开快件包装。

为能够及时发现保价快件是否短少,并进行相应处理,快递企业一般对保价快件重量精确度做出较高要求。例如,某快递企业规定保价快件的重量必须精确到小数点后两位,且各交接环节需进行重量复核,确保从收取到派送整个过程的快件安全。

出于保价快件自身的特殊性,有些快递企业使用专门印制的保价面单,有些企业则直接在普通面单的某一位置显著标记"保价"字样。

在分拨中心,其操作步骤如下。

(1)在指定窗口交接,清点实收数量与清单是否一致,在监控有效范围内称重、扫描、收入、发出。

(2) 对于特(3)物品,检查包装与重量,包装不得出现二次封胶,否则开箱验视。

(3) 快件如有二次封胶或破损,必须登记留底。

(4) 对于特(10)物品,必须开箱验视核对清单。

(5) 做好特(3)、特(10)交接清单(登记单号、品名、重量、总票数),在交接清单上签字确认。

(6) 装在班车尾部。

(二) 分拨中心贵重物品作业

所谓贵重物品,一般是指价值比较高或是有着特殊意义的物品,如珠宝、计算机、摄像器材、手机等物品。在快递业务中,涉及贵重物品的纠纷屡见不鲜,因此对待贵重物品,操作人员要高度重视。

1. 分拨中心贵重物品操作流程

各分拨中心安排专人1~2人负责特(3)、特(10)面单快件单独交接,并设立专门收取高价值快件的窗口,由专人负责收取此类快件。

(1) 各网点发的高价值快件必须到分拨中心窗口单独交件。

(2) 由揽件员对高价值快件做巴枪收件扫描,并在网点交件人员面前对快件开箱核实,开箱核实时必须保证在监控探头底下进行,并对所开箱检查的托寄物名称、数量、重量等进行详细登记,确认无误后,由检查人员当着网点人员的面用胶带进行封箱、发运。

(3) 分拨中心与司机应做到层层扫描、交接、签字确认,完成数据上传。

(4) 中间任何一个环节发现异常或出现少件,应及时上传巴枪数据并与始发站进行对比,及时查找。

2. 注意事项

对于贵重物品,操作员应该熟记每一条,如遇到异常情况时能够及时、妥善解决或报告。

(1) 贵重物品操作主要是针对特(3)、特(10)面单保价快件的操作。

(2) 必须在摄像头下打开内件拆包验视。

(3) 文件、禁寄品、印刷品以及使用文件袋、防水袋包装的快件不得使用保价面单寄递。所有使用保价面单的快件,包装及打包必须符合《邮件快件包装管理办法》,严禁一票多件,且单边之长不得超过1.2m,3边之和不得超过2.5m,特(10)18开头的保价单单件重量不得超过30kg,特(3)5开头的保价单单件重量不得超过40kg。

(4) 保价快件每票都需要单票称重扫描,2人以上在监控器下开箱验视,并且需要在交接单上标明快件单号、重量、始发公司及目的地,每个中转派送环节都要称重收入,任何分拨中心或派送站点如未做收入称重,视到达时重量与发件方吻合。任何中转或派送网点收件时重量短少,视上一级站点为责任方。

(5) 保价人员需要与各组人员协调将保价快件装在车辆的最尾部或与驾驶员单独交接,及时核对保价信息与实际信息是否一致,与驾驶员做到层层交接,每个环节都要签字确认。

(6) 保价快件必须直发班车,尽可能减少中转环节,降低风险。

(7) 操作结束后对操作岗位做一次检查,确保没有快件遗漏。

(8) 针对航空发到上海、北京、广州中转的贵重物品,因运输过程不在公司网络管理范围内,此贵重物品在到达上海、北京、广州各网点操作部门时需做到:①核对面单填写的重量与实际重量是否一致;②第一时间对贵重物品拆包验看是不是面单上所填写的品名;③核对无误,再重新封箱,做特殊交接转出;④拆包核对时必须两人以上,并在监控器有效范围内进行;⑤未按以上规定操作的,出现任何问题,责任由不按此规定操作的部门或网点承担。

(9) 如接收方收到物品时,快件包装因运输原因导致破损,收件方应第一时间称重核对重量是否吻合,如不吻合应在面单上注明新的重量,然后在 10min 内通知发件方核对结果,并征求发件方意见做出处理。各分拨中心、驾驶员、押运员、各网点,对贵重物品的重量与包装如发现不一致,此件必须核对确认无误,方能转出或派送。

任务三 分拨中心业务管理

情景导航

代宇生最近刚刚上任为某分拨中心负责人,想对分拨中心进行一个全面的分析,对不足的地方进行改进,那么可以从哪些方面来进行呢?

一、质量管理

分拨中心的质量管理主要包括两个方面:作业质量管理和服务质量管理。

对于分拨中心作业质量管理的衡量可以通过作业质量指标体系来实现,通过对作业质量指标的分析对比,可以有针对性地去查找出现的问题及原因,进而制定可行的改进方案。

分拨中心服务质量的管理指标主要包括时效类指标和操作类指标,其管理方式与网点的服务质量管理类似。

(一)作业质量管理

分拨中心作业质量指标体系由作业量指标、操作效率指标和操作成本指标三大类指标构成。

1. 作业量指标

作业量是反映各环节的工作量的总和、作业强度、作业能力以及处理中心整体作业能力的主要指标,具体包括处理中心日均处理量、人均操作量、人均装卸量、人均分拣量等指标。

(1) 处理中心日均处理量:处理中心在一个统计期内处理的快件总量与统计天数之比。

$$日均处理量 = \frac{统计期内处理的快件总量}{统计天数}$$

(2) 人均操作量:处理中心在一个统计期内操作的快件总量与操作人数之比。

$$人均操作量 = \frac{统计期内操作的快件总量}{操作人数}$$

(3) 人均装卸量:分拣中心在一个统计期内装卸的快件总量与装卸人数之比。装卸的快件总量包括进站和出站的装卸量。

$$人均装卸量 = \frac{统计期内装卸的快件总量}{装卸人数}$$

(4) 人均分拣量:处理中心在一个统计期内分拣的快件总量与分拣人数之比。

$$人均分拣量 = \frac{统计期内分拣的快件总量}{分拣人数}$$

2. 操作效率指标

操作效率指标反映了处理中心作业各环节的操作能力和整体作业能力。一般以单位时间内完成的操作量来表示。主要的操作效率指标如下。

(1) 装卸效率:单位时间装卸量,是统计期内装卸总量除以装卸时间的结果。

$$单位时间装卸量 = \frac{装卸总量}{装卸时间}$$

(2) 分拣效率:单位时间分拣量,是统计期内分拣总量除以分拣时间的结果。

$$单位时间分拣量 = \frac{分拣总量}{分拣时间}$$

(3) 查验效率:单位时间查验量,是统计期内查验总量除以查验时间的结果。

$$单位时间查验量 = \frac{查验总量}{查验时间}$$

(4) 处理中心的作业效率:包括进站作业和出站作业的分别统计。

进站处理能力,即单位时间内能完成进站作业的快件量,是统计期内进站快件总量除以完成进站操作用时的结果。

$$进站处理能力 = \frac{进站快件总量}{完成进站操作用时}$$

出站处理能力,即单位时间内能完成出站作业的快件量,是统计期内出站快件总量除以完成出站操作用时的结果。

$$出站处理能力 = \frac{出站快件总量}{完成出站操作用时}$$

3. 操作成本指标

操作成本指标从整体来看就是操作费用水平,分环节来看就是装卸成本水平和分拣成本水平。

(1) 操作费用水平:处理中心在一定时间内操作费用总量与操作的快件总量之比。广义上的操作费用涵盖设备分摊,但统计计算较为困难。一般可以使用狭义的操作费用,即装卸费用、分拣费用、管理费用之和。

$$操作费用水平 = \frac{操作费用总量}{操作的快件总量}$$

(2) 装卸成本水平:一段时间内装卸总费用与装卸总量之比。它反映了每单位快件进行装卸时所要耗费的成本。

$$装卸成本水平 = \frac{装卸总费用}{装卸总量}$$

(3) 分拣成本水平：一段时间内分拣总费用与分拣总量之比。它反映了每分拣单位快件所要耗费的成本。

$$分拣成本水平 = \frac{分拣总费用}{分拣总量}$$

（二）服务质量管理

处理中心的服务质量指标体系包括以下两大类指标。

1. 时效类指标

(1) 班车发车准点率：规定时间内及时发车的比例，一般以班次、日或月为单位进行统计。

$$班车发车准点率 = \frac{准点发出车次数}{应发出总车数} \times 100\%$$

准点发车才能保证快件及时到达下一环节，降低快件的延误率。分拨中心不能准点发车的原因包括本频次分拣未按时完成、装车未按时完成、车辆突发故障、分拣中心场地内车辆拥堵等。解决的方法包括督促分拣中心按时完成分拣和装车，对车辆进行及时的检修并配备备用车辆，车辆严格按照进出的顺序进出并由专人进行指挥。

(2) 班车到达准点率：班车准点到达的比例，一般以班次、日或月为单位进行统计。

$$班车到达准点率 = \frac{准点到达车次数}{应到达总车次数} \times 100\%$$

班车准点到达才能保证分拣正常进行，避免快件的延误。班车不能准点到达的原因包括车辆突发故障、交通堵塞、恶劣天气等。解决的方法包括对车辆进行及时的检修并配备备用车辆，避开经常交通堵塞的路段。

(3) 延误率：一段时间内处理中心确定延误的快件与分拣操作的快件总量之比，一般以月为单位进行统计。

$$延误率 = \frac{延误件数}{分拣操作快件总量} \times 100\%$$

2. 操作类指标

(1) 遗失率：一段时间内分拨中心确定遗失的快件与分拣操作的快件总量之比，一般以月为单位进行统计。

$$遗失率 = \frac{遗失件数}{分拣操作快件总量} \times 100\%$$

(2) 破损率：一段时间内处理中心统计破损的快件与分拣操作的快件总量之比，一般以月为单位进行统计。

$$破损率 = \frac{破损件数}{分拣操作快件总量} \times 100\%$$

(3) 错发率：一段时间内处理中心确定错发的快件与分拣操作的快件总量之比，一般以月为单位进行统计。

$$错发率 = \frac{错发件数}{分拣操作快件总量} \times 100\%$$

（4）未建包率：应该建包而未建包、应该直封而未直封的情况出现的比率。达到建包标准的快件应建立总包，降低未建包率，有利于提高作业效率。

$$未建包率 = \frac{应建未建包快件数}{应建包快件总数} \times 100\%$$

（5）快件扫描率：分为到件扫描率和发件扫描率。到件扫描率是指处理中心到件扫描量与分拣操作的快件总量的比率，发件扫描率是指处理中心发件扫描量与分拣操作的快件总量的比率。一般以班次为单位进行统计，用于衡量处理中心操作质量。

$$到件扫描率 = \frac{扫描到件量}{分拣操作量} \qquad 发件扫描率 = \frac{扫描发件量}{分拣操作量}$$

（6）发件漏扫率：漏扫快件的比例，一般以月为单位进行统计，用于衡量处理人员的操作质量。

$$发件漏扫率 = \frac{下站到件量 - 本站发件量}{下站到件量}$$

就管理本身而言，分拨中心的质量管理方法、手段、工具与快递网点的质量管理是一样的，如人机料法环、鱼骨图、PDCA循环等，区别的只是内容。质量管理都是要查找发现各种类型的问题，分析原因，寻找解决问题的办法并加以实施和控制。使用质量分析报告，观测各种指标的变化，是一种非常有效的发现问题的办法。

质量管理是一个持续提升的过程，要不断总结经验教训，哪怕是微小的完善，积少成多，将最终促进质量的螺旋式提升。

二、异常管理

快件进入分拨中心后，如发生异常，在后续处理时，往往涉及责任界定问题。快递企业一般的处理原则是以交接责任为界，即交接签收、责任转移。所以，分拨中心必须严控进（总包接收和拆解）、出（发运）两个环节的异常情况并及时做出处理，避免问题总包和快件注入流出分拨中心。

资料链接3-8：某异常件处理员的岗位职责

资料链接3-9：异常库管理

（一）异常情况概述

1. 异常情况原因核查及责任界定

异常情况原因核查及责任界定是异常管理的一项重要内容，是为异常处理、理赔提供重要依据，为异常防控工作提供重要资料的有效手段。

（1）现场发现的异常情况原因核查及责任界定。对于现场发现的异常情况，应对异常可能发生的环节进行分析，及时将异常记录反馈到受理方、上一操作环节以及异常可能发生的环节,并与各方协同调查,确定异常发生的环节及主要原因、责任人;对于属于第三方承运造成的异常,应予以责任追究;属于客户责任的,应向客户解释异常原因,并提出可行的处理方案,与客户协商处理。

(2) 现场发生的异常情况原因核查及责任界定。对于现场发生的异常情况,应通过快件操作记录、监控录像以及向操作人员等了解异常发生的详细情况,详查造成异常的主要原因及相关责任人,并根据具体情况对该环节的作业进行改进,对相关责任人进行处理。

2. 异常情况处理原则

分拨中心的各种异常情况一般都有规范的作业流程。在管理中,一方面要保证严格按照流程去处理这些异常问题;另一方面要总结异常事件处理的原则,以灵活应对异常情况。其处理原则如下。

(1) 及时性原则。不管是现场发现还是现场发生的异常情况,都应及时反馈、及时弥补、及时报告。及时性是异常处理的第一原则,只有及时反馈,才能为弥补异常争取时间;只有及时弥补和及时报告,才能将异常造成的损失和影响降到最小。

作业环节的异常情况一般还未造成严重影响,且尚有时间进行弥补,因此,对于有可能进行抢救的异常情况应全力弥补。

对于作业现场发现的一些异常情况,质控部门没有权限处理的,要及时报告。在确认异常责任后,经受理方、责任方或客户同意且确认处理方法后才能进行处理。不能越权对非本环节责任的异常进行处理。

(2) 完整性原则。对于现场发现或发生的异常情况,都应对异常情况进行及时、详细的记录,特别是现场发现的快件破损、外包装破损、快件变形、快件数量短少等情况,要求记录得更详细,一般要求拍照或有录像留存。

(3) 持续性原则。对于待处理的快件,应持续跟进、查询、协调处理,直至处理完毕。

(二) 总包拆解异常情况处理

在总包拆解中会遇到一些异常情况,包括总包内快件与封发清单不一致,未附封发清单,拆出的快件有水湿、油污等,拆出的快件外包装破损、断裂、有拆动痕迹,封发清单更改划销处未签名、未签章,详情单条码污损不能识读,快件详情单地址残缺,有内件受损并有渗漏、发臭、腐烂变质现象发生的快件。这些异常情况会影响快件的时效和安全,应及时加以处理。

1. 总包内快件与封发清单不一致情况的处理

1) 总包内快件与封发清单数量不一致

(1) 总包内快件实际数量少于封发清单中记载的快件数量。总包内快件实际数量少于清单记载数量属于严重质量问题,容易引发各环节纠纷,必须认真对待,严格按照要求去做。开拆总包后应保存封志、袋牌、铅志、绳扣、空袋,发现快件短少时,应向上一环节缮发快件差异报告,并附上原封志、袋牌、铅志、绳扣、空袋等原始凭证,明确上下环节的责任。

(2) 总包内快件实际数量多于封发清单中记载的快件数量。检查总包内快件,与清单内容一一核对,找出清单中未记载的快件(说明上一环节封装时漏登清单或漏扫描快件),在清单上进行批注,并向上一环节缮发快件差异报告,说明情况。

(3) 封发清单中快件合计数错误。将总包内快件与封发清单中的项目一一核对,应全部相符。如封发清单中快件合计数有错误,应在清单上批注实际数量,并告知上一环节。

2）总包内快件与封发清单重量不一致

如称重后快件重量小于封发清单上注明的重量，可能是内件短少或上一环节称重错误，应立即报告作业主管，追查原因，并向上一环节缮发快件差异报告。

3）总包内快件与封发清单中记载的快件编号、原寄地、备注不一致

如出现封发清单上快件编号登记错误、原寄地登记错误、保价快件在备注栏内未注明等情况，应按照快件实际内容在清单上进行批注，并向上一环节缮发快件差异报告。

2. 总包拆解中其他异常情况的处理

（1）发现总包内未附有封发清单。应先称整包重量与袋牌所注重量，核对是否相符，有电子信息的以电子信息为准，没有电子信息的，向上一环节缮发快件差异报告，由上一环节补发清单或由上一环节授权后代补清单。

（2）拆出的快件有水湿、油污等。对水湿、油污不严重的快件，按要求进行阴干、清洁和隔离处理，并向上一环节缮发快件差异报告。对水湿、油污严重，失去价值的快件，除向上一环节缮发快件差异报告外，并交作业主管处理。

（3）拆出的快件外包装破损、断裂、有拆动痕迹。对于拆出的快件外包装破损、断裂和有拆动痕迹的，必须及时通知作业主管，对破损快件称重、拍照，并根据详情单检查内件是否漏出或出现丢失情况。内件齐全后，将快件重新进行包装，并向原寄出地缮发快件差异报告。

如发现短少，除向上一封发环节缮发快件差异报告外，并交作业主管处理。

（4）封发清单更改划销处未签名、未签章。及时与上一环节联系，查明原因，根据正确的清单对快件进行核对。

（5）详情单条码污损不能识读。扫描快件时，遇有详情单条码不能识读，应手工输入详情单条码信息；如果条码上的数字也不能识读，应从清单上或通过信息系统查找快件信息，然后手工输入条码信息。

（6）快件详情单地址残缺。若详情单缺损轻微不影响使用，可以继续进入分拣环节；若详情单缺损严重无法正常使用，可以通过封发清单或系统内总包信息进行查询，并与发件人联系确认，将相关信息标注在详情单上，然后进入分拣环节。如果不能通过封发清单或系统内信息查询到快件详情单地址，则交作业主管处理。

（7）有内件受损并有渗漏、发臭、腐烂变质现象发生的快件。有内件破损并渗漏出液体、粉末状固体、半固体状物品，或者漏出内件疑似有毒、不明的化工原料，必须由专人使用防护工具或防护设备进行隔离，不得用身体直接触摸或鼻嗅，防止伤害人体或污染其他快件。同时对快件进行拍照，将详情单号、破损情况等信息上报业务主管，并由问题件处理人员与发件人沟通联系加以解决。

（三）发运异常情况处理

1. 发运环节常见异常情况原因及责任界定

（1）交接不清。交接后下游进港分拨中心发现总包或是快件未到或丢失，要求追溯上级出港分拨中心责任。一般出现此种原因的情况多为上下游分拨中心之间交接责任不清晰，交接单未及时签署或及时签署但交接单内容不详尽，此种情况一般要由上游出港分拨中心承担责任。

（2）航空或铁路发货部门退货。出现此种情况的原因一般在于分拨中心未按照航空、

铁路货物的承运标准建包,或是未严格检测违禁品进入航空、铁路发货渠道。此种情况引起的延误要由分拨中心承担责任。

（3）发货延迟。一般是由于上游出港分拨中心未能及时完成分拨封发的有关作业。如果由此给下游进港分拨中心带来时效上的延迟最终无法及时完成派送,上游出港分拨中心要承担相应的责任。

资料链接3-10：
发运异常处理

（4）路由路向错误。航空、铁路、公路路由错发及路由方向错发。出现此种情况的原因一般在于分拣错误,会造成错发快件的整体时间延误及中转调度成本增加。由此造成的损失责任在于出港分拨中心。而如果是由客户自身原因造成的,要收取一定的费用。

（5）客户原因导致发运延迟。在发运时客户要求更改地址或是停发、撤回等,而快件已经建包尚未发运,如果距离发运时间不足30min,会给出港分拨中心带来业务操作上的困难。由此造成的延误责任由客户或要求受理方承担。

（6）航班变动。包租固定航班出港的分拨中心,如遇航班临时取消或改换机型分批走货等异常情况,必须在第一时间以传真形式通知下游分拨中心并确认。

2. 注意事项

（1）交接单信息比对、项目要素齐全,签署及时齐备。

（2）认真按照路由快件标准建包,严格执行安检制度。

（3）处理中心每一作业环节要确保按时限要求完成发运前的所有工作。

（4）分拣完成建包时要进行信息比对,可以通过系统自动完成,也可以通过手工比对完成。

（5）及时传递快件路由变更的信息。

（6）及时将航班（运输工具）变动信息传递给下游分拨中心,并将快件发运。

每个异常的发现和发生,管理者应对异常发生的原因、责任、处置措施予以落实。对于经常发生异常的环节、部门、人员要进行整改整顿。

三、突发应急事件管理

资料链接3-11：国家邮政局关于印发《国家邮政业突发事件应急预案》(2019年修订)和《邮政业人员密集场所事故灾难应急预案》等专项应急预案的通知

分拨中心与网点一样,也要编制各种突发应急事件管理的预案。应急事件发生时,处理中心要根据综合预案中所设定的事件分级标准按程序启动应急预案。预案启动后,事件处置人员应按照专项预案中设定的处置程序有针对性地采取处置措施。

（一）突发事件管理流程

快递企业针对突发事件应急管理分为预防、准备、处置和恢复4个阶段。

(1) 预防阶段。要求事先做好各种风险评估,预测可能面临的风险及后果,进而采取有效措施,未雨绸缪,加强安全作业,避免各种不必要的有害突发事件的发生。

(2) 准备阶段。要求企业完善应急管理机制,做好信息支撑,加强演练,并使各种应急资源处于可利用的状态。

(3) 处置阶段。要求企业在突发事件发生发展过程中采取积极有效的措施,包括启动应急预案、控制事件发展、尽可能减少财物损失、配合相关部门处置等。

(4) 恢复阶段。要求企业做好事件后期的善后工作,包括责任的追究、对事件的总结分析及应急管理制度的改进研究等。

(二) 常见应急事件的现场处置

1. 快件积压

提前做好快件量预报工作,及时调配人员和车辆;增加作业人员,延长作业时间,增加作业频次;在出口车辆运力不足时,临时增派加班车辆;出现少量快件积压时,在保证时限的前提下,安排场地滞留,并在下一班次优先处理;在场地条件允许的情况下,设置备用分拣线路,一旦快件积压严重,启动备用分拣线分流。

2. 班车延误

驾驶员需第一时间上报调度部门,调度部门通知场地主管,场地主管应积极采取补救措施(人员安排),优先安排延误车辆进站,并将延误快件尽快分拣转运。

3. 设备故障

联系维修人员及时修理;使用其他分拣线路临时代替;使用其他设备,辅助作业人员进行分拣;启用备用分拣线。

4. 停电

夜间停电时,如果场地备有发电机,作业主管应提醒作业人员保持原地待命,同时紧急发电;如果场地无发电机,无法保证短时间供电,应做好清场工作。

5. 火灾

发现重大火情时应立即拨打119电话报警,请求支援。在保证自身安全的前提下,组织人员切断电源并实施救火。除留下义务消防人员抢救贵重物品外,立即疏散人员。当火灾无法控制时,应果断撤出义务消防人员,避免人员伤亡。火灾熄灭后,彻底清点处理中心作业人数;配合公安消防人员调查火灾原因,初步确定火灾影响程度,并对事件造成的影响进行评估。

6. 人身事故

首先观察伤员的神志是否清醒,询问造成伤害的原因,然后准确判断事件的性质,如果自己不能解决,应立即向主管人员报告,寻求援助。遇到较为严重的人身事故,要拨打120急救电话,配合医护人员采取一些急救措施,不要贸然采取措施,避免加剧伤害。事后需要填写工伤事故报告单,并就此分析原因,制定整改措施,在今后的工作中进一步加强班组安全教育。

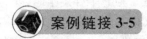
案例链接 3-5

快递分拨中心的"突发事件"

6月16日15:15,位于太原小店区刘家堡乡石沟村的山西中通大盈速递公司分拨中心内,操作部钢平台北侧突然发生火灾,此时操作部的员工还在进行正常的分拣工作。

火情就是命令,员工殷大威马上通知公司灭火组,灭火组人员迅速集合,同时警报响起,员工殷大威与吴红飞对操作部进行断电处理。此时各当班组长迅速组织疏散,操作部的50余名员工有序地撤离工作区,所有人员用时5min转移到室外安全区域。灭火组的4人先后使用灭火器和消防水带进行灭火,火情很快被控制。

近年来,随着快递业的迅猛发展,安全管理方面的问题逐渐显现出来。为进一步提高太原市邮政行业的安全应急处置能力,16日,太原市邮政管理局组织全市邮政行业观摩了由山西中通大盈速递有限公司承办的邮政行业安全应急演练活动。

据太原市邮政管理局副局长淮电宁介绍,山西省快递行业发展迅速,近年来年增长速度达到40%,目前拥有品牌快递、邮政企业30余家,网点800余个,所以行业安全工作变得越发重要。开展应急演练,就是为了防患于未然,增强邮政、快递企业的安全意识。

火灾应急演练之后,现场还进行了危化品的应急处理演练。

16:00,操作部员工3人正在进行出港快件扫描工作,一票快件在经过安检仪时发现异常,负责扫描该快件的员工突然出现不适,走了两步之后晕倒在地;另一卸货员工立即呼救,警戒组迅速到位,将这一区域进行隔离处理,防止事态进一步扩大;同时危化品处理小组,迅速戴好防毒面具,首先将晕倒员工搬到空气新鲜处,同时救援组用湿毛巾对晕倒员工口鼻进行处理,保持安静,拨打120进行呼救;危化品小组穿戴好专业的防化服对泄漏快件用专业隔离密封箱进行隔离,同时对该危化品隔离箱进行了掩埋处理;拨打119电话,消防员赶到现场,对车辆附近进行稀释处理,危化品应急处理演练结束。

——摘自《山西经济日报》,http://www.spbosta.org/site/postal/gzjg/info/2020/4312.html

项目小结

本项目介绍了快递公司分拨中心的定义和作业流程,阐述了分拨中心的选址、布局、网位设置业务,分析了分拨中心的快件分拣、扫描及装卸车业务的处理,还介绍了对贵重物品的特殊处理方式。分拨中心是快递公司转运的枢纽,它的运作好坏会直接影响快件流通的效率。虽然终端消费者难以看到分拨中心的运转,但是分拨中心的建设往往是企业区别于竞争对手的核心竞争力所在。因此,分拨中心业务的规范化和现代化操作是很有必要的。

课后练习

一、问答题

1. 简述分拨中心对于快递公司的重要性。
2. 合格的分拨中心负责人需要具备哪些条件?
3. 简述分拨中心的业务运作流程。

二、案例分析

快递保价"理赔难"如何破解

"双11"前后产生了新一轮快递大潮。为避免快件丢失、损毁造成损失,一些消费者在支付快递费时,额外为贵重物品购买保价服务。但记者调查发现,由于多种原因,快递保价经常发生"理赔难"的问题。消费者花钱买"安心",却仍有可能遭遇"闹心"。

消费纠纷屡屡发生

综合案例和投诉看,引发消费者强烈不满的保价争议主要集中在两个方面。

第一,快件丢失后消费者难以获得相应赔偿。

2022年9月10日,杭州一消费者通过顺丰给客户同城寄送20g黄金,并按照黄金市场价保价8 000元。但在取件1个多小时后,接到顺丰方面来电,告知黄金丢了,愿意赔付2 000元。"寄丢20g黄金仅赔2 000元"迅速引发网络热议。随后顺丰称这是"误会",本意是骑手愿在公司理赔方案基础上再补偿用户2 000元,并且已经按照8 000元保价金额全额赔付。

9月23日,顺丰通过官方微博发表声明称,针对9月以来连续的热搜事件,责令专职团队检视现有相关流程是否满足客户的期望,同时调查事件全过程。

记者在裁判文书网上看到,还有多起类似诉讼,案由主要包括:快递公司认为消费者虚报快件价值、消费者无法证明丢失快件价值、消费者主张的快件价值与第三方机构认定价值不符等。

第二,快件损坏时赔偿金额无法达成一致。

当发生快件损坏时,如何认定损失,消费者和快递公司往往各执一词。

记者在某互联网投诉平台上看到,一名消费者表示,2022年8月通过京东快递邮寄了一台外观功能完好的笔记本电脑,保价8 000元。收到快递时,发现外壳磕碰、屏幕边框开封,盒子还有二次打包的痕迹。该消费者称,沟通后京东表示愿意赔付1 500元,而笔记本电脑的维修费远远超过1 500元。

据天津市消协通报,2022年6月,一名消费者花费150元通过德邦快递从天津快递音响设备到上海,选择保价2 000元。然而,快件送达后,收件人发现音响设备损坏,无法使用。该消费者联系客服,要求按保价理赔,但德邦快递表示最多只能赔付500元。

"理赔难"难在哪

2022年11月4日,中国消费者协会邀请中消协律师团律师对消费者反映强烈的快递领域不公平格式条款进行点评,保价"理赔难"成为最受关注的问题。

记者调查发现,保价纠纷的主要争议如下。

第一,企业设置保价上限。

不少消费者反映,快递企业对保额设上限。花钱买了保价服务,到头来,好几万元的东西丢了最多获赔两三万元,这让很多消费者想不通。

快递企业普遍设置保价上限。例如,中通快递的保价申报价值上限为3万元,如毁损灭失,按照实际价值损失赔偿;损失价值是该快递公司结合市场价值和保险公司意见评估,不足额保价或超额保价部分无法获得赔偿。申通快递则要求保价快件的实际价值不超过2万元,若快件毁损灭失,由快递服务单位在约定保价价值内按实际损失赔偿。

中消协指出,快递公司约定的限额赔偿责任低于快件实际价值时,消费者的实际损失得不到补偿,快递公司的赔偿责任被减轻了,对于消费者显失公平。

第二,让消费者承担举证责任。

保价条款往往规定,在理赔时,无论消费者填写的保价金额为多少,快递公司还可以要求其证明托寄物品实际价值。如顺丰要求,消费者提交的理赔材料中,除了快递物品以及内外包装的照片,还需提供发票或者机打单据、鉴定证明、支付凭证、转账记录等。

为防止一些人利用廉价物品高保价"骗保",部分快递公司规定,一旦消费者无法提供相应证明,快递公司可全额退还保价费用,并按照未保价快件进行赔偿。

不少消费者认为,让消费者承担举证责任并不合理。不少物品,如证件、文件、私人收藏物品等,很难估算其价值。另外,物品损坏时的损失价值和鉴定证明往往是普通消费者无法提供的。

第三,认定过程复杂。

一般来说,赔偿金额是快递公司基于保价金额、托寄物实际价值、受损比例、实际损失等因素综合考虑。这对于普通消费者来说过于复杂,博弈环节处于明显弱势,容易让保价理赔成为"糊涂账""扯皮账"。

完善保价体系,畅通行业发展

2021年,我国快递正式步入"千亿件"时代。随着快递业迅猛发展,贵重物品的运输量也急剧增加,相关消费纠纷趋向多发。

2022年9月以来,在曝出多起保价争议事件后,顺丰、京东等公司纷纷宣布推出新版保价体系。9月29日,京东快递上线"全额保",称一旦快件出现丢失或损毁等异常情况,京东快递将结合保价金额与实际损失金额进行足额赔偿。10月下旬,顺丰推出"全新保价服务2.0",并表示此次升级解决了之前赔付政策不完善等问题。

深圳市律协公司与公职律师工作委员会副主任、深圳市消费者协会律师团副团长赵杰认为,保价一直以来都是整个产业面临的共性问题。市场上一直缺乏公允的第三方。如果能够引进第三方承担保价责任,就能较好地规避一些矛盾,防范一些风险,并不断促进此项业务的健康发展。

中消协在其发布的法律意见中明确表示,快递企业有义务在接受托寄前向消费者主动阐明具体的保价赔偿规则,如果告知不清楚,对格式条款的理解发生争议时,应当做出不利于提供格式条款一方的解释。另外,快递服务人员有义务提醒消费者对贵重物品进行保价,未履行提醒义务或因故意、重大过失等原因造成快件丢失、损毁、内件短少的,快递企业应当加重承担责任。

北京孟真律师事务所律师舒胜来认为,有关部门和快递行业协会应结合市场与消费环境,指导行业形成科学合理的快递保价赔偿体系。同时,建立与保价条款配套的运行机制,如将保价与未保价的货物分开运送,将托运人支付的保价费用于建立专门的赔偿基金,专款专用。另外,赔付流程也要更加完善、规范。

——新华网,http://www.news.cn/fortune/2022-11/17/c_1129135785.htm

问题:

(1) 在日常收寄快递中,你有遇到过保价件理赔难的问题吗?最后是如何解决的?

(2) 针对保价件理赔难的问题,可以从哪几个方面来解决?

三、实训操作

1. 在实训室进行快件的称重、扫描和分拣作业,并分享作业的体会。

2. 调查了解周边的快递企业,了解其采取的分拣方式,都有哪些分拣设备。

3. 绘制造成分拨中心快件遗失的人、机、料、法、环鱼骨图。

项目四

快递网络及运输

知识目标
- ★ 了解快递网络的构成。
- ★ 理解路由的概念及优化规则。
- ★ 了解快递运输的分类及对运输物品的要求。

能力目标
- ★ 能根据快递的周转信息判断出快递的实体传输过程。
- ★ 能根据分拨中心快件的流量流向、运输资源、快件操作时间节点、操作能力等合理进行路由设计和优化。
- ★ 能根据不同的需求选择不同的运输方式,并按流程对快件进行运输。
- ★ 能熟练地对快递在运输过程中出现的异常情况进行处理。

课程思政
- ★ 培养大局观和全局意识。
- ★ 形成守时、高效的时间观念。
- ★ 具有网格化管理的责任意识。

关键词

快递网络 路由规划 公路运输 航空运输

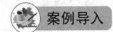
案例导入

顺丰第 71 架全货机投运 提升 2022"水果季"运输时效

6月以来,时令水果消费热潮带动快递物流需求增长,顺丰航空进入 2022 年度"水果季"物流运输高峰。为进一步提升生鲜货物的运输时效与品质,顺丰航空增运力、拓航线,确保"水果季"高峰运行平稳顺畅。

6月10日,顺丰航空第 71 架全货机(B757-200)正式投运,开始执行大连、烟台至深圳的"樱桃航线"。顺丰航空运营的"水果航线"可与顺丰地面冷链、干线运输网络紧密衔接,为生鲜货物的远距离运输构建完整高效的物流供应链。

6月11日,顺丰航空继续加密"樱桃航线",采用 B737-300 型全货机首飞山东威海,新开"威海—泉州"航线,为山东樱桃的外销外运搭建了又一条高效稳定的航空物流通道,助力山东推广特色农产品"保得鲜、卖得好、销得远",为促进农业产业升级与经济发展注入新动能。

顺丰航空还将持续扩充飞机运力、拓展航线网络、强化运输保障能力,为各地特色生鲜农产品的销售运输提供更优质的航空物流服务。

——亿豹网,http://www.expressboo.com/detail_12663_1.html

任务一 快递网络

情景导航

作为一名刚入职的快递员,孙晓经常会在各种公司的会议和培训中听到快递网络的概念,那么快递网络到底是什么呢?又是由哪些部分组成的呢?

快递服务是通过网络实现的,快递网络可分为快递传输网络和快递信息传输网络。一般所说的快递网络是指前者。

一、快递传输网络

(一)快递传输网络的概念

快件传输网络是指由快递服务网点(营业网点)、中转点(处理中心、分拨中心)、呼叫中心、运输线路,按照一定的原则和方式组织起来的快件网络系统。如果用网络图的形式表示快递网络,快递网络中的节点就是服务网点、各级中转点(分拨中心、处理中心)、呼叫中心,线就是运输路线,快递网络是快递企业实现其快递业务的现实基础。

快递送出的"中国速度"

(二)快递网络基本构成要素

1. 服务网点

服务网点是快递网络的始端和末端,是快递企业收寄和派送快件的基层站点,也称收派点。服务网点分布在快递企业业务覆盖的区域内,是直接面向客户的服务机构。取件员和取件车辆从服务网点出发上门收取快件,快件由此开始进入快递网络。当快件到达目的地的服务网点后,派件员完成快递上门投递工作,实现快件的最终传送过程。

2. 中转点

中转点也称分拨中心、处理中心,主要负责快件的分拣、封发、中转功能,和一般的物流分拨中心相比,不具有仓储、加工功能。快件在处理中心实现分散到集中再到分散的流动。

根据快件流量和业务范围可对中转点设置不同层级进行快件处理,不同级别的中转点主要业务基本相同,只是业务所覆盖的地理区域有所不同。在国内,一般全国性企业设置3个层次的快件中转点,区域性企业设置两个层次的快件中转点,同城企业设置一个层次的快件中转点。相对于服务网点,中转点的数量要少得多。

快递网络中最小的中转点常称分部或分公司,负责当地快件的集散,进行快件的分拣并分发到对应的服务网点,将快件集中并分发到对应的上级中转点。大型的处理中心(分拨中心)主要负责一个片区的集散处理,将下属各分、中转点的快件集中后再同归处理,通过公路或航空等运输方式发往其他分拨中心。介于大型分拨中心和小的中转点之间的其他中转点各自覆盖相应的区域。

中转点的数量和层级的确定,一般要综合考虑快件流量流向、交通条件、地理环境、城市规划和政策、与其他中转点的衔接、作业效率、成本等因素。如果中转点过多,每个点处理的快件就少,浪费人力和物力;如果中转点过少,大量快件需要中转,也不利于提高全程作业效率。

3. 呼叫中心

呼叫中心也称客户服务中心,是通过电话、网络系统处理客户委托、帮助客户查询快件信息、回答客户询问、受理客户投诉等业务工作的服务系统。《快递服务》系列国家标准界定呼叫中心(call center)是快递服务组织利用现代通信与计算机技术,主要处理快件寄递过程中各种电话呼入和呼出业务的运营操作场所。例如,顺丰客服电话为95338,申通客服电话为95543,圆通客服电话为95554,韵达客服电话为95546,中通客服电话为95311,EMS客服电话为11183。

4. 运输线路

运输线路是指快件运输工具在服务网点、分拨中心之间进行快件运输的行驶路线。运输线路将各个节点连接起来,构成整个网络。快件通过运输线路从分散到集中,再从集中到分散,有规律地流动。由于快件的属性限制,因此此快递使用的运输工具主要包括飞机、汽车、火车,长距离干线主要使用飞机,一般不使用船只。根据其使用的运输工具,运输线路主要有航空运输线路、铁路运输线路、公路运输线路。

快递网络中连接各节点之间的线路具有层次性,不同层级运输线路功能、地位不同。相应地,每一条运输路线使用的运输工具也不相同。在实际中,运输路线按照运输距离、货量以及在网络中的重要程度,可以分为干线、支线。在快递网络线路中,跨省或跨区域地连接大型中转中心的线路一般称为一级干线,多使用飞机或大型汽车作为运输工具。省内或区域内下级地区之间的线路一般称为二级干线。省级以下地区内的线路一般称为支线。城市内的线路一般称为市内支线,支线多使用汽车运输。

(三)快递网络的层次性

组成快递网络的节点和路线在规模、地理区位和功能等方面存在着差异,使得快递网络呈现出一定的层次性,如区域网、城际网、省际网、国际网。一般来说,全国性企业的网络分为3个层次:省际网(或称大区网)、省内网(或称区域网)、市内网(或称同城网)。

1. 省际网

省际网主要承担省际的快件传递任务。它连接各省际(大区)分拨中心,通过公路、铁路和航空运输,组成一个复合型的高效快递运输干线网。省际网是整个快递网络的关键环节,又容易出现堵塞和其他问题,必须建立统一有序的指挥调度系统,及时进行信息反馈,以保证网络的畅通。

省际网的设立与改造,应遵循社会发展和市场经济需求相适应的原则、追求经济效益与社会效益相一致的原则,以及确保快件快速、有序、安全、准确运输的原则。

2. 省内网

省内网是以省内或区域分拨中心为依托,通过公路、铁路运输组成的快递网络。它是省际网的延伸,与同城网密切相连。

省内网依据快件的流量和流向,形成不同的网络结构。常见的有辐射型、直线型和环线型。

(1) 辐射型是指省内(区域)分拨中心与其所辖的市内分拨中心形成点对点的关系,各市内分拨中心的快件直接与省内分拨中心进行交换。

(2) 直线型表示快件运输工具从省内分拨中心出发,由近及远依次经过市内分拨中心卸载到站快件,然后原车按原线路返回,由远及近依次装载待发送快件,最后回到省内分拨中心。

(3) 环线型表示运输工具从省内分拨中心出发,依次经过各市内分拨中心卸载到站快件,然后回到省内分拨中心。

以上 3 种运输线路经不同组合,形成混合型网络结构。

3. 市内网

市内网由市内(同城)分拨中心与若干个服务网点组成,负责快件的收取、派送、分拣、封发等工作。

市内网的设置,需要考虑本地的具体因素,如市政发展规划、土地征用政策、基本建设投资成本、经济发展水平、产业布局运输条件、人口结构与密度、文化传统特点以及快件的流量和流向等因素。

中通时效网络启航

第 1 000 亿件快递花落中通的同时,中通另一张时效网络正在低调搭建中。

11 月 30 日,中通快递官方微信服务号发布的一篇文章《"快弟"城市服务商全国招募正式启动!》引发业内关注,其中"快弟"定义为中通星联旗下的跨域即时快递物流共享平台,正式开启城市加盟商招募。

亿豹网独家获悉,"快弟"网络主打时效产品,将整合现有的中通标快产品,独立成网,不同于圆通之前的 B 网承诺达,类似于中通冷链运营模式,其末端采用加盟形式,提供当日达、次晨达等时效服务。

2021 年 4 月 1 日,中通快递推出全新"标快"产品,加速争抢高端快件市场。长期以来,通达系主要以电商普通快件为主,经过多年的客户积累,纷纷在高端时效领域试水,包括圆通承诺达、韵达智橙网在内,通达系力求在激烈的价格战中开辟出另一条增长曲线。

亿豹网了解到,中通此次推出的时效网络,将整合中通星联相关资源,通过直营模式建立覆盖全国的"航空干线网+高铁干支线网+市内班车公交网",并通过招商加盟建立各个城市的末端服务体系。

无论在价格,还是在操作与运营方面,"快弟"与传统电商快件网络大有不同。尤其是在末端领域,其全部要求必须送货上门,未经授权禁止投柜与代收,当然派费也大幅高于传统电商件。

通达系在高端产品领域的探索从未止步,但在品牌、流量、管理等方面依旧面临着较大的挑战。国家邮政局在日前召开的快递企业座谈会上指出,将引导企业提供个性化、一体化、全球化服务,推动产品分类、服务分层,向综合快递物流供应商转型。

亿豹网了解到,中通为打造好这张时效网络,同步对中通星联未来发展方向进行了调整,那就是依托集团生态优势,实现末端资源融合共享,深化科技赋能,实现全场景数据化、信息化、智能化,打造全球跨域即时物流服务平台,面向高端市场,提供极致时效的物流服务。

——亿豹网,http://expressboo.com/content/index/view/catid/3/aid/11009.html

二、快递信息传输网络

在快件传递的过程中,始终伴随着快递信息的传输,这些信息包括单个快件面单信息、快件总包信息、总包路由的信息,以及快件传递过程中每个节点产生的信息等。传输这些信息的网络被称为快递信息传输网络。

快递信息传输网络由物理系统和软件系统两大部分组成。物理系统主要包括信息采集和处理设备、信息传输线路及信息交换、控制和存储设备。软件系统包括操作系统、数据库系统和网络管理系统。

快递信息传输网络的作用主要有以下几个方面。

(1) 实现对快件、总包等信息的实时传递。
(2) 实现企业快递信息资源最大限度的综合利用和共享。
(3) 便于企业运营管理,提高工作效率,规范操作程序,减少人为差错。
(4) 便于企业为客户提供更优质的服务,包括为客户提供快件查询服务等。
(5) 有利于增强企业的竞争能力,促进企业可持续发展。

任务二　路　由　规　划

➡ 情景导航

胡纯纯是一名新入职的路由规划部小职员,以前在学校只听过路线、车线,对路由的概念完全不懂。一起跟着胡纯纯来学习路由的相关内容吧。

一、路由概述

(一) 路由的定义

路由在邮政称为"邮路",是指邮件运输的路线。邮路和邮局共同组成邮政网路,完成各类邮件的传递业务。从广义上讲,路由是通过汽运、航空、铁路、船舶等交通运输方式合理连接发件客户与网点公司、网点公司与分拨中心、分拨中心与分拨中心、分拨中心与网点、网点与收件客户之间组成的闭环的线路,是从揽件到签收的业务环节的总和,包括接单、下单、取件、网点操作、交件、始发分拨分拣、运输(主干线)、目的地分拨分拣、网点分发、派送、签收等流程的紧密衔接和一体化的过程。

(二) 路由的要素

从以上定义可以看出,路由其实是快件从出发地到达目的地,所经过或占用的路线、节点和时间。因此,路线、节点、时间也被称为路由三要素。

(1) 线路资源。汽运、航空、公路、铁路、海运、物流等可实现快件到达目的地的主干线运输资源。

(2) 节点资源。广义的物流节点是指所有进行快件中转、集散和储运的节点,包括港口、空港、火车货运站、公路枢纽、大型公共仓库及现代物流(配送)中心、物流园区等。快递公司自身的物流园、全国各加盟公司、全国直营各转运中心都属于其节点资源。

(3) 时间。包括运输时间和进出港操作时间。运输时间:规定发出及到达时间;车辆在途运输时间。进出港操作时间:快件进出港操作时间;站内操作时间。

(三) 路由的分类

按照不同的分类标准,路由可以分为不同的类型。

(1) 按照流向分为面向其他处理中心的干、支线路由和面向区域内网点的市内路由。

(2) 按照运输方向分为标准路由(航空路由)和经济路由(陆运路由)。

(3) 按照线路类型分为直达路由、中转路由和经停路由。

① 直达路由。分拨中心有直达车或直飞航班(包含串点车线),可直接将快件转至目的地分拨中心。如杭州—西安。

② 中转路由。快件不能从始发分拨中心直接转至目的地分拨中心,需通过其他分拨中心进行中转。如西安发往嘉兴的快件从杭州中转,即西安—杭州、杭州—嘉兴。

③ 经停路由。分拨中心有车辆或者航班转至目的地分拨中心,但还附带有其他分拨中心的快件,需在运输过程中停靠。

(4) 按照车线性质分为干线路由和支线路由。

① 干线路由。各个分拨中心之间车线的组合路由。如西安 ZZ—北京 ZZ(分拨中心)。

② 支线路由。分拨中心与下属网点之间的路线组合。如西安 ZZ—安康 YD(快递网点)。

(四) 路由的作用

1. 路由的一般作用

(1) 通过合理地规划快件的路由,可以在满足客户时效要求的同时,实现成本最低,操作最简单,最大化地提高人均效能的目标。

(2) 保障快件的顺利运转,为满足客户时效承诺提供保障及依据。

(3) 为开发调整车线提供依据,根据实际路由、货量,分析是否开通、调整、取消车线。

(4) 为开发产品提供参考依据,并确保产品的开发和实施。

(5) 为分拨中心的操作提供依据,保证分拨中心的正常运行。

(6)便于总部管理人员及时掌握及监控全国分拨中心的运作情况。

2. 路由在实际操作中的作用

(1)提供数据依据及支持。提供及时、准确的数据便于掌握全网运营状态,同时为公司运营决策提供数据支持。

(2)规范装车方案。指导并规范分拨中心装车,降低分拨中心快件转运时混装、乱装、仓位不合理分配以及快件时效延误。

(3)对比路由系统。根据分拨中心快件实际路由扫描节点与系统规定路由对比,改善分拨中心违规与实际规划不合理的路由,是分拨中心标准化操作的一个工具。

(4)为实现全自动分拣提供系统支持及运用。

(五)路由与车线和集包之间的关系

(1)路由与车线是相辅相成的,通过路由规划,有计划地安排快件到达目的地的时间及路线。车线开发是以现有路由为依据,准确分析各个方向的货量,以最低成本来规划与开发车线。

(2)合理规划路由,为车线开发提供基础和依据。

(3)根据现有车线和班车的承载范围,合理规划路由及制定车线时间。

(4)路由和车线相结合,综合考虑全网现状,优化车线,提高班车装载,降低车线成本;优化路由,减少快件中转,提高快件时效。

(5)结合快件实际流向,合理规划小件集包方案,提高中转效率,减少中转次数,从而降低运营及操作成本。

京东高效物流:青龙智能路由系统

京东每天都会产生千万级的配送业务,而到促销高峰期,更会产生亿级的业务数据量。基于如此庞大的业务体量,大家可曾想过:我们是否清楚各个网点之间的最优时效和路由?我们的货物是否按照最优时效配送及运输?如果发生了路由时效偏差,那么我们是否知道偏差在哪里、偏差有多少?而原因又是什么?现场是否能够随时了解接下来的预计到货量,以便随时做好下一时刻的生产作业安排?

这一切的疑问,将会通过青龙智能路由系统为配送人员解决。本系统旨在构建一套配送全网络运营链路的节点操作标准的路由规划及监控平台,从而指导配送人员正确、规范地做好配送运输工作!

特点:

(1)事前。智能最优路由预测,作为差异对比的基准,进行预报及推荐。

(2)事中。实时监控,进行实效差异对比及应急调度处理。

(3)事后。根据报表数据,进行路由分析,优化路由,提升KPI。

价值:

(1)行业意义。智能化的算法逻辑,将优于行业其他企业路由规划和管理。

(2) 指导支持。更明确及量化的数据指导，为配送运营操作提供指导支持。

(3) 全网预报。帮助现场人员随时了解预计到货量动向，方便运力产能调配，以应对公司促销及日常有条不紊的生产作业。

青龙智能路由系统，将如同配送"龙脉"，指导配送全业务流程的生产作业，进而为配送运营提高人力人效、提升调度管控提供帮助，最终为公司发展贡献力量！

——亿豹网，http://www.expressboo.com/detail_208_3.html

二、路由规划

1. 路由规划需要考虑的因素

(1) 产品规划（即达成产品时效）。公司的发展战略和制定的目标决定路由规划的具体方向。

资料链接 4-1：路由规划设计的个例分析

(2) 快件的流量流向（即货量和方向）。是选择直达和中转路由的关键因素之一。

(3) 运输成本。存在多线路选择时，在确保时效的前提下，选择成本线路最短、运输成本最低的路由作为指导路由，其他的作为备用路由。

(4) 运输资源的配置。依托于车线、运输资源保障了路由规划的实施。

(5) 中转节点的衔接。便于筛选出更加合理的中转路由。

(6) 分拨中心操作能力、流水线布局。它是路由在实施过程中考虑的一个重要因素。

2. 路由规划的步骤

(1) 基础数据收集。包含全网的流量流向、公司运输资源、快件全生命周期所需的各操作时间节点、分拨中心的操作能力等。

(2) 确定达成的产品时效。确定该路由全生命周期所需达成的产品类型（如次日达、隔日达等）。

(3) 根据路由制定原则，设计直发或中转路由。结合时效和成本，依托于数据的支持设计出合理的路由。

(4) 根据路由合理规划线路，通过线路将规划的路由加以实施，使之达成最初的规划目标。

三、路由优化

路由数据分析是为了优化路由，优化路由是路由规划部门的重要职责之一，什么是路由优化？路由优化的目的是什么？如何优化路由？只有明白了这些问题，才能有针对性地采取措施加以解决。

路由优化的本质就是优化时效及降低成本，因此优化路由也可以说是优化时间节点及运输线路。路由优化分为两个部分：一是干线路由的优化；二是支线路由的优化。

（一）路由优化的目的

路由规划的主要目标是为快递企业全国分拨中心之间的票件运输业务制定适合的路由，同时根据分拨中心的快件流量流向，按照总运输成本最低、时效最快为优化目标，优化全国范围内的路由。在规划路由的基础上制定车线的运行时刻表,降低运输成本。在同等条件下,优化的路由和现有的固定路由模式相比,需要在时效上有所提高,在运输总成本上有明显降低。

(二) 路由优化的优点

(1) 提高时效,通过合理地规划路由,提高全网时效达成率。
(2) 降低管理运营成本,合理利用运输资源,避免快件重复中转及确保快件的安全。
(3) 合理配置资源,通过路由优化,归集整合货量,合理规划车线的开通、调整、取消。
(4) 合理的路由规划,可对快件进行分流,降低或缓解分拨的中转压力。

(三) 路由优化的方法

1. 直达路由

看是否能达成目前产品定位?若不能达成现有产品定位,则结合实际操作调整班车时刻,调整网点货车进出港时间,增加分拨中心及网点进出港频次,调整班车资源(如更换车型,调整公司自有车量等)。

2. 中转路由

第一步:中转节点是否合理。原则上选择以枢纽分拨、第一中转城市为节点,其余分拨中心及分公司所在城市为第二节点,选择距离该分拨、公司最近的转运中心中转。若中转节点选择合理,则按照第二步分析;否则,重新更换中转节点。

第二步:分析资源选择及中转衔接是否合理。查看选用资源是否合理,规划快件到达始发转运点后,是否能以最快、最及时的方式到达目的地,如果是,则分析中转分拨操作时间衔接,是否能离最近的一个转运班车发出频次衔接,如果不是,则需要向成本方面做资源变更分析。

根据流量流向报表、路由违规报表、地磅报表合理化分配路由,并开发可执行性车线,根据结果走向分析实际规划与操作中存在的问题。

(四) 路由时效分析

时效分为干线时效和快件时效。干线时效是指班车时效,即始发分拨到目的分拨所用的时间;快件时效是指从快件揽件到快件签收的时间,即网点揽件时效、中转运输时效、网点派件时效的总和。

1. 时效系统的一般计算规则

快件全程时效是指"揽件发出+派送到达的所有快件"从最早扫描到签收的平均时长(超过240h未签收的计240h)。

(1) 揽件时效:自发件公司第一次扫描入库之时起至第一分拨中心独立扫描入库时间止(无网点第一次扫描的,时效不计算)。

(2) 中转运输时效:自第一分拨中心入库之时起至最后一个分拨中心最后一次扫描入库时间止(无分拨扫描的,时效不计算)。

(3) 派件时效:自最后一个分拨中心最后一次扫描入库时间起至签收上传入库时间止(无最后一个分拨中心扫描记录的,取到件至签收;无签收记录的,时效不计算)。

(4) 揽件发出+派送到达全程时效:自最早扫描入库时间起至签收上传入库时间止

(超过240h未签收的计240h)。

2. 揽件发出总时效

$$揽件发出总时效(单位:h)=\frac{本省揽件发出的"每票快件时长"之和}{本省揽件发出的总票件量}$$

3. 派件到达总时效

$$派件到达总时效(单位:h)=\frac{到达本省派送的"每票快件时长"之和}{到达本省派送的总票件量}$$

说明：每票快件时长是指从最早扫描入库时间起至签收上传入库时间止(超过240h未签收的计240h)。

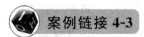

案例链接 4-3

韵达持续升级多地分拨中心 拉直路由提升"6·18"快递时效

一年一度的快递年中大战再度袭来。

亿豹网获悉，随着"6·18"年中大促的到来，为了更好地服务客户，韵达全网上下纷纷发力，未雨绸缪，从组织安排、安全、产能建设等方面多措并举，全力以赴做好"6·18"各项旺季保障工作，为客户提供无与伦比的速度与服务体验。

"6·18"期间，韵达通过对快件精准的流量流向数据预测，不断优化、拉直路由线路，通过加强快件事前、事中、事后的全流程把控，确保快件急速运达。

据韵达路由规划部相关负责人介绍，在事前，韵达通过快件流量流向预测，多纬度规划分拨—分拨、分拨—目的地网点、网点—目的地分拨拉直路由。

在事中，韵达通过实时订单系统监控和数据魔方，实现对"6·18"大促运营数据可视化管理，动态匹配人力和运力，及时纠偏运营过程中出现的各种问题，最终实现路由及时响应，极速处理。

在事后，通过系统提前增配分拨直分末端方案，增强分拨直分末端能力建设，有效辅助网点提升末端分拣压力，保障末端派送稳定。

——亿豹网, http://www.expressboo.com/detail_9500_1.html

任务三　快递运输

情景导航

小吴是ST快递公司分拨中心的中转管理员，他发现在网点与分拨中心进行物品交接中转过程中，经常会遇到物品运输方式选择错误、体积超标、包装不规范等情况，加大了物品在中转、派送过程中的困难，也给公司造成了金钱方面的损失。针对这个现象，公司总部专门召集各网点负责人进行了一次培训。

一、快递运输概述

运输是指人们借助运输工具，实现运输对象的空间位置变化的目的性活动。运输过程是运输劳动者使用运输工具使运输对象实现空间位移的过程。对于快递来说,运输是其活动流程中的主要组成部分,也是核心环节,不论是快件的收揽、中转还是派送,都必须依靠运输来实现。

(一)快递运输的分类

目前国内快递企业常用的运输方式主要有公路运输、航空运输和铁路运输,以快件的运输里程为界,800km 以内为汽运(即公路运输),800km 以上为航空运输,使用铁路运输方式相对较少,仅在运输业不太发达地区使用。

微课:快件运输作业

1. 公路运输

公路运输也是最普及的运输方式,在我国货运中所占的比重最大。同时,公路与铁路、水路运输联运,因此可以形成以公路运输为主体的全国货物运输网络。

公路运输的工具主要是汽车和畜力车,并以汽车为主。它主要承担短途运输和无铁路可通的长途货物运输任务。汽车运输的主要特点是机动灵活,可以实现"门到门"的直达运输;在运输过程中,换装环节少,运输速度快;适于近距离、中小量货物的运输,运输费用相对较低。汽车

资料链接 4-2:快递公路运输网络

运输的不足表现在:运量较小、效率低;长途汽车运输成本较高,能耗大;环境污染严重,如噪声、废弃物等。公路运输也可作为其他运输方式的衔接手段。公路运输的经济半径一般在 200km 以内。

2. 航空运输

航空运输又称飞机运输,它是在具有航空路线和航空港(飞机场)的条件下,利用飞机运载工具进行货物运输的一种运输方式。在我国运输业中,航空运输货运量占全国货运量的比重还不是很大,目前主要承担长距离的客运任务。

航空运输的最大特点是速度快,适合于运输费用负担能力强,货运量小的中、长距离运输;由于飞机运输对货物产生的振动和冲击较小,因此货物只需要简单打包即可运输,散包事故少。但由于飞机运费高,低价值物品和大批量货物的运输不适宜采用航空运输。另外,飞机运输需要航空港设施,因此,在没有飞机场的情况下,无法采用该种运输方式。

3. 铁路运输

聚焦"双11"网购狂欢节,武汉铁路局:30 趟客运火车客串"快递员"

京沪首趟铁路电商班列今开通,铁路在快递中占比不到 1%

铁路运输是指铁路部门依托铁路货物班列为客户提供简便、准时、安全的门到门运输服务,提供当日达、次晨达、次日达和隔日达等限时服务。

铁路运输不受天气影响,稳定、安全,时间上可以保证,而且对于中长距离的货物运输

来说，运费要低于公路和航空运输，其网络遍布全国各地。但由于机动性较差，只能在固定线路上运行，对于离铁路线路较远的城市来说，快件运送的时效将会延长。此外，短距离的运输价格较高，也不太适合采用铁路运输。

以上运输方式的优缺点对比见表4-1。

表4-1 基本运输方式优缺点对比

运输方式	优　　点	缺　　点
公路	可以实现"门到门"运输；运用灵活，富于弹性和适应性，可满足多种需求；近距离运输经济合理	运载量小，不适合大量运输；长距离运输费用高；安全性差
航空	速度快；不受地形影响；舒适、安全；使用范围广泛、用途广	运费高、不适合附加值低的货物运输；受气象条件限制；机场所在地以外的城市在利用上受限制
铁路	不受天气影响，准时性高；中长距离运输费用低；营业网点多，覆盖全国	机动性差，铁路线路以外城市时效较长；短距离运输费用较高

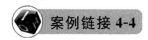

案例链接 4-4

顺丰陆、空、铁多元化运力组合　助烟台大樱桃"顺风"上行

5月27日早上8：00，2022年第一架顺丰樱桃全货机飞抵烟台蓬莱国际机场，标志着顺丰2022年樱桃专机航线正式开通。2022年顺丰在烟台樱桃季投入9架专机，比2021年增加3架，最大限度减少因疫情散航缩减对于樱桃快递时效的影响。烟台大樱桃将借助顺丰生态和科技的优势，从田间地头走进现代都市，从果园走上餐桌舌尖。

在助力农业发展、推动乡村振兴方面，鲁东顺丰一直不遗余力。为做好烟台大樱桃的运送工作，顺丰鲁东区提前谋划，积极开展主产乡镇产地直发模式，打造了育、产、销、运、管全产业链。如何让樱桃"保鲜"？增设运力支持、提升运输效率，成为顺丰鲁东区最重要的挑战。顺丰特别增加了航空运力，推出陆、空、铁多元化运力组合保鲜解决方案，大幅提升了运送时效。

据了解，5月开始，烟台大樱桃上市，短短半个月内樱桃市场承运需求量呈直线上涨。为保障大樱桃的运输，顺丰2022年在烟台投入9架专机共覆盖7条航线，冷链干线车开通57条线路，散航使用覆盖青岛、烟台所有早晚航班。

为方便果农及市民寄递，顺丰在烟台全市范围设立1100多个便民寄递点。同时，还投入近300辆支线车辆，覆盖乡镇村庄进行集货，总运行车次将达到5500车次，保证樱桃快件最快时间到达樱桃专用中转场及机场及时进行转运。

此外，顺丰还积极通过冷链直发、小集散提效等运营模式变革增加对电商客户的运输保障，确保时效，助力烟台大樱桃销量上行，实现全国最大范围的优质运输服务。

——齐鲁壹点，http://www.expressboo.com/detail_12570_1.html

（二）快递运输常用的组织形式

1. 公路运输常用的组织形式

公路运输常用的组织形式有自有车辆运输、契约运输、货运代理运输等。

（1）自有车辆运输。自有车辆运输是指由企业自身出资购买车辆，自我提供运输的一种运输经营方式，一般不对外营业。自有车辆运输的特点在于可以满足企业自身的运输需要，还可以对车队进行统一管理，通过实际成本分析，得到影响自有运输的各个因素并进行有效改进以降低成本和提高服务质量。

（2）契约运输。契约运输是指双方签订运输契约，并按契约上要求运送货物的运输方式。目前国内的快递企业一般都采用这种方式进行货物的运输，快递企业采用招标的方式选择合适的承租商，承租商需按照契约规定的路线及要求完成货物运输任务，并负责车辆的运营管理及在行驶中的各项费用开支。对于快递企业来说，采用这种组织形式既节省了购买车辆的开支，又可以免去管理车辆这一环节。

（3）货运代理运输。货运代理运输是指企业本身既不掌握货源也不掌握运输工具，而是以中间人身份一面向货主揽货，一面向运输公司托运，借此收取手续费用和佣金的一种运输方式。有的汽车货运代理专门从事向货主提供零星货载，加以归纳集中成为整车货物，然后自己以托运人名义向运输公司托运，赚取零担和整车货物运费之间的差额。

2. 航空运输常用的组织形式

航空运输常用的组织形式有自有飞机运输、包机运输、集中托运等。

（1）自有飞机运输。快递企业自行出资购买飞机、聘请飞行员，由公司进行统一调度和统一管理的航空运输方式。目前国内快递公司已开始尝试在部分干线购买和投入自有飞机。快递企业利用自己的飞机，设定固定航线、航班进行快件运输。由于航线固定，即有固定始发站、途经站、目的站和起降时间，快递企业可以确切地掌握起运和到达时间，保证快件安全、迅速地运达目的地。同时，利用自有飞机运输，便于快递集货时间的安排和舱位配载，也可避免包机或托运中可能发生的货物积压，造成快件破损的问题，不足之处是，大多数企业自有飞机的舱位有限，不能满足大批量快件的运输需求。

案例链接 4-5

顺丰航空第 67 架飞机正式加入机队　年末将达 70 架

2021 年 10 月 8 日，顺丰航空第 67 架全货机 B-220Z 完成客改货，由成都飞抵深圳，正式加入顺丰机队。这是顺丰航空于 2021 年投运的第 6 架飞机，波音 757—200 型飞机数量也由此增长至 37 架。

顺丰航空是目前国内运营全货机数量最多的货运航空公司，在役运力包括 2 架波音 747、11 架 767、37 架 757 及 17 架 737-300/400，随着第 67 架新飞机的入列，顺丰航空的总体运能将得到进一步扩充，并为即将到来的年底物流高峰做好保障准备。

——亿豹网，http://www.expressboo.com/detail_10474_1.html

（2）包机运输。对于没有自有飞机的快递企业，如果快件量较大且稳定，可以使用包机运输,包机分整架包机和部分包机。整架包机是指航空公司按照约定的条件和费率,将整架飞机租给一个或若干个包机人(包机人指发货人或航空货运代理公司),从一个或几个航空站装运货物至指定目的地。部分包机是指几家快递公司联合包租一架飞机,或者由航空公司把一架飞机的舱位分别承包给几家快递公司,也称拼机。与自有飞机相比,由于所包飞机属于航空公司所有,飞机的航线和起降时间由航空公司决定,快递企业可控性低。

包机运输有利于降低企业短期投入,并减少对飞机管理、飞机维护、人员配置等相关管理工作。为降低前期投入成本,目前快递公司多采用此类方式。

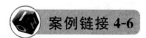

圆通航空开通无锡至大阪国际航线　每周3班可载货25t

2022年6月19日中午,随着圆通航空YG9078航班搭载着电子元器件、医疗器械等相关产品从中国苏南硕放机场飞向日本大阪,标志着中国苏南硕放机场往返日本的国际货运航线正式开通。这是继德国哈恩、美国芝加哥后,中国苏南硕放机场开通的第三条国际定期货运航班。

苏南是著名的"日资高地",有超过1 200家日资企业聚集无锡。2022年以来,无锡商务部门就收到多份来自日企的"求助信"。原来,这些企业急需的原材料必须依赖进口,但是受全球疫情影响,运输通道不畅。为此,苏南机场几乎找遍了所有航司,最终圆通航空伸出了援手。

"圆通航空选择携手无锡,既是考虑到过往的合作友谊,也是基于对无锡这座城市的看好。"首航现场,圆通航空相关负责人说,近年来,圆通航空在无锡开通了天津、香港等多条航线。

2020年新冠感染疫情伊始,圆通航空的货机更是"排除万难"从海外采购医疗物资驰援无锡,待国内疫情企稳,又是圆通航空将无锡制造的各类外贸货物运往境外,架起了一条条应急"空中动脉"。

"无锡至大阪国际货运航线的开通,打通了无锡至东亚地区的'空中动脉',将辐射整个苏南地区,保障产业链、供应链稳定,为企业复工达产提供有力支撑。"无锡空港物流有限公司总经理周小洪说。

据悉,此次新开通的无锡至大阪定期货运航线由圆通航空执飞,起飞时刻为12:20。航线采用波音757全货机执飞,执行航班班期计划为每周二、周四、周日各执飞一班,每周共计执飞3班,每班可搭载货物25t左右。

——亿豹网,http://www.expressboo.com/detail_12740_5.html

(3)集中托运。集中托运是指快递企业将发往某一方向的快件委托给航空货运代理公司,航空货运代理公司将若干批单独发运的货物集中成一批向航空公司办理托运,填写一份总运单送至同一目的地,然后由其委托当地的航空代理人收件,然后分拨给实际收件公司的运输方式。这种托运方式可降低运费,对于业务量小、资金有限的快递企业可采取这种运输方式。

（三）快递运输对运输物品的要求

1. 公路运输对运输物品的要求

1）运输物品重量及尺寸要求

快递公司的班车大都采用厢式货车，载货空间较大，因此快递公路运输对运输货物的重量尺寸限制较少，只要能上流水线操作的货物都可以进行中转运输。其重量及尺寸限定大致如下：①货物单边长度不得超过1.8m；②3边长度总和不得超过3m；③单件重量不得超过60kg，木箱不得超过50kg；④整批货物（同一发件客户同一批次发往同一收件客户的货物）不得超过500kg。

快递公司如何运输危险物品

2）运输物品包装要求

快递公司对货物的包装要求主要有以下几点。

（1）体积微小的物品包装要求。如五金配件、纽扣以及易散落、易丢失的物品等。此类快件应用塑料袋作为内包装将寄递物品聚集，并严密封口，注意内包装留有适当的空隙。数量较少的可使用包装袋作为外包装；数量较大的可使用质地坚固、大小适中的纸箱作为外包装，并用填充材料填充箱内的空隙，使得快件在箱内相对固定，避免填充过满导致内包装破裂引起快件散落丢失。

（2）重量较大的物品包装要求。如机器零件、模具、钢（铁）块等。此类快件的包装应先使用材质较软的（如气泡垫等）包裹，然后采用材质较好、耐磨性能好的塑料袋包装，或以材质较好的纸箱包装后并用打包带加固，还可以使用木箱进行包装（木箱单件重量不得超过50kg）。

（3）不规则、尖锐物、超大、超长的物品包装要求。此类快件应以气泡垫等材质较软的包装材料进行全部或局部（尖锐物必须在两端等易损的部件）包装。细长快件还应尽可能捆绑加固，减少中转或运输过程中折损的可能性。

2. 航空运输对运输物品的要求

1）运输物品重量及尺寸要求

因航空运输的载体为飞机，因此对货物的重量、尺寸以及包装都有一定的要求。一般根据航班机型及始发站、分拨中心和目的站机场的设备条件、装卸能力确定可收运货物的最大重量和尺寸。

吉祥航空航班因违规快递半路备降，三企业航空货运代理资质被注销

（1）货物重量按毛重计算，计量单位为kg。重量不足1kg的尾数四舍五入。每张航空货运单的货物重量不足1kg时，按1kg计算。贵重物品按实际毛重计算，计量单位为0.1kg。

（2）非宽体飞机，单件货物重量一般不超过80kg，体积一般不超过40cm×60cm×100cm。宽体飞机载运的货物，每件货物重量一般不超过250kg，体积一般不超过100cm×100cm×140cm。超过以上重量和体积的货物，航空公司将依据机型及出发地和目的地机场的装卸设备条件，确定可收运货物的最大重量和体积。

（3）货物的最小尺寸除可直接随附货运单的文件、信函类货物外，其他货物的长、宽、高之和不得小于40cm。低于以上标准者，由托运人加大包装。

（4）1kg货物体积超过6 000cm³ 的为轻泡货物。轻泡货物以每6 000cm³ 折合1kg

计重(目前也有轻泡货物以每 5 000cm³ 折合 1kg 计重)。轻泡货物的重量计算公式为重量＝尺寸长(cm)×宽(cm)×高(cm)÷6 000。

2) 普通货物包装要求

(1) 纸箱。应能承受同类包装货物码放 3m 或 4 层的总重量。

(2) 木箱。厚度及结构要适合货物安全运输的需要；盛装贵重物品、精密仪器、易碎物品的木箱,不得有腐蚀、虫蛀、裂缝等缺陷。

(3) 条筐、竹篓。编制紧密、整齐、牢固、不断条、不辟条,外形尺寸以不超过 50cm×50cm×60cm 为宜,单件毛重以不超过 40kg 为宜,内装货物及衬垫材料不得漏出。应能承受同类货物码放 3 层高的总重量。

(4) 铁桶。铁皮的厚度应与内装货物重量相对应。单件毛量 25～100kg 的中小型铁桶,应使用 0.6～1.0mm 的铁皮制作;单件毛重在 101～180kg 的大型铁桶,应使用 1.25～1.5mm 的铁皮制作。

3) 特殊货物包装要求

(1) 液体货物(已经拥有非危险证明的液体)。容器内需留有 5%～10% 的空间,封盖必须平密,不得溢漏。用玻璃容器盛装的液体,每个容器的容量不得超过 500mL。单件货物毛重以不超过 25kg 为宜。箱内应使用衬垫和吸附材料填实,防止晃动或液体渗出。

(2) 粉末状货物(已经拥有非危险证明的粉状货物)。用袋盛装的粉末状货物应使用塑料涂膜编织袋作外包装,防止粉末外溢,单件货物毛重不得超过 50kg；用硬纸桶木桶、胶合板桶盛装的,要求桶身无破痕、缝接严重、桶盖密封、桶箍坚固结实；用玻璃瓶盛装的,每瓶内装物的重量不得超过 1kg。用铁制作外包装,箱内用衬垫材料填实。单件货物毛重以不超过 25kg 为宜。

(3) 精密易损,质脆易碎货物。单件货物毛重以不超过 25kg 为宜,可以采用多层次包装方法货物—衬垫材料—内包装—衬垫材料—运输包装(外包装)。

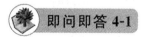

即问即答 4-1

为什么要对物品进行分类包装？应在哪个环节来完成这个操作？

二、公路运输流程

(一) 快递公路运输的操作流程

快递公路运输基本流程包括发车出站、货物运送、运达卸货、封签管理等。

1. 发车出站

(1) 内场操作员按照装卸流程操作完毕,确认没有快件遗漏后,司机关闭车门上锁,调度亲自将封签上锁并对车辆牌号和车线编号进行扫描。

(2) 由调度查看车辆装卸方位,通知驾驶员启动车辆。

汽运部的岗位介绍

(3)驾驶员启动车辆离开停仓位,在站内地磅进行称重,随后出站。

2. 货物运送

(1)运送货物过程中,驾驶员必须按照规定的行驶线路运行车辆,同时做好运货途中的行车检查,既要保持货物完好无损、无漏失,又要保持车辆行驶状况完好。

(2)行驶过程中,若有特殊情况(如堵车、大雾、事故等)必须马上联系告知下个目的站的调度及车辆准点监督员,并做出相应处理方法。

(3)调度人员应做好线路车辆运行的管理工作,掌握各运输车辆工作进度,及时处理车辆运输过程中临时出现的各类问题,保证车辆日运行作业计划的顺利实施。

3. 运达卸货

(1)进站的快件运输车辆准确停靠到位,调度收集并制作路桥票据、核对车牌号码,完成车辆牌号和车线编号扫描工作。

(2)调度检查车门是否上锁,车辆封志是否完好,卫星定位系统记录是否正常。

(3)调度对封签进行扫描,回收封签并保存到固定地点。

(4)打开车门后,及时对保价物品进行交接,检查总包是否有破损等异常现象,随后按流程完成卸车工作。

4. 封签管理

封签在汽车运输中起着非常重要的作用,车辆装货完毕后,必须由司机将车门上锁,由调度上封签方可发车,司机在行驶过程中必须保证封签不掉落、损坏,到达目的站点后再由调度解锁,目的站点的调度通过检查班车的封签来判断运输途中车门是否被打开。封签是快件安全抵达的一个重要考核依据。

(1)封签发放。封签由快递企业汽运部专人负责发放,各分拨中心负责盘查封签和发车凭证人员必须在规定时间前上传封签凭证统计表,调度收到新的封签和凭证后,及时查看实际数量与发放数量,不符时请联系物料部说明相关问题。

(2)封签上锁。分拨中心车辆装货完毕后,首先由司机将车门关闭上锁,然后,调度亲自将封签上锁并做好扫描工作,除调度外,其他人一概没有权力给车子上封签锁(特殊情况:调度上完晚班后,车辆是白天到达的,站长可安排相关人员负责解锁,此期间责任完全由站长和相关负责人负责)。

(3)封签行驶途中。司机在行驶过程中必须保证封签不掉落、损坏(以下特殊情况除外:下雨冲走,车坏私自解锁,车被扣压)。到达分拨中心后,及时与调度取得联系,让其在第一时间内将封签解锁,司机不允许私自解锁或找理由将封签解开,如遇调度不在分拨中心,请与站长取得联系,让站长安排相关操作人员解锁。

(4)封签解锁。车辆到达分拨中心后,调度第一时间内查看封签是否完好无损,然后亲自为车辆解封签锁。若没有封签条形码或者封车条的车辆,问清楚封签丢失的具体原因,并做好书面记录。同时,用数码相机把相关车辆和封签拍好照片上传到汽运部相关负责人手里。

(5)封签扫描。每天做发车凭证和封签始发扫描时,仔细查看条形码和封车条的完整性。封签条形码必须用有线扫描枪录入,录入时封签号码必须连号,选择车牌号与车线时必须先核对,没有有线扫描枪的分拨中心应及时联系相关部门。

(6)封签回收处理。当天收集回来报废的封签,必须当天晚上做好内件发回汽运部。

(二)公路运输中发生的异常情况及处理

1. 爆仓

爆仓是指快递公司突然收到太多快件,班车无法装载下快件,导致大量快件滞留在始发站或者分拨中心。

造成爆仓的原因很多,常见的有以下几种情况:①天气原因(大雪、洪水、台风)导致的交通瘫痪,班车无法顺利到达。②网购高发期(圣诞、新年、春节、情人节等),订单爆炸式增多,而快递公司人员没有相应增加。③重大的赛会(奥运会、世博会等),安检比以往增强,导致快递中转效率下降。④比较长的节假日(春节、五一、十一、元旦等),假日期间不断有新的包裹进入快递公司仓库,而多数收货地址又是单位,无法及时派送,导致仓库包裹累积过多,以及假日后几天派送工作的成倍增长。

若遇以上情况,大量快件会滞留在分拨中心,造成快件爆仓。当班车已明显无法完全装载下快件的时候,陆运调度应及时调集其他车辆,安排同时装车,若集散无备用车辆,立刻联系租车,要求分供方车辆在规定时间内到达集散中心(陆运调度应在平时储备多个具有相当操作能力的租车分供方,与其签署车辆紧急租赁的协议。协议中对分供方的一些硬性要求包括:在接到通知后,能够即刻提供满足吨位需求的车辆和足够换班的司机,并在20min内到达集散中心;车辆和司机必须具有合法的运输资格,到达集散地时,车辆油量充足、车况良好,可以立即投入使用等)。

2. 班车迟到

根据班车的运输路程,快递公司汽运部对每辆班车的运输时间都有一个初步的估计。若班车没有在预定的时间内到达集散中心,则视为班车迟到。

班车迟到的原因主要有以下几种:①天气原因(大雪、洪水、台风)导致的交通瘫痪,班车无法顺利到达。②驾驶员主观因素(如走错路、不走高速而走国道、中途休息忘记时间等)导致时间不够,无法准时到达。③意外事故(如交通事故、车辆故障、加油排队、班车迟发等)造成班车无法在规定时间内到达。

当班车时效考核员发现班车可能会迟到时,应及时与班车司机取得联系,问清原因,若迟到时间较短,则尽快安排集散协调人员、操作设备等操作资源做好相关准备,以保证用最短的时间完成卸货、分拣、集装等工作;若迟到时间较长,经过努力依然无法准点赶上交货班车,则应根据货量、交货班车时刻表等因素,综合考虑后决定交货班车是否等待迟到快件,决定等待后,班车调度员应立即在系统中注明原因、说明货物目前状态,以便相关操作单位,同时联系班车沿线的操作站点,通知班车即将迟发,需提前做好快件延迟进站的处理准备。一般情况下,如果迟发时间预计超过半小时,不建议交货班车等待。

3. 班车迟发

为了更好地对班车进行管理,除对班车有到达时间的规定外,快递公司还规定了每辆班车的出发时间。若超过规定的出发时间,则视为班车迟发。

班车迟发的原因主要有以下几种:①快件过多,来不及分拣装车,导致班车无法在规定时间内发车。②网点交件太迟,或是流水线出现故障,无法在班车规定时间内完成快件的分拣装车。③司机责任心欠缺,私自离开车辆并到点不回,导致错过发车时间。

若出现前两种情况,集散操作负责人可提前根据分拣和装车速度,在预测班车有可能迟发的情况下,及时调派其他岗位人员支援相应的操作岗位,以确保班车按时发运。若班车迟发超过5min的,陆运调度应立即在系统中注明原因、说明货物目前状态,以便相关操作单位查询,同时联络班车沿线的操作站点,通知班车即将迟发,需提前做好快件延迟进站的处理准备。陆运调度应与班车司机沟通,告知司机在不违反道路交通法规的情况下,尽量缩短在途时间。

4. 班车遭遇事故导致无法再行驶

班车在行驶途中,难免会遇上意外事故,例如天气原因(大雪、洪水、台风)导致的交通瘫痪,或是交通事故、车辆故障等导致班车无法再行驶。

若遇上这类情况,班车司机应立即联络陆运调度,陆运调度根据出事地点和车上快件的货量,立即联系分供方,请其紧急调集车辆赶往出事地点(如果有事地点距离兄弟操作站点或集散地较近,陆运调度也可视情况通知他们,请求车辆援助)。同时,班车司机应及时将处理办法和预计处理完毕时间告知班车调度,陆运调度立即在系统中注明原因、说明货物目前状态,以便相关操作单位查询,同时联系班车沿线的操作站点,通知班车即将迟到,需提前做好快件延迟进站的准备工作。

三、航空运输流程

(一)快递航空运输的工作流程

目前国内的快递企业大多采用集中托运,即将货物交付给代理公司,由其统一向航空公司办理托运的形式来进行航空货物运输。其工作流程可分为以下几个步骤。

(1)收件网点收取航空快件后,在规定时间内运转到各自区域的分拨中心。

(2)始发分拨中心对应目的地分拣货物,确定对应机场发货总量与外包装件数。

(3)始发分拨中心向航空代理预订舱位,并将航空货物交给航空代理。

(4)航空代理接到始发分拨中心的订舱资料,根据分拨中心的要求时效,向航空公司预订舱位。

(5)航空公司批舱后,航空代理在对应的航班起飞前3h交机场主单,起飞前2h过完安检。

(6)航空代理将对应机场资料给始发分拨中心,始发分拨中心向目的地分拨中心发送相应资料。

(7)货物到达目的地后,暂由航空代理代为收取。

(8)目的地分拨中心接收预报后,在飞机落地后的2~3h内派人提取货物。

(9)提货者提取货物后,首先核对货物信息是否与始发分拨中心所发送资料相符,若有不符,立即上报。

(10)货物核对正确后,由目的地分拨中心进行分检,然后运到各派送点安排派送。

(二)快递航空运输的操作流程

整个工作流程根据货物在发货地与收货地的状态不同,分为出港和进港两个过程。

1. 出港

出港是指货物从发货地暂存仓库中登记出库发往目的地,本节中所指的是货物从始发分拨中心发往目的地分拨中心的这一过程。

在此过程中货物流向为收件作收入扫描—分拣、小件集包—装车出站—交航空代理转运航空公司—发送预报,如图 4-1 所示。

资料链接 4-3:航空运输常用管理报表

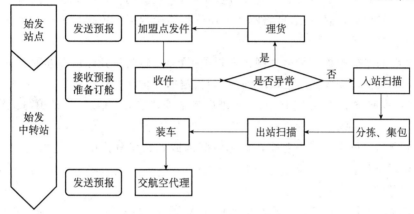

图 4-1 货物出港流程

1) 收件扫描

(1) 收件网点收取航空快件后,在规定时间内运转到各自区域的分拨中心。

(2) 始发分拨中心出港联络员实时关注网点发来的货物信息预报,并统计预报中的货量,按照标准路由计划向航空代理预订舱位。

(3) 始发分拨中心收取网点上交快件,并检查快件的重量、尺寸及包装是否符合航空运输的要求,快件中是否夹带违禁品等。若发现有不符合标准的快件,应及时退回网点理货。

(4) 检查快件面单是否用大头笔书写"HK"字样,未有则补书写。

(5) 对符合要求的快件进行入站扫描,并将扫描件的数量上传至系统(包括集包操作的大包数据),供进港提货员及目的地分拨中心操作员核对。

2) 分拣集包

(1) 内场操作员将拆出的快件以终到网点名称为目标进行分拣。分拣时,所有文件、小件必须放在篮筐中。

(2) 对发往同一目的地的小件进行集包操作。根据路由集装规范事先准备好集装袋,并在对应的集装操作标签上注明"目的地名称或代码"和"施封锁号"。

(3) 扫描集装操作标签号后,开始逐件扫描属于该集装袋的快件,并将扫描后的快件放入集装袋内,即"集包扫描"。集装器装满后,在集装操作标签上写明"集装件数"。

(4) 用施封锁将袋口和集装操作标签扎紧,并将刚才扫描的信息保存在扫描枪中。

(5) 将完成集包和集包扫描的快件细分拣到指定的区域,准备装车出站。

3) 装车出站

(1) 制作班车封车签,在车签上注明班车目的地名称。

(2) 扫描封车签条码,逐件扫描出港的大件和集装包,扫一件,装车一件。装载时注意轻拿轻放,不能抛、扔。重货、大货和集装袋需要摆放在靠车厢门口的位置上。

(3) 将出港快件全部装车后,即刻清理操作场地,检查有无遗漏快件。确定没有遗漏快件后,班车司机锁好车厢,操作员在封车签上注明装车件数(即车内大件+集装包的件数),之后封车发运。

(4) 司机在规定时间内将班车驶离分拨中心,开往机场将货物交航空代理。

(5) 车辆发出后,扫描员立即将刚才使用的扫描枪数据上传到系统中。

4) 交航空代理

(1) 出港联络员根据发货信息制作发货预报,交货驾驶员凭此预报办理发货。

(2) 交货驾驶员需要在规定的时间内,到指定的发货地办理交运手续,包括交接总件数、重量等基本航空信息,确定航班号、航班提单号等基础航空信息,规范填写交接表。

(3) 交货驾驶员需监督货物被航空代理妥善收取,并取得目的站提货凭证。

(4) 交货驾驶员交货完毕后需在规定时间内回到始发分拨中心,将所有发货相关单据交给出港联络员。

5) 发出预报

(1) 出港联络员查询确认已配载航班的班次、日期、始发/到达时间,确认所交付货物的实际发出情况。

(2) 若航班有异常情况,及时通过代理保障货物及时出运。若有航班拉舱,启动备用航班计划,并及时通知有关部门,以便做好准备。

(3) 待货物顺利发出后,始发分拨中心出港联络员在系统中发出货物信息预报。

2. 进港

进港是指货物从发货地进入到达收货地的暂存仓库,本节中所指的是货物从始发分拨中心进入目的地分拨中心的这一过程。

在此过程中货物流向为接收预报—安排驾驶员提货—货物进站扫描—拆包、分拣—装车出站—发送给下级加盟点或二级站点,如图4-2所示。

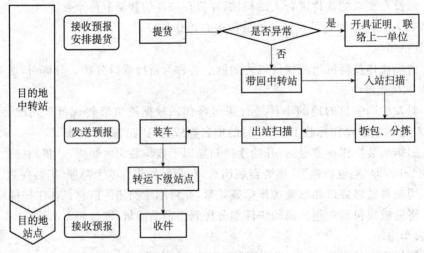

图4-2 货物进港流程

1) 接收预报

(1) 目的地分拨中心进港联络员随时关注和接收系统中始发分拨中心发来的货物信息预报。

(2) 进港联络员根据始发分拨中心系统预报内容,将预报信息及提货单按照提货点进行整理、归类和校对,制作提货预报单。

(3) 进港联络员将所有提货证明和提货预报单交给提货员,并安排相应的提货员进行提货任务。

(4) 当日进港航班出现拉舱、延误、取消等异常情况时,进港联络员需通知航班始发站,并抄送给质量监控、客服中心等相关人员。

2) 安排提货

(1) 提货人员根据提货预报单,在规定时间内前往指定地点进行提货。

(2) 提货时必须按照提货预报单核对货物航班号、提货单号、件数、重量、外包装等基本情况,并检查货物的数量、完好程度。

(3) 若发现货物破损或丢失,提货员需立即与承运商交涉,开具破损/丢失证明,并通知分拨中心进港联络员;若在提货过程中遇航班拉货、延误、无单无货、有单无货或有货无单等异常情况,提货员需在第一时间将信息反馈给进出港联络员。

(4) 进出港联络员收到提货员的异常信息后,必须立即将异常情况反馈给始发分拨中心航班部或分公司,对异常情况进行跟踪处理,同时上报系统异常情况。

(5) 提货员确保所有货物都已装车后,将车门关闭上锁,贴上封车签,并在规定时间内回到分拨中心。

3) 进站扫描

(1) 提货员提货回分拨中心后,和扫描员现场交接,清点总件数,由内场操作员卸车。若提货过程有破损、丢失件等,提货员应向进出港联络员出示机场货运部等运输单位开具的异常货物证明,由其备案并在系统中标注。

(2) 班车进站时,内场操作员前往检查班车施封锁是否完整,并向驾驶员索取班车封车签,核对施封锁号码和封车签上标注是否一致,如果不一致,则及时与驾驶员核对。

(3) 内场操作员在卸车时应根据预报内容检查货物数量和外包装完好程度,并对快件进行"进站扫描"。卸载完毕需进入车厢内检查,并确认没有遗漏快件。

(4) 扫描员在扫描快件的同时需查验快件的外包装是否完好,如有破损,现场进行称重并核实面单上标注的重量,对快件进行全方位拍照,并登记相关信息。

(5) 车辆卸载完毕后,检查扫描枪上扫描的快件数量与封车签上标注的数量和系统预报的数量三者是否一致。若不一致,需在进站扫描后 2h 内上传异常情况,同时罗列详细单号。

4) 拆包分拣

(1) 内场操作员按照网点班车发车时间上的差异,确定快件分拣的优先顺序,并进行初分拣。分拣时,所有文件、小件必须放在篮筐中。

(2) 确认集装袋是否需要拆袋操作,拆袋前确认集装袋的施封锁是否完整、施封锁号码是否匹配、集装袋是否完好。若有异常,立即核对袋内货物数量与货物包装。若数量不对或包装破损,立即联系上一环节操作单位。

(3) 内场操作员将所有拆开的集装袋内面翻出,以便确认完全清空。清空的集装袋必须移除所有识别标签后折叠整齐,放入指定物料区保管。

(4) 内场操作员按本分拨中心分拣方案将快件细分拣到指定的区域,对即将出港的快件进行集装操作,并在标签上注明信息,准备装车出站。

5) 装车出站

(1) 按照分拣方案,将出站的快件装上指定的班车。装载时注意轻拿轻放,不能抛、扔,重货、大货和集装袋需摆放在靠车厢门口的位置上。

(2) 如果一辆班车上装有发往多个地点的快件,内场操作员应用隔网或其他辅助设备将不同目的地的快件分隔出来,方便下一环节操作单位卸货。

(3) 在装车的同时,对快件逐件、逐袋进行"出站扫描"。装车完毕后,即刻清理操作场地,检查有没有遗漏的快件。

(4) 确定没有快件遗漏后,班车驾驶员锁好车厢,操作员再用施封锁将车厢开关插销锁起。

(5) 内场操作员制作班车封车签,扫描签号,并在标签上记录车辆装载包裹数、集装袋数、封车的施封锁编号,将标签交给驾驶员。

(6) 班车驾驶员在规定时间将班车驶离分拨中心,开往下一分拨中心或派送网点。

(三) 航空运输中发生的异常情况及处理

航空运输的异常情况主要分为航班提货异常情况和航班交货异常情况两种,下面主要针对可能出现的几种异常情况进行介绍。

1. 航班提货异常情况

航班提货异常情况主要是指提货员在提货时发生的一些异常情况,主要有以下几种。

(1) 航班拉货。

① 全部拉货。进出港联络员及时跟进后续航班配载情况,积极协调配载下一个航班。

② 部分拉货。进出港联络员与航空公司地面部门沟通,优先提取先到的货物,避免整批货物延误。

(2) 无单无货。提货员立即转告进出港联络员,由进出港联络员联系上一环节操作单位,确定新的航班信息。

(3) 有单无货。提货员立即转告进出港联络员,由进出港联络员联系上一环节操作单位,确定新的航班信息。

(4) 有货无单。提货员立即转告进出港联络员,进出港联络员即刻与上一环节操作单位确认货物和单据情况,上一环节操作单位必须立即协调航空公司,拍发航空公司内部电报,并将内部电报号转告进出港联络员,以便及时提出货物。

(5) 到货件数多于运单显示件数。当实际到达货物多于航空运单上显示的件数时,航空公司不允许提货。此时,提货员应立即转告进出港联络员,联络员即刻通过上一环节操作单位,请其通过航空公司电报更改航空运单件数,并将电报号转告本集散进出港联络员,以便及时提出货物。

(6) 到货件数少于运单显示件数。实际到达货物少于航空运单上显示的件数时,提货员需与航空公司的地面服务人员积极配合,仔细寻找各库区及异常货物堆放区域有无本公司货物。同时通过进出港联络员,请其向上一操作单位确认应到货数量,如果数量有误,而又搜寻无果,先将已到货物全部提出,再针对缺少的货物在提货时要求相关部门开立"异常情况货物证明",并加盖公章,同时向上级汇报该情况。

(7) 货物破损。立即要求提货处开具"异常情况货物证明"或"航空货物破损证明",内容需详细描述货物状况,并加盖公章。对已破损的货物合理安排装车,轻拿轻放,避免再次受到挤压或碰撞;对疑似丢失货物要清点货物内装件数,回站后将情况通知上级和内场操作员,在上级监督下对实物拍照,并对包装进行修补或加固。

(8) 货物受潮。立即要求提货处填写"异常情况货物证明"或"航空货物受潮证明",内容需详细描述货物状况,并加盖公章。对受潮严重货物,回站后要将情况通知上级和内场操作员,在上级监督下对实物拍照,之后将货物晾干或擦干并更换外包装。

(9) 货物丢失。立即要求提货处填写"异常情况货物证明"或"航空货物运输异常证明",内容需详细描述货物状况,并加盖公章。

2. 航班交货异常情况

航班交货异常情况主要是指发货时发生的一些异常情况,主要有以下几种。

(1) 预订航班出现异常。若出现计划首选航班未配载上,航班临时取消、拉货、延误等情况,应立即选用候补航班或采用其他备选方案,如就近转至其他集散地航班等。对异常情况应该做好记录,以便日后分析,如果某个航班出现异常情况的频率较高,可考虑变更航班计划。

(2) 无法准时交运。班车延误、进港航班延误、拉货等原因导致中转货物无法准时交运时,应第一时间改变航班订舱计划,选用候补航班,并在系统中备注说明。

(3) 未过安检。若因包装不合格,应重新包装,以保障快件顺利安检配舱。如快件中夹带禁运品未能过安检,交货员需与机场安检部门沟通,及时将禁运品货物退回,以保障其他快件顺利安检配舱。进出港交接员及时通知集散中心客服,并将禁运品带回。如果被警方扣押,需按照有关法律程序办理。

(4) 危险品被没收。如快件中夹带禁运品未能过安检,及时将危险品货物退回,酌情进行无害化处理,保障其他快件顺利安检配舱。进出港交接员及时通知集散中心客服,并将禁运品带回。如果被警方扣押,需按照有关法律程序办理。如果产生罚款,按照与客户的协议书由客户及当事人承担损失。

项目小结

本项目从快递网络概念入手,介绍了快递网络的构成,运输路线路由规划设计,以及运输中最为常见的两种运输方式:公路运输和航空运输,分别从对运输物品的要求、操作流程、异常情况处理等方面充分进行了阐述。运输是快递流程中最为重要的构成要素,从快递成本来看,运费所占比例最高,选择何种运输方式,对于快递效率的提高、节约快递成本是十分重要的。因此,快递运输的规范合理化操作是很有必要的。

课后练习

一、问答题

1. 网络车在行驶中发生交通事故时如何处理？
2. 若你是汽运部的管理人员，会采用何种方式来提高车辆准点时效？
3. 快递公司采用航空集中托运的方式有何优缺点？

二、案例分析

长三角高铁成网助力"双11"快件运输

"双11"电商发货高峰的到来，作为主要货源地和目的地的长三角地区迎来货运旺季。长三角铁路部门发挥高铁成网优势，综合运用多种运力资源，提供安全、便捷、高效的铁路快运服务。

2022年11月12日，上海虹桥火车站站台上，一个个快件箱被铁路工作人员搬上高铁列车车厢，电商集装包、装有医药和生鲜产品的冷链箱被整齐地摆放在座椅之间，享受了"高铁快件"专属服务。

中国铁路上海局集团有限公司工作人员告诉记者，为服务"双11"电商发货高峰，铁路部门加强与电商、快递企业合作，优化运力供给，除利用高铁动车组列车外，还将普速旅客列车行李车、货物特快班列等运力资源统筹协调，推出"当日达、次日达、三日达"等时限产品和"批量达、特需达、高铁跨城当日达"等定制产品。

目前，长三角铁路部门日均投入载客高铁动车组列车220列、预留车厢高铁动车组列车24列，用于"双11"快件运输，方向覆盖华东、华南、华中、西南、华北、东北等全国大部分地区。其中，开办"高铁极速达"业务的高铁车站已达17个，运行线路增至253条，可通达全国120余个城市。

中铁快运上海虹桥站营业部副经理介绍，近年来，长三角铁路部门持续推进现代物流体系建设，推出食品"冷鲜达"、医药"定温达""定时达"等冷链运输产品，投用"铁路快运冷链监控管理信息平台"进行全程控温监管，实现"门到门""高时效""个性化"的冷链运输。

——中国产业经济信息网，http://www.cinic.org.cn/hy/wl/1376097.html

问题：

（1）与公路、航空运输相比，铁路运输有何优缺点？
（2）铁路运输过程中可能会遇到哪些异常情况，如何处理？

三、实训操作

1. 选择一家快递公司，通过网络或者走访调查了解该快递公司在学校所在省内的网络结构。
2. 模拟快递在运输过程中出现了哪些异常情况，并进行相应处理。

项目五

快递公司客服业务管理

知识目标

★ 了解快递客服的定义及分类。
★ 了解人工客服与智能客服的优劣势。
★ 熟悉快递客服的工作内容及岗位职责。
★ 熟悉各类电话业务的操作流程。
★ 理解客服工作在企业运营中的重要性。

能力目标

★ 能运用客户服务的电话常用规范应答语进行来电受理。
★ 能熟练地操作订单受理业务。
★ 能熟练地操作订单查询业务。
★ 能按照公司规定对客户的快件现状进行简单判断。
★ 能对客户投诉进行简单的原因分析及处理。

课程思政

★ 养成多为客户考虑的服务意识。
★ 拥有乐观向上的积极心态。
★ 培养关注细节、及时反馈的工作态度。

关键词

快递客服　智能客服　投诉　操作流程

 案例导入

2021年投诉率同比下降超30%　圆通"客户管家"获普遍点赞

"圆通这款App,确实让我们省心不少。"在广东做服装电商生意的王女士表示,用了圆通的"客户管家"App,尤其是里面的"智能客服"系统,不仅物流有保障,买家的好评也增加了不少。

圆通面向客户自主研发的数字化管理工具"客户管家"正成为越来越多商家客户的

"标配"，包括智能客服、直通总部、多平台打单发货、全链路跟踪、自助充单、业务分析等多项功能，能满足客户即时性、全链路、多场景的需求，且根据客户反馈不断更新、迭代，获得了商家客户们的普遍点赞。

旺季来了，从容应对

王女士做服装生意，如今多平台、多形式的线上销售，带来更多业务量，但问题也随之增多。特别是在"6·18"等电商旺季，许多买家在凌晨咨询、下单，各地疫情多发，又带来订单拦截、退货等问题，都给她造成了压力。

"旺季的时候，处理起订单问题来，那可是不分白天黑夜的，"王女士说，"如果不及时处理，一旦延误或积压，会导致更多麻烦。"圆通"智能客服"的"即时回复""即时处理"等功能，帮助她有效解决了以上问题。

王女士是圆通广东普宁东分公司（以下简称"普宁东圆通"）的客户。2022年年初，王女士的客服团队开始使用客户管家，加入了普宁东圆通为客户专设的"圆钉专属客服群"。在这个群里，圆通的智能客服与人工客服双管齐下，"一对一"为其服务。

王女士的客服人员表示，之前需要打电话多次沟通的问题，自从加入了这个群，简化了很多工作，特别针对疫情反复高发期，封控地区买家退货问题，在发出前就可以通过客户管家的"停发地址"功能查看目的地是不是可以正常发货，即使发出期间出现问题，也可以随时上报、智能客服随时拦截，及时降低了商家的损耗。

"我们的客服跟我反馈，用了'客户管家'，确实方便又高效，"王女士说，"现在旺季来了，防疫封控，我都不慌了。"

普宁东圆通另一个客户张先生在谈到"智能客服"时说道，之前加了圆通客服的微信，一旦没有及时回复，过后就需要"爬楼"回看聊天记录，再对每一个问题件按单号逐一查询，手动上报处理。"这'一来一回'不仅时间长，而且容易漏单。现在群里有了'智能客服'，常规问题秒解决、复杂问题秒转人工，体验好了许多。"

客户说好用，我们更要积极推广

"服务好商家客户，帮助解决问题、提升体验，正是我们需要做的，"普宁东圆通负责人李清奇表示。2018年因业务发展，普宁东圆通从圆通普宁分公司"独立"出来，不到两年时间出港件量就接近百万，业务量的迅猛增加给公司客户服务带来了更大压力，各种客户需求和快件问题的处理等，都需要耗费大量的人力去处理。

如何找到既能帮助商家客户，又能提高公司客服工作效率的好办法？"客户管家"成为他们"一举两得"的好工具。

圆通2022年"一号工程"——"分公司数字化标准化"建设以提升服务质量、改善客户体验、助力分公司实现精细化管理为目标。作为该项目重点推广的核心系统之———"客户管家"端的"智能客服"确实给客户和圆通分公司带来了不少益处。从最早的仅几十个用户，发展到几百，再到如今的一千多个用户，截至目前，普宁东圆通已有超九成客户在使用"智能客服"，公司客服的人均跟单量也提升了近50%。

就在最近，圆通的"客户管家"又为商家客户带来了一项新功能——"直通总部"。按照急件加急，高价物品催件，理赔争议、超时等标准，圆通的商家客户可以在"客户管家"端直接联系总部直营客服处理快件问题，专人对接、解决、反馈，一单到底，后续还会进行满意度调研。如此一来，不仅客户的问题能获得更高效解决，分公司客服也可以有更多时间处理疑难件。

2021年，圆通客户投诉率同比下降超过30%。客户体验持续改善，与全网上下全面推进数字化应用息息相关。2022年，围绕"一切以市场客户体验为中心"，利用"客户管家"平台，圆通正持续统筹总部直营客服、分公司客服、智能客服、云客服等客服体系的一体化闭环系统，推进总部与分公司客户服务的标准化管理，及时响应、即时解决客户需求，不断提升服务质量。

——摘自圆通之家，http://www.expressboo.com/detail_12764_1.html

任务一 快递客服概述

▶ 情景导航

张文在某职业学院经济管理系现代物流管理专业毕业后，通过招聘会被YD快递公司选中，聘其为客户服务岗位实习生，进行为期3个月的实习。在培训中，培训老师对客户服务的基本业务做了详细的介绍，那么针对不同的业务，张文该如何应对呢？

从快递的角度看，客户服务是所有快递活动的过程产物，在发展和保持客户的忠诚和持续满意方面起着重要的作用。职能运作部门的服务水平，如市场营销、生产制造等部门，直接影响着企业满足客户需要的能力，并将决定这些职能在日常工作中能否与快递环节进行良好的沟通与交流。而直接提供给客户的服务水平则决定了企业能否留住现有的客户以及可以吸引多少新客户。因此，建立良好的客户关系，以优质的服务为客户提升价值，已成为快递企业不可忽视的主要环节，并以此作为竞争的主要手段。

一、快递客服的定义及分类

（一）快递客服的定义

广义而言，任何能提高客户满意度的内容都属于客户服务的范围（客户满意度是指客户体会到的他所实际"感知"的待遇和"期望"的待遇之间的差距）。而快递客户服务是指快递企业为其他需求快递服务的机构与个人提供的一切快递活动，包括快递客户服务三要求，即交易前、交易中、交易后要素三部分内容，如快件的收取、派送、后期的投诉索赔等。

而狭义上来说，快递客户服务主要是指客服人员的日常工作，包括客户中心前台业务处理、客户投诉处理、客户关系维护等业务，而这里所指的客服就是在呼叫中心、快递营业场所专门受理收寄、查询、投诉、索赔等申请或业务咨询的人员。

客服人员是快递公司服务的一个检视窗口，它的服务素质与质量，直接关系到公司的整体形象。他们肩负着公司与客户沟通交流的"形象大使"的作用，在公司整体运作中起着举足轻重的作用。

（二）快递客服的分类

随着快件业务量的增加和信息技术的发展，快递客服目前主要分为人工客服和智能客服两类。

1. 人工客服

在快递行业发展初期,为了提高客户对快递服务的满意度,更有效地进行售后服务,快递企业采用电话客服的形式,由专门的客服人员来解决快件寄递过程中所涉及的各类问题。在后续的发展中,考虑拨打电话的等待时间较长,还逐渐加入了网络渠道,通过QQ、微信等形式,即时通过文字、语音的方式来对客户进行答复。

随着我国互联网和电子商务的迅猛发展,快递物流呈现出巨大的进步,进入高质量发展阶段。自2014年起,我国快递的业务量已经连续5年稳居世界第一,超过美国、日本、欧盟等发达经济体的总和。巨大快件数量会产生巨大的客服任务,人工客服的弊端也因此暴露了出来,如表5-1所示。

表 5-1　人工客服的弊端

弊　　端	具 体 内 容
用工成本高	在加盟制体系中分公司数量庞大,全公司所需的客服人员较多,因此产生的招聘成本、培训成本以及办公场地等成本较高
工作重复率高	客户电话诉求基本都是下单、查询、咨询、投诉几种需求,客服不断使用重复话术处理客户需求,客服资源被较为简单且重复性的需求占用
服务时间有限	客户的咨询时间逐步趋向于7×24h,人工客服时间已越发不能满足客户的需求
质检效率较低	人工客服易受主观影响,质检标准难以统一;质检覆盖率较低,精确度较差;随机抽检漏检率较高,无法实现100%业务覆盖;缺乏质检工具,数据汇总效率低发,反馈整改速度较慢

2. 智能客服

在人工客服无法满足现今快递企业需求的背景下,智能客服应运而生,多家快递企业都接入了智能客服,运用"智能机器人+人工服务+工单系统"的"云客服"模式更好地为消费者提供服务。

目前,快递企业上线的智能客服系统普遍结合邮政快递业的实际场景特点,应用自然语言处理和深度学习等人工智能新技术,通过构建行业服务知识库,对包括语音识别、语音合成、上下文语义理解、多轮对话、意图识别、情感分析在内的多种技术攻关,攻克基于行业应用的自然语言理解、自然语言生成等关键技术,使之能够完成基于语音和文本的基本客服功能,大幅降低人工客服的工作量,提升客服效率,为物流企业落实降本增效,也成为行业智慧物流的重要组成部分,其优势如表5-2所示。

表 5-2　智能在线客服优势分析

优　　势	具 体 内 容
全天候	7×24h服务,解决人工客服流动性大的问题,降低公司成本
全业务	全面覆盖全业务场景,并智能化提供咨询、查询、办理等能力支撑

续表

优　　势	具 体 内 容
全渠道	具备覆盖微信、Web、App、小程序等不同渠道接入能力
高效率	多线程高效率极速解答客户标准化规范化的一些问题
多媒体	内容展示方式丰富,支持文本、图片、图文组合、语音等多种富媒体表现方式
客户声音更直观	后台实时数据统计汇总,无须通过文本转译/人工采样,即以数据形式直观分析用户真实声音需求,及时对用户体验不足环节作出改善,并为公司运营方向调整提供数据支撑

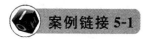

案例链接 5-1

申通发布网点智能客服系统"申小蜜"年内将覆盖全国网点

2022年6月22日,申通快递正式对外发布了网点智能客服系统"申小蜜",作为申通自主研发的智能客服系统,"申小蜜"专门针对网点服务商家场景,实现7×24h全天候、全渠道、全流程自动化处理,大幅度提升网点客服响应速度和服务效率。问题识别率95%,准确率99%。

随着业务量的增长,快递网点的客服压力日益增大。对网点来说,每天都会通过各种渠道接收商家海量的查重、退回或核实签收。过去网点们只能通过人工客服一对一收集。但单靠人工处理难免存在种种限制,例如容易出现遗漏、无法全天候服务、回复不及时且质量不稳定。市面上也出现了一些智能客服系统,但对快递网点来说,这些通用系统无法与快递公司深度打通,而且缺乏快递客服领域的专业功能。

"申小蜜"主创人员英岚介绍,为了解决网点客服痛点,在2021年4月申通快递启动了"申小蜜"的研发项目,目标是打造一套开箱即用、具备全程自动化采集、跟踪、处理的网点智能客服系统,经过1年多的研发与内测,近期,这套系统将正式对外推出。

据了解,作为申通100%自研的智能客服系统,"申小蜜"目前已经深度打通申通内部业务系统,包括订单系统、轨迹系统、逆向系统、工单系统、问题件系统、留言系统、基础资料及理赔系统,具备95%的问题识别率和99%的准确率,可识别催件、退回、改地址、改信息等近20种物流售后意图。

同时,"申小蜜"也具备全渠道覆盖能力和全流程全自动化处理能力。目前已经全面支持采集钉钉群、企业微信群中的用户问题和客诉信息,未来将覆盖拓展更多客诉渠道。实现绝大多数问题无须人工介入,解放人工客服工作量,提升服务效率。数据表明,"申小蜜"帮助网点客服效能提升50%以上。

"申小蜜"还是一个不断成长、自我学习的智能化系统,其通过自然语言处理技术及丰富的语料训练,随着语料越加丰富,语义识别率将持续提升。

为了尽可能贴合网点的实际需求,"申小蜜"采用与网点共创的方式进行研发。

在研发过程中,申通快递选择了临沂网点、永康网点等一些具有代表性、服务质量高的网点进行试点,根据网点日常需要对产品进行优化迭代,并打造诸多符合网点客服需要的小而美的功能点。

以申通快递山东临沂网点为例,其日发货量约几十万,日常客服45人,"由于采用了'申小蜜',虽然网点发货量增加超过20%,且疫情期间时效延长商家查件增多,但网点客服用工量没有增加的情况下保持了服务的效率",临沂网点客服经理王晓丽表示。

据英岚介绍,到目前为止,"申小蜜"已覆盖600+申通网点、1.7万多商家、1500多位网点客服、3.7万多商家客服,1.24万多客户群。接下来,"申小蜜"将融入申通的网点管家系统,服务数千网点客服和数十万商家,预计在2022年10月前后实现申通全国网点覆盖。

近年来,申通在客服数字化转型方面不断提升,早在2019年申通快递就研发了具备多方言重口音语音识别、多领域场景对话交互、场景化多风格人声合成、复杂场景上下文语意识别等能力的AI智能语音客服机器人。

"申小蜜"的问世,意味着申通快递网点客服一跃进入智能时代,"这是申通客服数字化转型的重要里程碑。"申通快递产品技术中心负责人柏敏认为,未来智能化的客服系统将为申通的网点、商家用户提供更高质量客户服务。

——http://www.expressboo.com/detail_12764_1.html

虽然在一些根据订单号查询快递信息、催促快递运输配送、预约下单、咨询物流网点信息、咨询快递价格等标准化的流程上,智能客服系统相较于人工客服具备很大的优势,可以以低成本实现全天候、高成功率的服务。但相关技术尚不成熟,智能客服"不智能"问题突出,也给用户带来诸多困扰,并且在一些非标准化,或者复杂问题的处理上,智能客服并不能完全替代人工完成任务。据数据显示,无论是在问题解决程度、服务效率还是使用体验的感知上,认为人工客服优于智能客服的用户比例均更高。因此,未来人工客服仍将长期存在,并可能从与智能客服相互竞争发展成为与智能客服相辅相成,人工客服能够弥补智能客服的不足,提出智能客服改进方向,而这一过程也将更加凸显出人工客服的重要性,提高人工客服积极性,二者将形成一个良性互动循环。

恼人的智能客服,智能客服技术待升级,人工客服不可或缺

恼人的智能客服,降本增效,智能客服受到企业青睐

恼人的智能客服,智能客服听不懂人话?消费者很闹心

二、快递客服的岗位设置及职责

快递企业的客服部分别由总部客服中心、中转站客服部以及加盟网点客服部3块组成,以总部客服中心为主,中转站及加盟网点客服部为辅,为客户提供服务,包括接听和处理网点客户的所有来电,完成相关快件的查询、咨询及投诉工作等。客户服务部的组织结构如图5-1所示。

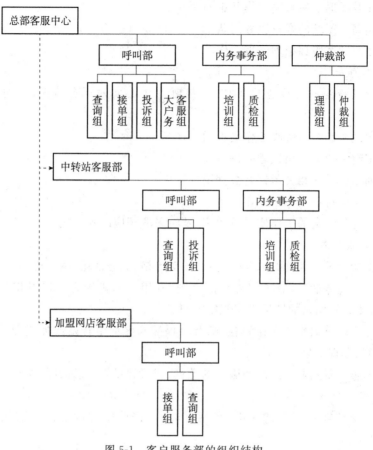

图 5-1 客户服务部的组织结构

各岗位的职责如下。

1. 客服经理

(1) 主持客户服务中心的日常管理工作,定期向上级部门汇报工作情况。

(2) 严格执行制定的客户服务中心客户服务政策与标准、管理制度及绩效考核方案。

(3) 组织制定客户服务中心切实可行的年度工作计划,各项指标分解,健全各项规章制度和岗位责任制及工作流程,做好客户服务中心的成本预算。

(4) 负责对客户服务中心中层干部的工作部署、指导、检查、监督、考核、评价等管理工作,确定对公司员工的奖惩权。建立健全组织体制和人事编制,建立高效团结的客户服务管理团队。

(5) 负责呼叫客户服务各岗位的人事任命。

(6) 加强与上级的沟通,确保客户服务中心与企业内部其他部门之间的协作与信息沟通,协调客户服务中心与外部单位的工作关系。

2. 客服主管

(1) 严格执行制定的呼叫中心客户服务政策、管理制度及绩效考核方案。

(2) 监管呼叫中心的服务质量,带领团队完成既定的 KPI 指标,及时采取相应改进措施。

(3) 指导及协助下属解决工作疑难问题。
(4) 建立高效团结的客户服务团队。
(5) 全力协助客服部经理开展工作。

3. 呼叫部组长

(1) 负责热线组的现场管理工作,监控呼叫中心实时话务状况,及时对人员做出调整。
(2) 指导及协助组员解决工作疑难问题。
(3) 制定组员业务考核试题并进行评卷。
(4) 协助主管完成相关考评及数据统计工作。
(5) 完成本组排班及考勤工作。
(6) 质检评估组员的工作质量及效率,及时采取相应改善措施。

4. 查询客服代表

(1) 负责受理客户查询的来电,包括客户对价格、服务区域、网点电话等内容的查询。
(2) 接到查询电话时,应了解客户的意图,利用计算机为客户提供相关查询服务快件,并将系统中显示明确的结果直接答复客户。
(3) 若客户所查询快件存在问题,则及时提醒和督促中转站或加盟网点及时安排办理,并跟踪确认办理结果。
(4) 受理客户对企业的产品和服务的意见、建议和投诉,整理并转至相关人员处理。

5. 接单客服代表

(1) 负责受理客户下单的来电,包括催收件、修改寄件内容以及取消寄件等相关业务。
(2) 接到下单电话时,应了解客户的意图,获取客户的信息,并及时联系网点派收员为其服务。
(3) 若客户所寄快件存在违禁品、禁寄品等现象,则不予处理,并及时与客户解释。
(4) 受理客户对企业的产品和服务的意见、建议和投诉,整理并转至相关人员处理。

6. 投诉客服代表

(1) 负责受理客户投诉的来电,及时对客户情绪进行安抚,对客户所投诉的内容进行登记,并确定具体的部门进行处理。
(2) 协助相关部门对客户投诉原因进行调查,出具投诉调查报告,提出处理意见。
(3) 对重大投诉问题及时汇报,对该类问题处理后相应客户进行跟踪回访。
(4) 接受对恶意投诉的调查,对造成恶劣影响的,提交相关调查内容。
(5) 对投诉处理整套管理资料进行汇总和存档。

7. 大客户服务代表

(1) 负责大客户服务的日常维护及管理,积极协助客户处理各种重大投诉。
(2) 积极配合营销部项目经理做好新大客户的支持、维护工作。
(3) 负责大客户发货量分析及意见反馈,对客户的需求及同行业竞争保持高度的敏感。

8. 培训专员

(1) 负责客服部新员工入职培训及评估。

(2) 撰写业务及技能培训教材,制订及实施培训方案。

(3) 负责在职员工业务和技能提升培训及评估。

9. 质检专员

(1) 负责客服代表及高级客服代表的服务质量评核工作。

(2) 完成质检数据统计及质检分析报告,提出质检改进建议。

(3) 负责网络媒体的监控,重大媒体事件的汇报和跟进、网络新闻的汇报工作。

10. 理赔专员

(1) 负责理赔业务的受理,以及理赔款的申请。

(2) 针对理赔案例中暴露出的问题,及时反馈给有关部门,监督其采取纠正和预防措施。

(3) 协助中转站界定客户的损失,并确定赔偿金额。

11. 仲裁专员

(1) 负责受理加盟网点投诉的来电,对网点所投诉的内容进行登记,确定问题环节。

(2) 协助相关部门对客户投诉原因进行调查,出具投诉调查报告,提出处理意见。

(3) 对重大投诉问题及时汇报,对该类问题处理后相应客户进行跟踪回访。

(4) 接受对恶意投诉的调查,对造成恶劣影响的,提交相关调查内容。

(5) 对投诉处理整套管理资料进行汇总和存档。

三、快递客服的工作内容

快递服务的日常工作所包含的范围很广,涉及快递作业全过程,因此客户需求的类型也是多种多样。对于客服人员来说,应该做到及时、准确地接听客户电话,了解终端客户的各类服务需求和问题,如快件咨询、订单处理或快件投诉等。然后针对不同的客户需求进行相应的解答、安慰,并及时把服务中的问题转达到相应的部门,解决客户的问题。

具体的业务内容如图5-2所示。

下面针对不同的客户需求所采用的客服流程进行详细介绍。

1. 咨询电话接听流程

咨询电话主要是指客户为了解公司业务范围、服务政策或快递业务等方面的情况,而对客服人员进行知识和问题咨询的电话交流。

对于客户的咨询电话,客服人员应当尽量及时予以解答。对于客服人员解答范围内的问题,应认真细致地进行解答,将其记录在案并进行回访;对于超出客服人员解答范围内的问题,则应先对客户进行安慰,将客户问题进行详细记录,然后通过公司部门调取知识立即回复,或者转到相关的部门予以解决,并及时回访。

2. 订单受理电话接听流程

订单受理业务主要是指客户打电话至客服部,要求快递人员上门收取快件及与此相关的业务。

对于客户的下单电话,流程相对而言较为简单,首先需询问客户的姓名、地址、联络人

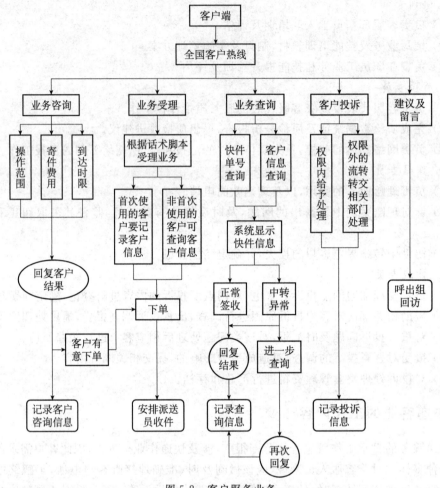

图 5-2　客户服务业务

等相关信息,然后根据客户所在区域进行收派员选择,最后安排派件员收件即可。

3. 投诉电话接听流程

投诉电话主要是指客户因对快递服务不满意,如发生快递员不收件、快件延误、快件破损等情况,而对客户人员进行的投诉抱怨型电话。

投诉电话的最大问题是一般情况下客户都带着怒气和怨气而来,因此,客服人员应当先对客户予以慰问、安抚,需要有耐心和细心,然后针对顾客所提出的投诉进行处理。对于客服人员处理范围内的问题,应认真细致地进行解答处理,向顾客解释造成其所述现象的原因,将其记录在案并进行回访;若顾客所投诉的问题在客服能解决的范围之内,客服人员应将客户所述问题进行详细记录,在询问时要做到语气平和,对客户进行安抚,切不可语气粗暴。问题记录后应第一时间通过公司部门调取知识进行回复,或者转到相关的部门予以解决,并及时回访。

4. 信息反馈基本流程

客服人员是客户关系中直接接触客户的部分,一般情况下是对客户提供情感上的关怀和对客户的问题予以及时的反映和督促办理。但客服人员无法直接向客户提供现实的服务。所以客服人员一方面要为客户提供有关信息，监督服务情况，另一方面仍然需要其他部门的有效配合，以及服务人员的支援和关联。

在信息反馈中需要注意的是，必须对号入座，将问题反映到相应的部门，因此需要客服人员对快递企业各部门的职责非常了解。此外，在进行反馈时还要注意时效性，对客户所提出的问题应及时进行反馈，同时也要将公司部门所采取的措施快速准确地传达到客户处。

四、客服人员应具备的素质

服务行业中亲切的笑容是最重要的。虽然吸引客户的服务手段很多，但只要随时以一颗感谢的心，用笑容接待每一个客户，那么即使没有很好的服务手段，也会带来意想不到的结果。

1. 心理素质

客服人员每天都会面临各种各样的客户，有些客户在受到委屈时脾气比较大，讲话比较难听，所以客服人员要承受的压力是很大的。客服人员应该具备以下几方面的心理素质。

(1)"处变不惊"的应变力。

(2)挫折打击的承受能力。

(3)情绪的自我掌控及调节能力。

(4)满负荷情感付出的支持能力。

(5)积极进取，永不言败的良好心态。

2. 品格素质

品格是指一个人的品性、品行，是在社会活动中表现出来的认知、情感、意志和行为的总和，是品行、道德和作风等基本政治素质的综合体现，决定着一个人的待人处事方式和事业的成败。

(1)忍耐与宽容是优秀客服人员的一种美德。

(2)不轻易承诺，说了就要做到。

(3)勇于承担责任。

(4)真诚对待每一个人。

(5)强烈的集体荣誉感。

3. 技能素质

资料链接5-1：
接听电话的技巧

资料链接5-2：某快
递公司客服操作规范

资料链接5-3：快递企
业客户服务语言规范

在具体的操作方面，客服人员应具备以下8个方面的技能。

(1)良好的语言表达能力。

(2) 丰富的行业知识及经验。
(3) 熟练的专业技能。
(4) 优雅的形体语言表达技巧。
(5) 思维敏捷,具备对客户心理活动的洞察力。
(6) 良好的人际关系沟通能力。
(7) 专业的电话接听技巧。
(8) 良好的倾听能力。

即问即答 5-1

应从哪些方面来提高客服人员的沟通技能?

任务二 来电业务处理

情景导航

李信是 YT 快递公司客服部的实习生,上班第一天,客服经理把他安排在业务较为简单的接单组。面对客户的电话,李信该如何操作才能保证客户的要求被实现呢?

一、订单受理业务

(一)订单受理业务流程

订单受理业务主要是指客户打电话至客服部,要求快递人员上门收取快件及与此相关的业务。此类业务一般比较简单,首先需询问客户的姓名、地址、联络人等相关信息,然后根据客户所在区域进行收派员选择,最后安排派件员收件即可,其流程如图 5-3 所示。

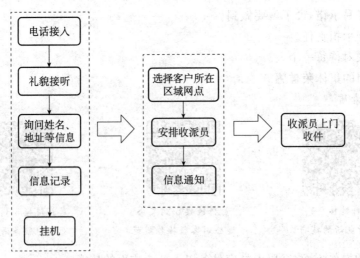

图 5-3 接单业务流程

(二)订单受理业务操作流程及规范用语

1. 新客户来电

操作流程:接听电话—招呼语—询问姓氏、公司名称—确定无资料—新建客户资料—询问并输入公司名称、地址、联络人、电话—正确选择收派员—保存—安排收派员收件。

案例:

新客户接待来电

客服人员:您好!韵达货运,我是李××,请问有什么可以帮到您?
客　　户:我要寄件。
客服人员:小姐,请问您贵姓?
客　　户:姓徐。
客服人员:徐小姐,欢迎您使用我们韵达快运的服务,请问您是第一次使用我们的服务吗?
客　　户:是的。
客服人员:请问您的公司名称?
客　　户:美丽公司。
客服人员:能告诉我您的详细地址吗?
客　　户:在天祥大厦5楼。
客服人员:请问您的电话号码是多少?
客　　户:85785559。
客服人员:徐小姐,我再跟您核实一下,您的公司是美丽公司,地址是天祥大厦5楼,电话是85785559,对吗?
客　　户:没错。
客服人员:好的,徐小姐,请您稍等。
客服人员:我已经登记了您的资料,徐小姐,请问您寄的是什么物品?
客　　户:是模具。
客服人员:请问寄到哪里呢?
客　　户:寄到江苏。
客服人员:请问大概有多重呢?
客　　户:差不多5公斤吧。
客服人员:徐小姐,我们会安排同事在××小时内到您的公司收件。
客　　户:好的,谢谢哦。
客服人员:请问还有什么可以帮到您?
客　　户:没有了。
客服人员:希望再次接到您的电话,再见。
客　　户:再见。

2. 禁寄品

操作流程:接听电话—招呼语—询问姓氏、公司名称—输入编号—核对公司名称、地址、联络人、电话—询问品名—确认是否收寄,如果禁收,应告诉客户原因—结束语。

案例:

禁寄品拒寄

客服人员:您好!韵达货运,我是李××,请问有什么可以帮到您?

客　　户:我要寄件。

客服人员:先生,请问您贵姓?

客　　户:姓徐。

客服人员:请问您要寄的是什么物品?

客　　户:烟花样品。

客服人员:非常抱歉,王先生,根据《国家道路运输法》规定,烟花样品是禁运品,快递公司不能承运。

客　　户:噢!这样啊,那就算了,我们再想想别的办法。

客服人员:请问还有什么事情需要我帮忙吗?

客　　户:没有了。

客服人员:非常抱歉,希望下次有机会帮您,再见!

3. 催收件

操作流程:接听电话—招呼语—输入编号—核对公司名称、地址、联络人、电话是否正确—核对收派员是否正确—告知客户收派员到达的时间—结束语。

根据各地实际地域路程填写确切达到时间。如客户下单记录时间为10:00,接单员应回答:"徐小姐,请放心,同事会在11点前到达,我想很快就到了。"

案例1:

催促取件,但在服务时限内

客服人员:您好! 韵达货运,我是李××,请问有什么可以帮到您?

客　　户:我等了这么久,为什么还不来取件?

客服人员:对不起,请问小姐您贵姓?

客　　户:姓张。

客服人员:您好,张小姐,请问您的取件地址是远方大厦的安捷公司吧?

客　　户:是的。

客服人员:根据系统显示,您是9点通知我们取件的。

客　　户:是啊,怎么现在还没到啊?

客服人员:按照服务时限,应该在10点以前取件,现在是9点50分,我想收派员就快到了。

客　　户:那我只有再等了,我还有别的事情要做呢。

客服人员:对不起,请您再稍等一会儿,请问还有其他要我帮忙的吗?

客　　户:没有了,快点儿来取件就好了!

客服人员:谢谢您的合作! 欢迎再次使用我们的服务,再见!

案例 2：

催促取件，已超过规定时限

客服人员：您好！韵达货运，我是李××，请问有什么可以帮到您？

客　　户：我之前打过电话来要求寄件，为什么还不来取件？

客服人员：对不起，请问小姐您贵姓？

客　　户：姓张。

客服人员：张小姐，很抱歉让您久等了，您是 9 点 30 分通知我们取件的，是吗？

客　　户：是的，现在都 10 点 40 分了，已经过了一个多小时了，怎么人还没来呢？

客服人员：实在抱歉，我马上查一下有关情况，催促我的同事尽快赶到您公司，10 分钟以内给您答复，好吗？

客　　户：就这样吧，有什么办法。

客服人员：请问还有其他要我帮忙的吗？

客　　户：没有了，快点儿来取件就好了！

客服人员：谢谢您的合作！欢迎再次使用我们的服务，再见！

4. 修改寄件内容

操作流程：接听电话—招呼语—输入编号—核对公司名称、地址、联络人、电话是否正确—询问修改内容—输入或记录修改内容—结束语。

案例：

变更取件时间

客服人员：您好！韵达货运，我是 3 号话务员，请问有什么可以帮到您？

客　　户：我是远方大厦的安捷公司，原先说好上午来取件，但我现在要出去办事，改到下午来取件，可以吗？

客服人员：好的，请问先生您贵姓？

客　　户：姓李。

客服人员：好的，李先生，我会通知收派员，改到下午 3 点左右取件，您看可以吗？

客　　户：那就麻烦你们了，下午我会在公司的，等你们好了。

客服人员：不必客气，还有别的事情要我帮忙吗？

客　　户：没有了！

客服人员：谢谢您的合作！欢迎再次使用我们的服务，再见！

5. 取消寄件

操作流程：接听电话—招呼语—输入编号—核对公司名称、地址、联络人、电话是否正确—确定取消几点下的单—输入要取消几点的收件—结束语。

案例：

取件后要求取消寄件

客服人员：您好！韵达货运，我是 3 号话务员，请问有什么可以帮您？

客　　户：我寄错东西了，不要寄了，马上取消，但是你们已经把快件取走了。

客服人员：请问小姐您贵姓？

客　　户：姓于。

客服人员：于小姐，请问您的订单号码是？

客　　户：1200×××80300。

客服人员：好的，请您稍等，我这边为您查询。

（过一会儿）不好意思让您久等了，请问于小姐您要求取消的是今天中午11点从天祥大厦5楼美丽公司寄出，发往江苏的内件为模具的快件吗？

客　　户：是的，我寄错型号了，麻烦帮我退回。

客服人员：好的，我现在马上联系收件员取消寄件，今天下午5点前给您送回公司，您看可以吗？

客　　户：可以的，麻烦你们了。

客服人员：请问还有其他要我帮忙的吗？

客　　户：没有了。

客服人员：谢谢您的合作！欢迎再次使用我们的服务，再见！

二、订单咨询业务

（一）订单咨询业务流程

咨询业务主要是指客服人员针对客户的疑问进行解答的业务，可根据客户的疑问不同分为业务咨询和业务查询。

业务咨询主要是指客户为了解公司业务范围、服务政策和公司其他方面的情况而对客服人员进行知识和问题咨询的业务，包括快件的价格、服务区域、网点电话等。一般而言，快递企业对客户所咨询的问题都有明文规定，因此客服人员操作此类业务较为趁手，只需按公司规定对客户进行相应的解答即可。若有一时无法回答的问题，可记录客户的信息，如姓名、联系电话等，向相关部门进行询问，并及时向客户转达。

而业务查询则一般是指收件人或者寄收人在快件寄递过程中，针对快件的在途情况进行询问的业务，包括查询快件的状态、到达时间、签收证明以及快件在寄送过程中出现的异常情况。业务查询主要通过计算机查询系统进行，客服人员首先在网站上查看快件运行的状态，若查不到相关信息，则应对快件运行最后环节的中转站或网点进行查询。因此各网点及中转站必须将快件收入、发出记录及时上传计算机中心，做到信息资源共享。

两者的流程类似，如图5-4所示。

（二）业务咨询操作流程及规范用语

业务咨询操作流程：接听电话—服务用语—问询快件单号—查询快件相关情况—详细解答客户提问—询问客户资料（对于客服人员无法解答的问题，则应该详细记录在案，包括客户姓名、回电号码、咨询问题等）—询问客户是否还需要其他帮助—如客户不需要其他帮助—告之客户你的工号及回复时间—结束语—等待客户挂机。

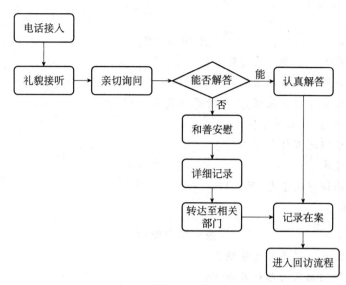

图 5-4　咨询业务操作流程

业务咨询规范用语如下。

案例 1：

咨 询 价 格

客户代表：您好！很高兴为您服务。

客　　户：我有 3 公斤的物品从深圳发往上海多少钱？

客户代表：关于价格方法的咨询，请您直接联系一下我司深圳合作加盟网点，电话号码是 0755-81489999。

客　　户：好的，我知道了！

客户代表：请问还有什么可以帮您？

客　　户：没有了。

客户代表：谢谢您的来电，再见！

案例 2：

咨询服务区域

客户代表：您好！很高兴为您服务。

客　　户：你们公司广西南宁市××区××路×号可以到吗？

客户代表：请您稍等，我这边帮您查一下。（查询区域表）

　　　　　不好意思，让您久等了！您所查询的地址是可以到的。（若区域表上确认不了，则记下客户的联系方式和客户需要查询的地址，确认后再给客户回复）

客　　户：好的！

客户代表：请问还有什么可以帮您？

客　　户：没有了。

客户代表：谢谢您的来电，再见！

案例3：

咨询时效

客户代表：您好！很高兴为您服务。

客　　户：你们从上海到深圳要多长时间呀？

客户代表：从上海寄往深圳，正常情况下是72小时。

客　　户：好的，我知道了！

客户代表：请问还有什么可以帮您？

客　　户：没有了。

客户代表：谢谢您的来电，再见！

案例4：

查询网点电话

客户代表：您好！很高兴为您服务。

客　　户：你们北京的电话是多少？

客户代表：请您稍等，您请记一下北京公司电话：010-65788083。

客　　户：好的，谢谢！

客户代表：请问还有什么可以帮您？

客　　户：没有了。

客户代表：谢谢您的来电，再见！

（三）业务查询操作流程及规范用语

业务查询操作流程：接听电话—服务用语—问询快件单号—查询快件中转情况—详细解答客户提问—询问客户资料（对于中转不正常的快件，记录快件目的地，客户姓名、联系电话、物品类型及包装情况）—询问客户是否还需要其他帮助—如客户不需要其他帮助—告之客户你的工号及回复时间—结束语—等待客户挂机。

业务咨询规范用语如下。

案例1：

正常中转

客户代表：您好！很高兴为您服务。

客　　户：我想查一查我的快件现在在哪儿了，运单号是1200141880100。

客户代表：您的快运单号是1200141880100（核对单号的时候适当停顿）。

客　　户：是的。

客户代表：（此件正在中转）班车正常的情况下，最快应该在×h以前到达目的地，麻烦您再耐心等待一下好吗？

（此件已经到达目的地）您的快件已经于2008年3月24日到达目的地网点，我们会在16点之前，送到收件人手中。

客　　户：好的。

客户代表：请问还有什么可以帮您？

客　　户：没有了。

客户代表：谢谢您的来电，再见！

案例 2：

查不到信息

客户代表：您好！很高兴为您服务。

客　　户：帮我查个件！

客户代表：请问您快运单号多少？

客　　户：1200141880100。

客户代表：您的快运单号是1200141880100（核对单号的时候适当停顿）。

客　　户：是的。

客户代表：很抱歉，您的快件没有任何发出记录，请问你是收件人还是发件人呢？

客　　户：我是收件人（或发件人）。

客户代表：（若客户为收件人时）请您联系一下您的发件人询问是否正常发出，
　　　　　（若客户为发件人时）请您直接联系您的发件公司询问此件是否发出或者是否通过我们公司的网络进行中转。

客　　户：好的。

客户代表：请问还有什么可以帮您？

客　　户：没有了。

客户代表：谢谢您的来电，再见！

案例 3：

催促派件

客户代表：您好！很高兴为您服务。

客　　户：你们公司怎么回事呀？我的快件已经寄出三天了，怎么还没到呢？

客户代表：不好意思，请问您的快运单号是多少？

客　　户：1200141880957。

客户代表：（快件正在派送中）请放心，您的快件会在×点之前送达，我们会在派送第一时间交到收件人手中的。

（快件已达到，准备派送）请放心，您的快件已经在×点到达目的地了，我们会在×点之前送到收件人手中。

（快件正在中转）请放心，您的快件已经在中转途中，会在×点到达目的地，我们会第一时间安排派送。

（快件已到，但没有派送记录）真不好意思，我马上为您查一查，30分钟之内回复您好吗？

（航班取消）对不起，由于天气原因，航班临时取消，给您添麻烦了，实在抱歉！您的快件明天下午才能到达目的地，我们会第一时间为您安排派送，好吗？

（快件超过正常派送时间）实在抱歉，您的快件还没收到吗？正常情况下，在这个时段，快件应当已经派送完毕了，您能否问一下其他人，看是否有人代您签收了，欢迎您随时与我们联系。

(快件滞留)真对不起,昨天16点已经为您派送过了,但因收件人出差,无人签收,快件已拿回公司,请您尽快与我们联系,协商一个稳妥的解决方案。

(快件已经到达目的地,但没有签收记录)实在抱歉,您的收件人还没收到快件吗?您看这样好吗,建议您的收件人,直接和派送网点联系,那里的查询电话是3250548,我会提前和他们打招呼,请他们尽快为您安排派送。

客户代表:实在很抱歉陈小姐,您的资料我已经记录下来了,我现在帮您联系处理,半个小时之内会给您电话。我的工号是1010。

客　　户:嗯,好的!

客户代表:请问还有什么可以帮您?

客　　户:没有了。

客户代表:谢谢您的来电,再见!

服务时应当注意以下问题。

(1) 正常派送时间内客户查签收或催派件时,应引导客户稍等,不可盲目拨打收派员电话查询催派,以免干扰收派员正常收派件。如超过正常派送时间或客户有特殊情况,可以立即帮客户催派件。

(2) 如客户此时索要收派员的联系电话,应了解客户的真正目的,可以将话题引开,换一种方式去帮助客户,在满足客户需要的同时,尽量不要将收派员的电话报给客户。

案例4:

已上传了签收,但收件人并没有收到货

客户代表:您好!很高兴为您服务。

客　　户:你们公司怎么回事啊?快件我还没有收到,怎么显示已经被人签收了呢?

客户代表:不好意思,请问您的快运单号是多少?

客　　户:1200142455508。

客户代表:您的快运单号是1200142455508。

客　　户:是的,我电话没接到,货都没有看到,网站显示由"郭"签收了,我的货到哪里去了啊?

客户代表:实在很抱歉,请问您的收件地址是?

客　　户:靖江市西来镇同村16区79号。

客户代表:请问您贵姓?联系电话是?

客　　户:我姓向,电话是13392404405。

客户代表:实在很抱歉向小姐,您的资料我已经记录下来了,我现在帮您联系靖江公司核实一下此件,半个小时之内给您电话。我的工号是1044。

客　　户:嗯,好吧!

客户代表:请问还有什么可以帮您?

客　　户:没有了。

客户代表:谢谢您的来电,再见!

案例5：

超区件不送

客户代表：您好！很高兴为您服务。

客　　户：你们公司怎么回事啊？快件到了四天也不给我送。

客户代表：不好意思，请问您的快运单号是多少？

客　　户：1200141086230。

客户代表：您的快运单号是1200141086230。

客　　户：是的。

客户代表：请问您的收件地址是？

客　　户：日照市东港区海区西路137号街关亭移动营业厅。

客户代表：很抱歉，此地址超区，不在我公司的派送范围之内。

客户代表：请问您是发件人还是收件人呢？

客　　户：我是收件人（或发件人）！

客户代表：（若客户为收件人时）请您联系一下您的发件人，让发件人联系发件公司帮您联系派送公司将此件转同行寄递到您手中。

（若客户为发件人时）请您直接联系您的发件公司，让发件公司帮您联系派送公司将此件转同行寄递到收件人手中。

客　　户：嗯，好吧！

客户代表：请问还有什么可以帮您？

客　　户：没有了。

客户代表：谢谢您的来电，再见！

任务三　客户投诉处理

情景导航

客服人员何涵接到一个客户电话投诉，说是自己收到的快件出现破损，里面的5包山核桃只剩下4包，而派件的网点不肯承担赔偿责任，要求公司总部处理。何涵应该如何处理这起投诉？

近年来，随着网上购物、电视购物等新型消费方式的兴起，加上经济的高速发展所带的商务信函日渐增多，以便捷著称的快递已经越来越成为人们工作和生活不可或缺的服务。然而，由于法律、法规的不健全，全行业缺乏一个公正、有序、透明的市场环境，导致我国快递业的竞争不规范，企业规模偏小，所提供的服务也难如人意。其直接表现，是快递行业的投诉率呈高速增长态势。

一、客户投诉产生的原因

快递行业为何会成为当前的投诉热点？要了解快递投诉产生的原因，首先应该了解快递操作流程。一个快件从接收到送达大致要经历以下几个环节:用户打电话通知取件—收件员上门验货收件—收件员将快件统一送到公司指定地点—通过航空、铁路、公路等将物品快速送达目的地所在城市—快递公司取件—通过送件员送达收件人处。

客户发当日达快递当日未送到,客服回复令人不满

中消协点名 ofo、广发证券、申通快递:客服体验差

根据对数千宗投诉的归纳分析以及对投诉人的调查,专家认为投诉产生的原因主要有 10 个方面。

1. 物品被盗

在快件运送过程中,有多个环节是单人进行的,缺乏相关的监管。如收件员上门取件,送件员送件上门等,在这些过程中,企业无法对物品进行全方位的监控,因而给"内鬼"留下了作案机会。物品被盗后,因为赔偿不及时等原因,常常会引发纠纷,甚至是诉讼。

据统计,在"3·15"消费电子投诉网上,个别企业的"物品丢失"类投诉率甚至占到企业总投诉量的 48%。而从整个行业的投诉问题分析中也可以看到,"物品被盗"也高居投诉问题的第三位。可见,"物品被盗"对快递业的投诉贡献率是"功不可没"的。

当然,"物品被盗"原因是多方面的,既有外因,也有内因,但是,内盗绝对是主要因素。因此,一方面希望行业能建立一个个人诚信系统,把那些曾有盗货记录的业务员列入内部的黑名单(这可能会牵涉较多问题,可以联合公安等部门共同进行探讨),以防止该类问题人员利用不同的公司"作案";另一方面也希望企业能进一步加强物品的监督力度,并大力提升从业人员的素质,以减少此类问题的发生。

2. 收件方式不合理

通过对大量的投诉分析,专家发现,收件方式不合理是导致快递投诉居高不下的重要原因。根据统计,超过 70% 的投诉人是在已签收(送件员已离开)后发现物品丢失的。至于大家为何不仔细检查再签收,大部分投诉人都提到两点:一是送件员说只有签收了才能打开包装验货;二是从未想过物品会丢失或损坏,随手就签收了,等送件员走后,才发现物品出了问题。

还有一部分投诉是在送件员离开超过 24h 才发现物品丢失的。隔了这么长的时间,没有快递公司会承认物品丢失与自己有关。由于这类投诉属事后行为,物品丢失或损坏的责任已难以认定,所以绝大部分投诉都难以得到有效解决。

建议用户签收时一定要规范操作,由于目前各大快递公司基本上都是采取先签收再验货的制度,用户签收时,不妨先从外观上初步检查物品的包装有无破损、有无刀片割过的痕迹、面单有无重新贴过、包装的胶袋有无重新粘贴等。另外,还可以大致掂量一下物品的重量是否与面单上标注的重量差不多,如果初步判断没有问题,可以签收,一旦发现问题,则应谨慎签收。需要注意的是,在签收后一定要让送件员作短暂的停留,当其面打

开包装检查核对物品。如果物品有破碎或短缺现象,则应让其当场开具物品损坏或丢失证明,以备索赔之用。

现在有些快递公司收派员在派送时往往将快件留在客户小区的物业公司处,这时如果里面的物品出现破损产生纠纷,应该如何处理呢?

3. 未给快件买保险

赔偿难是导致目前用户对快递业普遍不信任的一个重要原因,也是引发投诉的一个重要因素。通过大量分析发现,赔偿难更多地发生在一些未保价的物品上。由于很多用户为了减少寄送费用,加上怀有侥幸心理,有不给物品买保险的习惯。因为未给物品买保险,所以一旦出现问题,快递公司往往会做出有利于自己的赔偿。另外,目前的保价费率一般在1%左右,有些贵重物品收取的费用较高,客户觉得不划算。所以,适当下调保价费率会促使更多的客户购买保险,从而减少纠纷的发生。

4. 服务质量不稳定

由于交通上不可预知的因素太多,如路上堵车、车辆故障、交通事故、航班延误等,物品往往很难及时送达用户的手中。另外,很多物品的寄送需要经过第三方,转运送的时间并非企业所能控制。如五一、十一及春节等时期,铁路方面会大幅度减少货运铁车的数量,所以快递物品很难确保准时运送。此外,因为物品需要经历多次转车装运,保障物品不损坏丢失也是一大难题。以上种种因素,导致了目前快递业很难给用户提供稳定而有效的服务。

根据统计,"物品的延误晚点"高居投诉问题排行榜的第二位,可见目前快递企业所提供的服务质量确实还有待进一步提升。

5. 从业人员的素质良莠不齐

快递业属于技术含量较低、市场准入门槛不高的行业,早几年一台电话,两三部单车便可以开张做生意。所以,从业人员素质良莠不齐,加上很多企业在招收一线工作人员时,首先考虑的是其身体素质和吃苦耐劳精神,而对于学历、语言能力、沟通技巧、品格等方面要求甚少。因此,从业人员的整体素质不高,导致服务质量低下、服务意识不强等。而在越来越追求人性化服务的今天,这些都可能引发用户对企业所提供服务的不满。

在快递公司,延误、快件损毁乃至丢失的问题都是客户投诉的重点。其中一个原因是收派员工作很辛苦,大都是外地人从事这种工作,一到过年的时候,员工要回家团圆。而节假日往往又是快递量大增的销售旺季,用工荒与任务量的矛盾,最容易造成快件的延误、遗失。

6. 投诉/服务热线难打

对于各大快递公司投诉热线的难拨程度,曾有用户做过这样的形象比喻:"100个热线99个不通"。调查人员在处理快递投递的两年多时间里,先后打过数百个企业的投诉/服务电话,绝大部分电话不是没人接,就是一直占线。即使打通了,工作人员的态度要么不是太好,要么就是无法提供有效的帮助,有些企业的投诉/服务热线甚至成了敷衍用户和推卸责任的代名词。

7. 法律、法规不健全

快递业属于新兴的产业，由于至今仍未有相应的法律规定，行业的"霸王条款"盛行。这些"霸王条款"不仅遭到了用户的广泛质疑，另外在问题的具体处理上，如送达时间延误的赔偿、物品丢失和损坏的赔偿等，往往都是企业依据自己的条款说了算。消费者因为损失的物货金额不够大，很难有时间和精力与快递企业长时间较真，最终只能不了了之。在这种情况下，向有关部门及网络等媒介投诉成了他们解决问题的唯一希望。

8. 企业经营模式不一

快递公司的经营模式不一样，例如有的公司是直营公司，便于管理，有的是加盟店，监管很难做到统一和细化。目前，我国的快递行业准入门槛较低，多数企业设备简陋，人员素质不一，有的搬运人员不按标识轻拿轻放，野蛮操作造成货物毁损；有的快递员缺乏责任心，遗失物品的现象时有发生。快递业是一个靠"地盘"吃饭的行业，谁的地盘多，谁就有了更大的话语权并能抢占更多的市场。为了尽可能地圈得更多的"地盘"，不少企业走起了吸引中小快递企业加盟的捷径，尽管加盟能让企业迅速壮大，但是其弊端也显而易见。

如企业对各加盟点的监督管理有限，各加盟点在收费标准上有非常大的自主权，部分网点为牟取暴利，不惜采取欺骗等手段乱收费。另外，部分加盟网点还利于一些知名快递企业的品牌效应，开展了代收货款等业务，双方一旦出现了纠纷，总部很难敦促其尽快解决。此外，在赔偿方面，总部和加盟网点因利益因素互相推诿的事件也时有发生，有些加盟网点甚至以扣押货物来挟逼总部，以达到自己的目的。以上种种情况，都导致了企业服务质量的下降，从而引发了用户对其服务的不满。

9. 包装不当

因为包装不当引发的投诉屡见不鲜，有些用户因为缺乏基本的寄件常识，加上出于对物品的爱护心理，总不放心交给快递公司包装，物品一旦损坏，快递公司一般会以用户自己包装为由拒绝赔偿。对于这类情况，建议用户在寄送贵重或易碎物品时，最好是购买快递公司的专用包装箱，并由收派员亲自包装，这样一旦出现问题，快递公司也就无话可说。

10. 面单填写随意

很多用户在物品出现问题后才想到当初填写面单时太随意了，结果给赔偿增加了难度。如有用户担心寄送的手机被偷，在填写寄送物品的名称时，只填写了"数码产品"字样，结果在赔偿时快递公司拒绝了用户提出赔偿手机的要求。还有用户在填写物品数量时，随意写，甚至不注明数量，在赔偿时往往也会引发纠纷。

二、客户投诉业务操作流程

（一）快递企业处理流程

客户投诉最根本的原因是没有得到预期的服务，即实际情况与客户期望有差距。即使我们的产品和服务已达到良好水平，但只要与客户的期望有距离，投诉就有可能产生，其原因可以是快件寄递整个过程的任一环节，可能是客户在使用服务过程中，有人歧视或小看他们，没有人聆听他们的投诉；或者是在快件寄递过程中，因某人的失职令他们蒙受金钱或时间的损失；抑或是没有人愿意承担错误或责任，他们的问题或需求得不到解决，也没有人向他们解释清楚。因此，在解决客户投诉时，其处理流程也会涉及多个部门，从基本解决客户的不满，需要网点、中转站、客服部多个部门进行协商处理，其流程如图 5-5 所示。

资料链接 5-4：某公司客户投诉处理规则

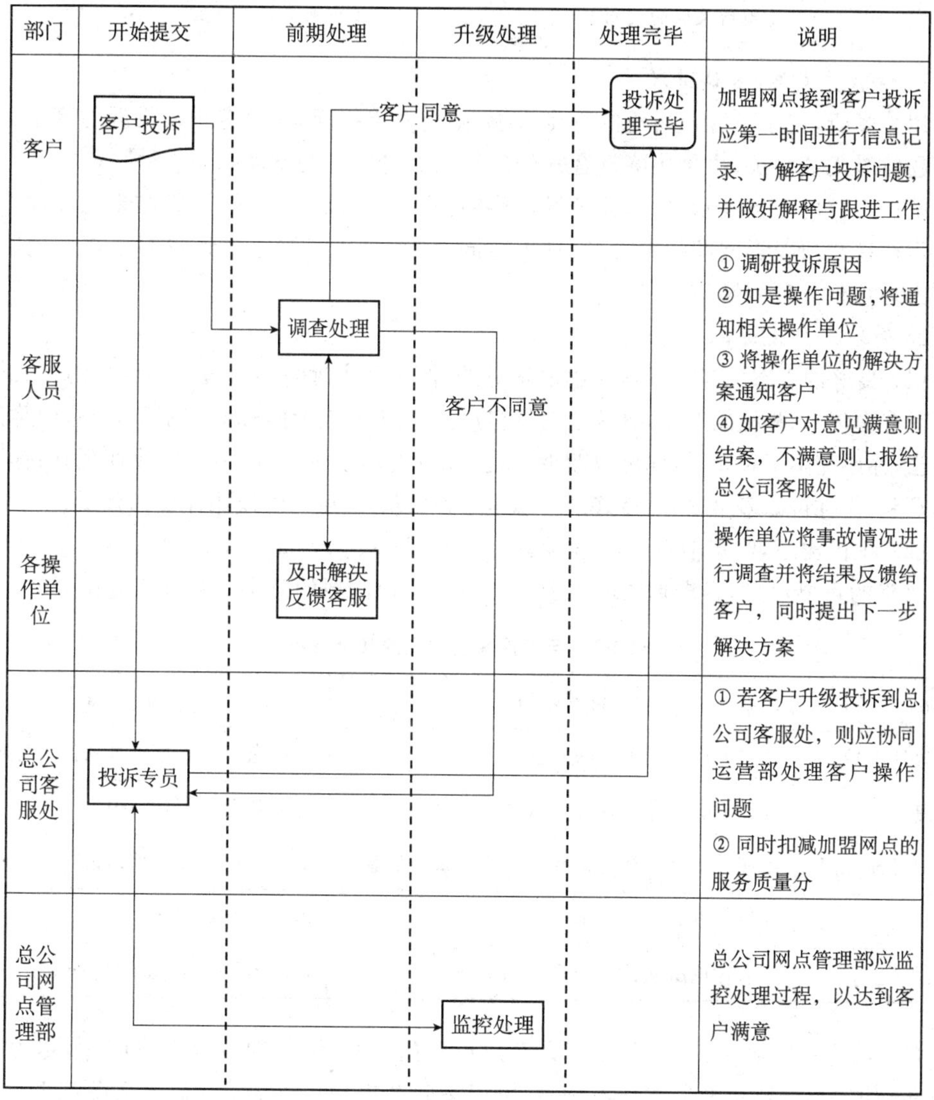

部门	开始提交	前期处理	升级处理	处理完毕	说明
客户	客户投诉	客户同意		投诉处理完毕	加盟网点接到客户投诉应第一时间进行信息记录、了解客户投诉问题，并做好解释与跟进工作
客服人员		调查处理	客户不同意		① 调研投诉原因 ② 如是操作问题，将通知相关操作单位 ③ 将操作单位的解决方案通知客户 ④ 如客户对意见满意则结案，不满意则上报给总公司客服处
各操作单位		及时解决反馈客服			操作单位将事故情况进行调查并将结果反馈给客户，同时提出下一步解决方案
总公司客服处	投诉专员				① 若客户升级投诉到总公司客服处，则应协同运营部处理客户操作问题 ② 同时扣减加盟网点的服务质量分
总公司网点管理部			监控处理		总公司网点管理部应监控处理过程，以达到客户满意

图 5-5　快递企业处理流程

（二）客服人员处理流程

从图 5-5 可以看出，快递企业在处理客户投诉时各部门分工明确，操作单位主要负责事故的解决及结果反馈，而客户部则主要起到衔接协调的作用，包括事故的记录、客户情绪的安慰、事故原因的查找以及相关部门的确立，其流程如下。

资料链接5-5：不同客户类型所采取的应对技巧

资料链接5-6：客户投诉业务规范用语

1. 请客户发泄，真诚道歉

用心倾听，记录下客户反应的重点事项，随时发出提问，找出客户来投诉的真正目的，如问题暂时无法解决，需尽快降低客户的怒气及平息客户的不满。

站在客户的立场表示关心，无论谁对谁错，能不能解决此问题，不管结果怎么样，一定要表示对客户所投诉问题的关心，表现出感同身受，要让客户感受到我们是在为他服务，在努力地帮他处理问题。

2. 受理客户投诉

（1）良好的心态。客户不是永远都是对的，但顾客永远是第一位的；只要客户不满意，我们就有责任；以积极的态度，真诚地对待客户。我们应该记住：你改变不了客户，但你能改变自己；你改变不了事实，但你可以改变态度；你改变不了过去，但你可以改变现在；你不能样样顺利，但你可以事事尽心；良好的心态是一种力量，态度有时候比什么都重要。

（2）积极沟通，收集信息。顾客投诉的5W1H（why、what、who、when、where、how）；容易忽略的重要信息；客户真实的需要。与投诉客户沟通的几个技巧如表5-3所示。

表5-3 与投诉客户沟通的几个技巧

技　　巧	目　　的	所用语言
一般性引导	让对方讨论他想谈的问题	麻烦您说一下这件事的经过好吗
重复	检验你听清并已理解了对方的意思	您的意思是不是……
针对性地提问	掌握更多容易被忽视和不明确的重要信息	受理人员有没有承诺说……
探讨	探知对方真正的需求	您有什么要求呢
归纳	深入讨论所谈话题作个总归归纳	这件事是不是这样的……

（3）给出一个解决方法，在登记完客户反映的信息后，立即着手解决问题，尽力使客户满意，如给出的解决办法客户不满意，可以询问客户，如"您希望我们怎么做？"之类的话语。如在自己权限范围之内不能解决的话，应立即转交给相关人员处理，并告诉客户"将尽自己最大的努力去帮他"等。

3. 结束投诉

感谢客户，感谢客户提出抱怨，让我们有机会改进服务；再次表达对事情的关心，将相关解决方法通知有关部门工作人员，避免类似失误再次发生。

与客户约定好回复时间后，不管有没有联系到客户想要的结果，都应准时给客户回电，一定要告知给客户，让其知道此事已经在处理中了。

三、客户投诉业务案例分析

资料链接 5-7：投诉业务对话示范

资料链接 5-8：遗失件赔偿标准

资料链接 5-9：其他类型投诉

快递投诉方面的案例很多，下面通过几个案例分别介绍延误件、破损短少件和服务态度等投诉的处理。

（一）延误件

1. 延误件案例 1

投诉人：曹先生（收件人）。

投诉主题：客户在 2022 年 6 月 13 日委托××快递公司发件，××快递公司于 6 月 15 日转单到我公司（单号 8000006482937，内为票据，运费 15 元，未保价），并于 6 月 16 日到达目的地。

客户认为在途时间超过 3 天，影响其价值，遂向××快递公司问来转单的单号后联系我公司，投诉我公司承担延误的赔偿责任，如图 5-6 所示。

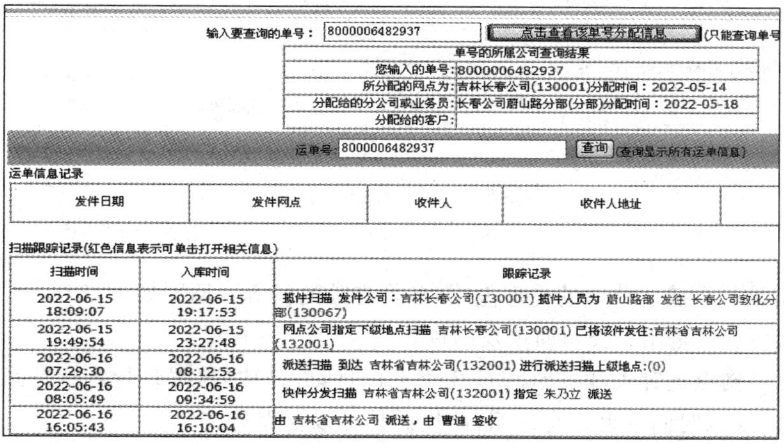
输入要查询的单号：8000006482937　点击查看该单号分配信息　(只能查询单号

单号的所属公司查询结果	
您输入的单号:	8000006482937
所分配的网点为:	吉林长春公司(130001)分配时间：2022-05-14
分配给的分公司或业务员:	长春公司蔚山路分部(分部)分配时间：2022-05-18
分配给的客户:	

运单号:8000006482937　查询(查询显示所有运单信息)

运单信息记录

发件日期	发件网点	收件人	收件人地址	

扫描跟踪记录(红色信息表示可单击打开相关信息)

扫描时间	入库时间	跟踪记录
2022-06-15 18:09:07	2022-06-15 19:17:53	揽件扫描 发件公司：吉林长春公司(130001) 揽件人员为 蔚山路部 发往 长春公司敦化分部(130067)
2022-06-15 19:49:54	2022-06-15 23:27:48	网点公司指定下级地点扫描 吉林长春公司(130001) 已将该件发往:吉林省吉林公司(132001)
2022-06-16 07:29:30	2022-06-16 08:12:53	派送扫描 到达 吉林省吉林公司(132001) 进行派送扫描上级地点:(0)
2022-06-16 08:05:49	2022-06-16 09:34:59	快件分发扫描 吉林省吉林公司(132001) 指定 朱乃立 派送
2022-06-16 16:05:43	2022-06-16 16:10:04	由 吉林省吉林公司 派送，由 曹迪 签收

图 5-6　延误件查询结果 1

分析及结果：

此件不能受理，该投诉属于无效投诉。原因如下。

（1）此件是由同行卖单给我公司的，按照《邮政行业标准》规定，快件索赔的对象是寄件人或寄件人指定的受益人，而我公司的寄件人是××快递公司，所以如果要索赔，也是由××快递向我们索赔。

(2) 此件是××快递6月15日转给我公司的,快件于6月16日派送到达,按照规定我公司并没有超出正常的派送时效,由此快件在我公司并不延误。

注:彻底延误是指从快递服务组织承诺的服务时限到达之日算起,到顾客可以将快件视为丢失的时间间隔。其中,同城快件为3个日历天;国内异地快件为7个日历天;中国港澳地区快件为7个日历天;中国台湾地区快件为10个日历天;国际快件为10个日历天。

2. 延误件案例2

客户姓名:吕先生(发件人)。

投诉主题:客户于2022年4月11日委托常熟韵达送一票快件到河南孟州(单号是1000049304962,内为电视机,价值300多元,运费240元,无保价)。直到客户投诉时(投诉时间是5月5日),仍未收到此件。在此期间,客户多次联系发件公司,要求尽快将该件派送到指定的收件地址,但是始终都未能得到答复,如图5-7所示。

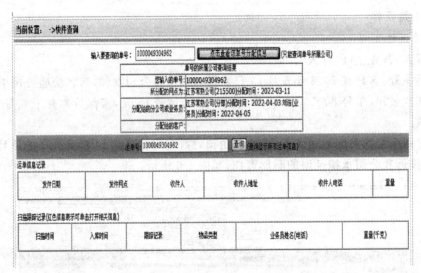

图5-7 延误件查询结果2

分析:

经分析该投诉属于公司的受理范围内,是有效的投诉。原因如下。

(1) 此件客户是用本公司面单发的件。

(2) 延误网点追究责任的时间是3个工作日,可是按照《邮政行业标准》客户的索赔时间是一年,所以时间上也没有过期,此投诉是可以受理的。

结果:

按照《邮政行业标准》,快件的延误索赔标准是免除本次的服务费用,如果超过彻底延误期,那么就按照遗失件处理。在该案中,该件最后在发件公司找到,因超区件未被发送,而客户没有要求索赔,只是要求此件送达,所以让发件公司转EMS进行派送,转EMS的费用由发件公司承担。

案例链接 5-2

准考证迟到　快递公司被告

在浙江省 A 大学就读的王某本可顺利地参加 B 大学的研究生考试,但却因快递公司的延误,造成王某与考研擦肩而过,之前的辛苦准备也都前功尽弃。

王某怎么也想不通:"仅仅因为'快递'变成'慢递',延误了 1 个多月的时间,就改变了自己的人生。"为了讨个公道,王某气愤地将速递公司和上海某快运公司一并告上法庭。

近日,花溪区人民法院经过三番五次的调解工作,终于圆满地化解了这起新型纠纷案。

一张过期的准考证

就读于浙江省 A 大学的王某报考了 B 大学工商管理学院研究生。2022 年 12 月 30 日,B 大学研究生院招生办公室将准考证通过快递公司寄给王某。

原本应该 2023 年 1 月 10 日至 11 日参加 B 大学研究生考试的王某,却迟迟没有收到 B 大学寄出的准考证。"当时没有收到准考证,我还以为自己没有获准参加这次研究生考试。因为一般情况下,如果可以参加考研,准考证通过速递公司应该很快就会寄到我手中,但却没有。当时我还有种失落感。"王某说道。

2023 年 3 月 6 日,浙江省某速递公司的派送员将一封邮递快件送到王某手中。当王某打开时,他顿时懵了:快件中装的竟是考研的准考证。这时,离考试时间已整整过去了 56 天。

"就因为速递公司的失误,让我为考研所付出的努力付之东流,打破了我的人生计划。"对王某来说,他怎么也想不通,而且越想越气愤。

打官司要求赔偿 2.6 万余元

据王某称,在离考试时间越来越近的那段时间,他抱着一线希望多次打电话给该速递公司,但电话不是打不通就是忙音。事情发生后,他多次找到速递公司"理论",但速递公司却认为自己没有责任,拒绝赔偿王某损失。

在多次找速递公司协商未果的情况下,王某一纸诉状将速递公司和上海某快运公司告上法庭,要求法院依法判令两被告连带赔偿其实际损失 11 670 元、精神损失 15 000 元,共计 26 670 元。

"因速递公司迟送了准考证造成考研未能正常进行,我所投入的备考费用也受到损失,同时所付出的努力也化为泡影,这些损失他们应该负责。"王某说道。

被告"依法"只肯赔偿 125 元

法庭在审理此案时,被告双方对造成的损失和赔偿事宜相互推脱责任。该速递公司称,自己并不负责上海某快运公司在贵阳地区的快递业务,也不知道 B 大学投递的是准考证,是否对投递事物保价当时并没有声明。而且王某作为成年大学生,应有责任在考试前查询送达情况,向学校了解考前如果将准考证丢失的补救办法和紧急应对措施。

而上海快运公司则认为,根据事实情况,本次快件运输为普通的快件运输,寄件人既未申请保价,也未声明为重要物品,因此只能视为普通的函件运输。根据《合同法》《邮政法》《快递行业服务标准》的相关规定和寄件人接受的快运合同详情单的契约内容,普通函件如有延误或遗失,理赔标准为资费的 5 倍。本次快件资费为 25 元,故理赔标准应为 125 元。并且任何一所高校在考前如果考生将准考证丢失都会有补办措施和相关的紧急应对措施,王某作为一名大学生应当相当清楚。而王某不参加考试也许还有很多原因,将所有责任都推卸到该次快件的承运方显然有失公平。

速递公司责任不可推卸

就该案,承办法官依法向速递公司进行了释明:B 大学于 2022 年 12 月 30 日将装有准考证的快件邮出,2022 年 12 月 31 日到达该速递公司。而速递公司却于 2023 年 3 月 6 日才将快件送到王某处,与 B 大学 2023 年 1 月 10 日、11 日的考研时间相距 56 天。作为从事快递业务的服务企业,因快递工作延误导致原告王某未能如期参加考研,应负有不可推卸的责任,故对于原告的合理损失应予赔偿。

该案经过庭前调解、庭上调解、庭后调解,又经过法官多次释法,王某终于与速递公司达成和解协议,由速递公司赔偿王某各项经济损失 6 000 元,速递公司当庭支付了赔偿款。

(二)破损短少件

客户姓名:张小姐(收件人)。

投诉主题:王先生在西安电子科技大学通过××发了计算机到上海(单号 1000051275431,运费 200 元,没有保价),此件由西安××承运。可是业务员并没有通过我们公司走快件,而是通过了 EMS 转到了上海。此件到上海后,客户查看发现里面的计算机主机、显示器皆破损不能使用,发现问题后,多次联系西安都没有处理,客户直接电话投诉到总部,如图 5-8 所示。

图 5-8 破损短少件查询结果

分析:

按照之前所说的《邮政行业标准》的索赔对象,此件的关系首先是客户找我们进行索赔，然后由我们公司找 EMS 进行索赔。

协商索赔的金额按照新《邮政法》第四十七条规定赔偿：未保价的邮件丢失、损毁或者内件短少的，按照实际损失赔偿，但最高赔偿额不超过所收取资费的 3 倍；挂号信件丢失、损毁的，按照所收取资费的 3 倍予以赔偿。

结果：

此件在寄件时未保价，属未保价快件。结合《邮政法》和公司的规定，普通快件赔付标准是运费的 2～5 倍，最高不超过 500 元，因此此件按照 500 元处理。

（三）服务态度投诉

投诉人：罗小姐（收件人）。

投诉主题：此件是 2022 年 5 月 15 日广州发出到上海的（单号 1200136851808），派送方的业务员给客户送货时因客户要求验货，而派送业务员不给验货还和客户发生争吵，最后还将货物带回。客户直接电话投诉至总部，如图 5-9 所示。

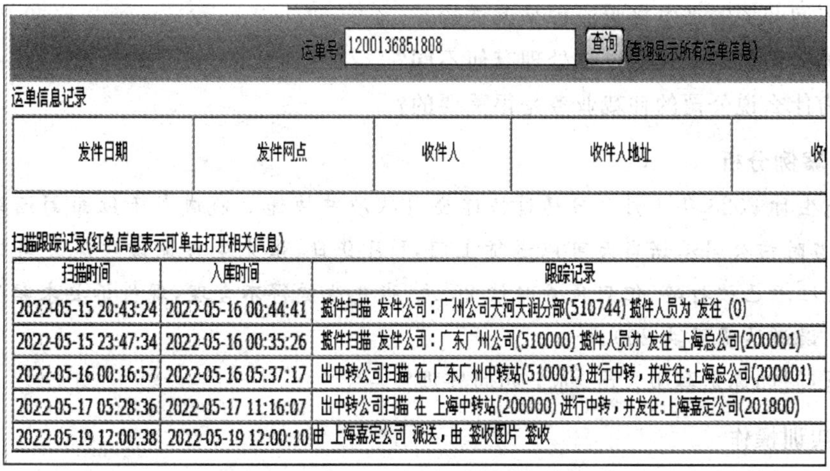
运单号：1200136851808　查询（查询显示所有运单信息）

运单信息记录

发件日期	发件网点	收件人	收件人地址	收

扫描跟踪记录(红色信息表示可单击打开相关信息)

扫描时间	入库时间	跟踪记录
2022-05-15 20:43:24	2022-05-16 00:44:41	揽件扫描 发件公司：广州公司天河天润分部(510744) 揽件人员为 发往 (0)
2022-05-15 23:47:34	2022-05-16 00:35:26	揽件扫描 发件公司：广东广州公司(510000) 揽件人员为 发往 上海总公司(200001)
2022-05-16 00:16:57	2022-05-16 05:37:17	出中转公司扫描 在 广东广州中转站(510001) 进行中转，并发往:上海总公司(200001)
2022-05-17 05:28:36	2022-05-17 11:16:07	出中转公司扫描 在 上海中转站(200000) 进行中转，并发往:上海嘉定公司(201800)
2022-05-19 12:00:38	2022-05-19 12:00:10	由 上海嘉定公司 派送，由 签收图片 签收

图 5-9　服务态度投诉件查询结果

分析：

此件到达派送方后业务员送货，截止该环节都是很正常。可是客户要求验货，业务员不给验货这个环节就违反了公司的规定，因此该案件属服务态度问题。

作为服务行业，对于客户的要求应尽量满足，派送员可让客户先检验快件外包装，在注明外包装完好的前提下，让客户先验货再签字即可。

结果：

（1）先解决客户的快件，因为无论在什么时候，快件的时效是第一位的，联系派送公司的负责人或派送的业务员，马上再次进行安排派送并满足客户的要求。

（2）对于客户投诉的服务态度问题，首先代表公司向客户道歉，然后让派送公司的负责人或当事人向客户道歉。

（3）要求责任网点的负责人对此事提交一个处理方案，如果没有总部可以强制执行，予以经济处罚。

项目小结

本项目介绍了快递公司投诉与仲裁的定义，阐述了客服业务的作业流程，通过典型案例分析了客户投诉和网点相互之间的投诉应如何处理。客服部门是维系客户与公司、网点与公司之间的润滑剂，其对投诉业务的处理妥当与否，会在很大程度上影响客户对公司的忠诚度。而作为客服人员，其除了需要良好的心理素质和沟通技能，还需要具备丰富的一线工作经验，对公司的各项业务非常了解。因此，要做好客服工作是很不容易的。

课后练习

一、问答题

1. 咨询业务的来电接听流程是怎样的？
2. 破损件与延误件的投诉处理有何不同？
3. 为什么说公司的仲裁业务是很重要的？

二、案例分析

张先生称2023年1月8日通过快递公司从沙井快递3瓶威龙干红葡萄酒给福田区的家人，当时该公司承诺当天可以送货上门，1月9日，张先生咨询该快递公司时被告知其中有瓶红酒已被打碎，但只负责赔偿20元，张先生觉得不合理，现投诉要求赔偿打碎的红酒和延误送达费用共200元。

问题：假如你是客服人员，你会如何处理？

三、实训操作

接听客户的投诉电话，并进行相应的处理。

项目六

快递公司物流成本管理

知识目标
★ 了解企业物流成本的分类。
★ 掌握快递公司物流成本构成的具体内容。
★ 理解并掌握快递公司物流成本核算的方法。
★ 理解并掌握快递公司物流成本优化的途径。

能力目标
★ 能准确地根据资料对快递公司物流成本进行核算。
★ 能熟练地对快递公司物流成本进行分析预测。
★ 能根据快递公司年报对其营业成本进行简单分析。

课程思政
★ 养成节约俭朴的工作意识。
★ 养成合理优化成本的规范和创新意识。
★ 提升工作认真细致的职业素养。

关键词
物流成本　物流信息成本　成本核算　成本优化

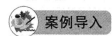 案例导入

油价上涨对快递企业成本有多大影响

2021年以来,受全球新冠感染疫情、流动性泛滥、供给瓶颈等因素影响,原油价格快速上升,而2022年年初俄罗斯与乌克兰的军事冲突,更加剧了原油供给瓶颈的问题,原油价格快速上扬。截至2022年3月7日,布伦特原油与WTI原油期货结算价格分别升至123.21美元/桶与119.40美元/桶,较2022年年初分别上涨56.00%和56.94%。

受国际原油价格影响,国内成品油价格有所上调,新一轮调价窗口已于2022年3月3日24:00开启,国内汽、柴油价格每吨分别提高260元和255元,这是自2021年12月底以来,国内成品油零售限价连续第五次上调。相较2022年年初,国内汽、柴油

价格每吨分别提高1 125元和1 085元,达到9 255元/t和8 210元/t,上涨13.84%和15.23%。

对以柴油消耗为主的公路货物运输行业,成品油价格波动将对成本造成直接影响。交通运输是原油产品的主要用途,在新冠感染疫情暴发前的2019年,交通运输行业消耗所有石油产品的68.84%。快递行业的业务链条由收、转、运、派四环节组成,而对于直营制与加盟制两种不同组织形式,其成本所产生的环节也有所不同。油价波动直接影响快递行业陆路运输成本。

一、快递行业成本结构拆分

一般而言,运输成本为加盟制快递企业的主要成本,人工成本为直营制快递企业的主要成本。以2020年数据来看,中通、圆通、韵达与申通的运输成本占总快递成本的比重分别达到44.88%、20.31%、25.48%与17.76%,平均占比达到25.98%。从成本结构拆分来看,顺丰全环节的成本主要由收件成本、网点成本、中转成本、运输成本与派件成本组成。从总营业成本口径来看,顺丰运输成本占总成本的比重为11.07%(2020年),而贯穿所有业务环节的人工成本则占72.89%(2020年),为主要成本来源。

从加盟制的通达系来看,电商快递企业的成本主要在核心的转运环节产生,如图6-1所示。

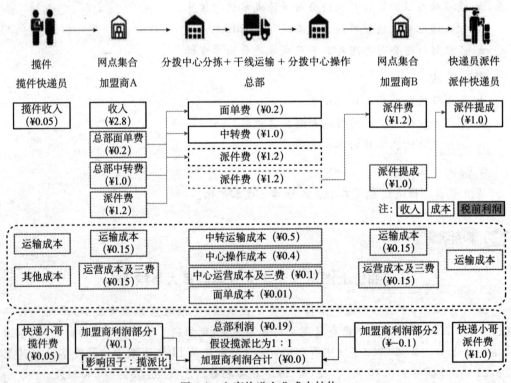

图6-1 电商快递企业成本结构

从成本结构拆分来看,除派送费成本外,加盟制电商快递企业的成本由运输成本、中心操作成本与面单成本构成,其中运输成本为电商快递企业成本的主要组成部分。

图 6-2 是 2020 年通达系快递公司的成本构成对比。

申通		圆通		韵达		中通	
单票成本	0.95	单票成本	0.96	单票成本	0.89	单票成本	0.84
运输成本	0.42	运输成本	0.51	运输成本	0.55	运输成本	0.51
面单成本	0.03	中心操作成本	0.31	面单成本	0.01	中心操作成本	0.31
中心操作成本	0.50	面单成本	0.02	中心操作成本	0.33	物料销售成本	0.02
·职工薪酬		网点中转费	0.12	·职工薪酬			
·折旧摊销				·装卸扫描费			
·其他中转成本				·折旧摊销			
				·办公及租赁			
				·中转其他成本			

注：统一扣除派费；单位为元。

图 6-2 2020 年通达系快递公司的成本构成对比

从直营制的顺丰来看，全链路直营的运营模式使其成本产生于收、转、运、派四个环节。图 6-3 是顺丰公司的成本构成，它的成本主要拆分为收件成本、网点成本、中转成本、运输成本与派件成本。

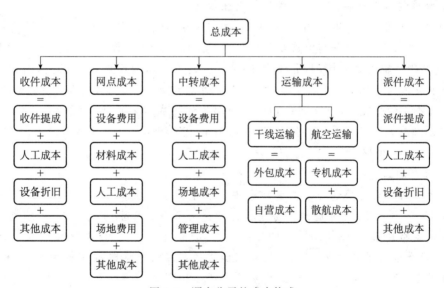

图 6-3 顺丰公司的成本构成

聚焦运输成本，陆路运输成本主要由燃油成本、人工成本、道路通行费、折旧成本与其他成本组成，根据行业数据测算，这五部分成本占运输成本的比重分别约为 25%、25%、18%、15%、17%。对快递企业而言，干线运输车辆主要由 15～17m 长的高运力挂车组成，高运力货车主要使用柴油，由企业集采，属于变动成本，成品柴油价格波动为影响燃油成本的主要因素。受全球新冠感染疫情、流动性泛滥、供给瓶颈等因素影响，2021 年来，原油价格不断上涨,近期地缘政治不稳定因素的影响,进一步推高了原油价格。截至 2022 年 3 月 9 日,布伦特原油期货结算价达到 111.14 美元/桶,相较 2021 年年初上涨 117.54%。

二、油价上涨对快递行业运输成本实际影响有限

1. 国家发展改革委统一调控,成品油价波动较小

原油价格的上涨,势必会对中国成品油价格造成影响。中国成品油价格由国家发展改革委统一调控,根据《石油价格管理办法》,中国汽、柴油的价格根据国际市场原油价格变化每 10 日调整一次,采取阶梯式调价的方法:当原油价格低于每桶 40 美元时,按照每桶 40 美元以及正常加工利润率定价。当原油价格高于每桶 40 美元且低于 80 美元时,按照正常的加工利润率定价。当原油价格高于每桶 80 美元时,开始扣减加工利润率,直至使用零利润率定价。当原油价格高于每桶 130 美元时,汽、柴油价格原则上不提价或少提价。

2022 年 3 月 4 日,上调柴油价格至 8 210 元/t,相较上次调价上升 3.21%,相较 2021 年年初上升 44.16%,涨幅远小于原油价格变动幅度(3 月 4 日原油价格相较 2021 年年初上涨 131.18%)。每次调价的窗口期间,中国柴油价格的变动幅度明显小于原油价格的变动幅度,2021 年以来,成品柴油价格每次调价的变动范围在 −5%~5%。测算油价波动对快递行业成本端的影响程度,需将加盟制与直营制分开来看。发展改革委统一调控下,中国成品油价波动幅度小于原油价格波动幅度。

2. 加盟制与直营制快递企业受油价上涨影响有限

2022 年 1 月 1 日—2022 年 3 月 4 日,中国成品柴油价格共调价 5 次,平均价格为 7 700 元/t,相较 2021 年平均价格 6 756 元/t 上涨 14%。以圆通快递为例,2021 年第一季度,圆通单票运输成本为 0.51 元,而燃油成本占运输成本的比重约为 25%,因此圆通的单票燃油成本约为 0.13 元,若全年维持相同的单票燃油成本水平,在假设装载率、分拣效率等指标不变的情况下,油价上涨 14% 将使单票燃油成本上升 0.0182 元。2022 年 1 至 2 月,圆通共完成业务量 22.97 亿票,则粗略测算下总燃油成本将增加 0.0182×22.97 = 0.42(亿元),占 2022 年 1 至 2 月归母净利润的 7.71%。

1)加盟制通达系

柴油采购价格是快递企业的变动成本。若中国柴油价格水平相较 2021 年平均水平上涨 10%,同时 2022 年圆通业务量同比增速为 20%,达到 196.75 亿票,粗略测算下总燃油成本将增加 0.13×10%×196.75 = 2.56(亿元),以 2022 年预测的归母净利润计算,新增燃油成本约占 7.80%。以相同的方法测算通达系燃油成本波动,若中通、韵达与申通 2022 年业务量同比增速分别为 20%、20% 与 15%,10% 的油价上涨将分别带来新增成本 3.47 亿元、3.74 亿元与 1.27 亿元,如表 6-1 所示。以 2022 年预测的归母净利润计算,新增燃油成本分别占中通、韵达与申通归母净利润的 3.59%、14.02% 与 14.30%。

2)直营制顺丰控股

顺丰的成本产生于业务的所有流程,人工成本是顺丰成本端的主要来源。运输成本方面,2021 年第一季度,顺丰运输成本达到 95.69 亿元,占总成本的 10.84%。若

表 6-1 新增燃油成本

	中通	油价变动幅度			
	单位:亿元	1%	5%	10%	15%
业务量同比增速	10%	0.32	1.59	3.18	4.77
	15%	0.33	1.66	3.33	4.99
	20%	0.35	1.74	3.47	5.21
	25%	0.36	1.81	3.62	5.42
	30%	0.38	1.88	3.76	5.64
	圆通	油价变动幅度			
	单位:亿元	1%	5%	10%	15%
业务量同比增速	10%	0.23	1.17	2.34	3.52
	15%	0.25	1.23	2.45	3.68
	20%	0.26	1.28	2.56	3.84
	25%	0.27	1.33	2.66	4.00
	30%	0.28	1.39	2.77	4.16
	韵达	油价变动幅度			
	单位:亿元	1%	5%	10%	15%
业务量同比增速	10%	0.34	1.71	3.43	5.14
	15%	0.36	1.79	3.58	5.37
	20%	0.37	1.87	3.74	5.61
	25%	0.39	1.95	3.89	5.84
	30%	0.41	2.03	4.05	6.08
	申通	油价变动幅度			
	单位:亿元	1%	5%	10%	15%
业务量同比增速	5%	0.12	0.58	1.16	1.74
	10%	0.12	0.61	1.22	1.83
	15%	0.13	0.64	1.27	1.91
	20%	0.13	0.66	1.33	1.99
	25%	0.14	0.69	1.38	2.08

注:核心假设:中通、圆通、韵达2022年业务量同比增长10%～30%,申通2022年业务量同比增长5%～25%;油价变动范围同比增长1%～15%;以此推算全年新增的燃油成本范围。

2021年顺丰运输成本约为190亿元,假设燃油成本占比约为30%,且顺丰中转运输方式有卡车与飞机,假设卡车所使用的柴油占总燃油的70%(顺丰以陆运为主,2020年航空发货量占公司总业务量约11%),则顺丰陆运用油成本约为190×30%×70%=39.9(亿元),粗略测算下10%的油价上涨将是燃油成本增加约3.99亿元。

总体而言,10%的燃油价格上涨,对加盟制与直营制快递企业带来的全年成本影响为1亿~4亿元,占当年归母净利润的4%~14%,但实际影响大概率低于测算值,主要原因有3点。

(1) 收入端的影响远高于成本端的影响,单票收入修复带来的业绩弹性远高于单票成本变化带来的影响。以圆通为例,2022年1月,圆通单票收入同比上升14.55%(达到2.72元),环比增加0.22元,而若燃油价格上涨10%,所增加的单票成本约为0.13元。

(2) 从成本端看,快递行业是强规模效应行业,业务量规模的不断增长有望摊薄新增燃油成本。受益于电商渗透率的持续提升以及快递小件化的趋势,头部企业业务量有望保持较高的增长中枢。业务量规模的持续提升,叠加快递企业精细化管理的不断推进,车辆装载率、线路规划等有望继续优化,进而再度降低单票成本。

(3) 快递行业的产业链议价权不断增强,头部企业有望将成本压力向下传导。对比海外快递巨头的发展经验,在格局稳定的背景下,FedEx和UPS均会通过征收燃油附加费的方法将油价上涨的压力传导给下游。国内头部快递企业在产业链中的议价权不断增强、行业格局稳定性持续巩固的支撑下,通达系与顺丰有望在未来通过涨价将变动成本压力传导至下游,成功通过涨价提升抗通胀能力。

——http://k.sina.com.cn/article_2780826007_a5c0099702700yctb.html

任务一　快递公司物流成本组成分析

情景导航

李玉刚是一个进入YD快递公司5年的员工,随着YD快递公司近年来的快速发展以及自身的不断努力,李玉刚在公司里也不断获得升迁。2023年2月底,由于公司业务发展的需要,他被任命为YD快递公司杭州分拨中心副站长,主要负责内部运营工作。其中,成本的控制是很重要的一块内容。接下来,李玉刚需要从哪些方面入手来分析该分拨中心的物流成本呢?

一、企业物流成本常用的分类方法

物流成本是物流活动中所消耗的物化劳动和活劳动的货币表现,即产品在实物运输过程中,如包装、运输、储存、流通加工、物流信息等各个环节所支出的人力、物力和财力的总和。

物流按其所处企业的领域不同划分,可分为流通企业物流和生产企业物流,相应的物流成本也可分为流通企业物流成本和生产企业物流成本。

（一）流通企业物流成本的构成及分类

流通企业物流成本是指在组织物品的购进、运输、保管、销售等一系列活动中所耗费的人力、物力和财力的货币表现,其基本构成及分类如下。

1. 流通企业物流成本的基本构成

(1) 人工费用。如企业员工工资、奖金、津贴、福利费等。

(2) 营业费用。如运杂费、能源消耗费用、设施设备折旧费、保险费、办公费、差旅费以及经营过程中的合理消耗(如商品损耗)等。

(3) 财务费用。如支付的贷款利息、手续费、资金的占用费等。

(4) 管理费用。如行政办公费、差旅费、税金等。

(5) 物流信息费。如硬件、软件费用,维护费等。

2. 流通企业物流成本的分类

物流成本按成本发生的流转环节划分,可分为进货成本、商品储存成本和销售成本。

(1) 进货成本。商品由供货单位到流通企业仓库所发生的运输费、装卸费以及损耗费、包装费、入库验收费和中转单位收取的成本等。

(2) 商品储存成本。物流企业在商品保管过程中所开支的转库搬运、检验、挑选整理、维护保养、管理包装等方面的成本及商品的损耗费。

(3) 销售成本。流通企业从商品出库到销售过程中所发生的包装费、手续费、管理费等。

（二）生产企业物流成本的构成及分类

生产企业主要是生产满足市场需求的各种产品。为了进行生产活动,生产企业必须同时进行有关生产要素的购进和产品的销售,同时,为保证产品质量,并为消费者服务,生产企业还要进行产品的返修和废物的回收。因此,生产性企业物流成本是指企业在进行供应、生产、销售、回收等过程中所发生的运输、包装、保管、配送、回收等方面的成本。与流通相比,生产企业的物流成本大都体现在所生产的产品成本之中,具有与产品成本的不可分割性。

1. 生产企业物流成本的基本构成

(1) 人工费用。企业从事物流工作的员工工资、奖金、津贴、福利费用。

(2) 采购费用。如运输费、保险费、合理损耗、采购人员的差旅费等。

(3) 仓库保管费。如仓库的维护保养费、搬运费。

(4) 营业费用。在物流活动中的能源、材料消耗费,办公费,差旅费,保险费,劳动保护费等。

(5) 物流设施、设备维护和折旧费,仓库的折旧费。

(6) 产品销售费用。在产品销售过程中所发生的物流费用。如销售活动中的运输费、保险费、搬运费、装卸费、仓储费、配送费等。

(7) 物流信息费。如物流硬件费用、软件费用、维护费用等。

(8) 财务费用。如物流活动中的贷款利息、手续费、资金占用费等。

2. 生产企业物流成本的分类

(1) 以财务会计中的费用发生为基础,按照交付形态的不同,可以把生产企业物流成本分为本企业支付的物流费用和向其他企业支付的物流费用,其中本企业支付的物流费用又进一步细分为企业本身发生的材料费、人工费、工艺费、维护费、一般经费、特殊经费和委托物流费用。

(2) 按照物流功能的差别,生产企业物流成本可分为实物流通费用、信息流通费用和物流管理费用3类。

(3) 按照物流活动的不同阶段划分,生产企业物流成本可分为采购、生产、销售和售后服务阶段的物流成本,也可分为供应、内部和销售物流成本。

二、快递公司物流成本的构成分析

成本上涨,多家
快递公司宣布涨价

快递涨价调查:劳动力
成本和油费成涨价推手

快递公司属于第三方物流企业,其物流成本就是公司的所有成本,其中直接成本占全部成本的大部分。一般认为,其物流成本由运输成本、仓储成本、包装成本、装卸搬运成本、流通加工成本、物流信息成本、物流管理成本、资金占用成本、物品损耗成本、保险和税收成本等几部分构成。快递公司是提供服务型企业,没有实际意义上的"产品"或"制造费用",所以传统的成本核算方法是核算其物流成本的有效方法。

1. 运输成本

运输成本是指一定时期内,企业为完成货物运输业务而发生的全部费用,包括从事货物运输业务的人员费用、车辆(包括其他运输工具)的燃料费、折旧费、维修保养费、租赁费、养路费、过路费、年检费、故损失费、相关税金等。在国内的快递公司中,有少部分的企业货运车辆是归企业所有的,它们聘用司机、维修员工等相关人员,相关的费用需要一项一项计算。大多数的快递公司是将货运车辆外包出去的,快递公司与它们签订相应的合同,按某条专线跑的次数来付费,这样相关费用的计算就比较简单。

2. 仓储成本

仓储成本是指一定时期内,企业为完成货物储存业务而发生的全部费用,包括仓储业务人员费用、仓储设施的折旧费、维修保养费、水电费、燃料与动力消耗等。快递公司的快件流通很快,其在库时间很短,仓储成本并不高,主要有总公司仓储成本、分拨中心仓储成本和网点仓储成本几部分。总公司的仓储成本主要是因为其有相关的物料需要储存,例如,面单、文件袋、叉车维修零件、手套、毛巾等物品。分拨中心某种意义上相当于一个半敞开式的堆场,这里的场地租金、传送带的折旧、员工的工资及保险费等,都是快递公司的仓储成本。还有就是各网点,它们也会根据业务量的大小划出一块场地用于堆放快件,这部分场地所占用的租金及相关费用就是网点的仓储成本。

3. 包装成本

包装成本是指一定时期内,企业为完成货物包装业务而发生的全部费用,包括包装业务人员费用,包装材料消耗,包装设施折旧费、维修保养费,包装技术设计、实施费用以及包装标记的设计、印刷等辅助费用。在快递公司,对用户寄递的文件需要包装加以保护,有些快件是用户自己包好的,有些需要快递公司网点提供相应的包装服务。这样,涉及的包装纸袋、胶带、面单、纸箱等都是快递公司的包装成本。

4. 装卸搬运成本

装卸搬运成本是指一定时期内,企业为完成装卸搬运业务而发生的全部费用,包括装卸搬运业务人员费用,装卸搬运设施折旧费、维修保养费、燃料与动力消耗等。因为流通速度快、环节多,快件的装卸搬运次数也是比较频繁的。在快递公司,装卸搬运成本包括叉车的作业成本及折旧、搬运用的塑料筐、分拨中心相关业务员工的工资费用等。

5. 流通加工成本

流通加工成本是指一定时期内,企业为完成货物流通加工业务而发生的全部费用,包括流通加工业务人员费用,流通加工材料消耗,加工设施折旧费、维修保养费,燃料与动力消耗费等。在快递公司,主要的流通加工作业就是快件的分拣,相关成本也主要是产生在分拣人员身上的费用。

6. 物流信息成本

物流信息成本是指一定时期内,企业为采集、传输、处理物流信息而发生的全部费用,指与订货处理、储存管理、客户服务有关的费用,具体包括物流信息人员费用,软硬件折旧费、维护保养费、通信费等。目前快递公司在物流信息方面投入越来越大,为了给用户提供更好的服务,便于及时查阅快件所处的状态,一般快递公司都建有相关的网络,配备有相应的计算机、车载GPS、RF手持,还有大量的技术维护人员,由此产生的费用属于快递公司的物流信息成本。

7. 物流管理成本

物流管理成本是指一定时期内,企业物流管理部门及物流作业现场所发生的管理费用,具体包括管理人员费用、差旅费、办公费、会议费等。在快递公司,几乎每个部门都与物流业务相关,如运输部、仓储部、分拨中心、网点等。即使是客服中心,也必须熟悉快递业务的具体流程,提供良好的物流查询、投诉反馈等服务。这些部门所发生的管理费用,就是快递公司的物流管理成本。

8. 资金占用成本

资金占用成本是指一定时期内,企业在物流活动过程中负债融资所发生的利息支出(显性成本)和占用内部资金所发生的机会成本(隐性成本)。在快递公司,一般情况下,现金业务是当天要结算的,业务往来方面的资金占用很少,其资金占用成本主要是在业务扩张过程中快递公司在融资过程中所发生的利息支出。

9. 物品损耗成本

物品损耗成本是指一定时期内,企业在物流活动过程中所发生的物品跌价、损耗、毁损、盘亏等损失。

10. 保险和税收成本

保险和税收成本是指一定时期内,企业支付的与存货相关的财产保险费以及因购进和销售物品应交纳的税金支出。

具体到实际业务,快递公司的物流成本可细分为派送服务支出、运输成本、网点中转费、中心操作成本、面单成本、仓储成本等,如表6-2所示。

表6-2 快递公司具体物流成本构成

成本构成项目	构 成
派送服务支出	人工成本、营运成本、其他费用
运输成本	人工成本、营运成本(车辆折旧费、过路费、过桥费)、差旅费等其他费用
网点中转费	仓库费用、人工费用、运输费用、保险费用、其他费用
中心操作成本	仓库保管、操作人员工资、仓库租金、水电费、调度车油耗
面单成本	材料费(包装纸、文件袋等)、人工费等
仓储成本	自建、外购、租赁仓库的费用、仓储作业产生的成本

即问即答 6-1

快递公司的运输成本包括哪些内容?《邮政法》修正后,为什么说快递公司的成本增加了?

案例链接 6-1

顺丰 2021 年报解析

2021年顺丰控股的年报显示,顺丰实现营收 2 071.87 亿元,同比增长 34.55%;归母净利润 42.69 亿元,同比下滑 41.73%;扣非归母净利润 18.34 亿元,同比下滑 70.09%。

具体来看,2021年,顺丰时效快递业务收入同比增长 7.3%;经济快递业务收入同比增长 54.7%;快运业务收入同比增长 25.6%;冷运及医药业务收入同比增长 20.1%;同城急送业务收入同比增长 59.1%;供应链及国际业务收入同比增长 199.8%。其中,供应链及国际业务收入的大幅增长,主要来自公司第四季度合并嘉里物流。

净利润下跌超四成,速运分部承压同比下降 54.89%

年报显示,2021年度,顺丰控股归母净利润和扣非归母净利润分别下降 41.73% 和 70.09%。对于业绩同比下滑,顺丰控股解释称,主要是因为公司在年初为了应对件量高增长、缓解产能瓶颈,加大了对场地、设备、运力等网络资源的投入。同时年初疫情期间响应春节原地过年,导致人工成本上升。报告期内定价低的经济快递产品增速快,对利润造成了压力,并且在 2020 年享受到的多项抗疫相关税费减免政策,于 2021 年陆续结束。

2021年净利润下降主要集中于速运分部和同城分部,净利润分别为38.32亿元和－8.99亿元,同比下降54.89%和18.81%;快运分部虽然净亏损5.82亿元,但较2020年度,亏损已大幅缩小,净利率也有所提升;供应链及国际分部净利润为6.15亿元,同比增长497.60%。对于速运和同城分部净利润下降,年报中分析称,速运分部主要是因为网路建设投入加大、各项资源成本增加,产品结构中经济快递产品占比提升,未能到达较优成本效益水平,对盈利造成压力;同城分部由于业务仍处于拓展期,扩大覆盖城市规模和区域密度,订单量保持高速增长,较上一年度亏损增加,但净利率有所回升。

年业务量达105.5亿票,票均收入下降8.57%

2021年顺丰的业务量达到了105.5亿票,同比增长了29.65%,而票均收入从2020年的17.77元/件下降到16.25元/件,同比下降了8.57%。从年报来看,单票收入相对偏低的经济快递和同城急送业务量的快速增长、占比提升,是造成整体票均收入下降的主要原因。

顺丰经济快递的收入同比增长54.7%,定价较低的经济快递产品增速较快,对整体利润率造成了一定压力,也是造成票均收入下降的一个方面。经济快递业务中"电商标快"的单票收入环比有所提升,较市场电商件均价高出2~3元/票,盈利能力环比有明显改善。

直面成本压力,物流市场整合空间巨大

根据年报显示,顺丰的主要成本集中在物流及货运代理方面,占营业成本的98.47%。其中,人工成本高达835.76亿元,占收入比41.03%,同比下降2.92%(剔除合并嘉里物流的影响,同比上升0.86%);运力成本高达708.54亿元,占收入比34.79%,同比上升7.47%(剔除合并嘉里物流的影响,同比上升3.04%)。

对于燃油价格的波动风险,顺丰在年报中表示,燃油成本是运输成本的重要组成部分,燃油价格的波动会对利润水平有一定影响,如果燃油价格大幅上涨,公司将存在一定的成本上升压力。为应对风险,公司将加大力度推广使用新能源车和提升线路规划,动态调整运营方案和燃油成本管控,降低燃油带来的成本上升压力。

——https://baijiahao.baidu.com/s?id=1728796093085829020&wfr=spider&for=pc

任务二 快递公司物流成本核算

情景导航

李芳在ZT快递公司工作3年了,最近她被调到总部的统计部门工作。做了一些日子后,她觉得有些困惑,公司的运输费用、仓储费用总额并不大,公司的高层领导却总是说公司的物流成本很高,要努力将其降下来,这是什么原因呢?

一、快递公司物流成本分业务核算

快递公司的物流业务分为运输、配送、仓储、包装、装卸搬运、信息管理等方面,那么,其物流成本的核算也可以从这些方面进行统计,然后求和。此时,在企业里,其成本的资源费用分别按人员薪酬、管理费用、设备维修及其他费用、仓储费用、运输费用、折旧费用等支付形态记账,具体如表 6-3 所示。

表 6-3 快递公司资源费用科目

资源费用科目	说 明
人员薪酬	工资、奖金及职工福利等
管理费用	水电费、通信费等其他办公费用、业务招待费等
设备维修及其他费用	设备的维修费用及运输工具的修理费等
仓储费用	营业部租金、仓库租金等
运输费用	过路费、运输车辆使用费、燃油费、装卸搬运费等
折旧费用	运输工具的折旧费、设备的折旧费等

我国的大多数快递公司网点中,费用科目占比较大的是人员薪酬、管理费用和运输费用(表 6-4)。这说明我国的快递仍然是劳动密集型行业,自动化程度有待提高。

表 6-4 某快递公司网点 1 个月的成本明细

费用科目	费用/元	占比/%
人员薪酬	1 634 187	47.42
管理费用	693 792	20.13
设备维修及其他费用	41 729	1.21
仓储费用	46 000	1.33
运输费用	969 912	28.14
折旧费用	60 922	1.77
合计	3 446 542	100

即问即答 6-2

快递公司物流成本核算的目的是什么?

二、快递公司物流成本分部门核算

图 6-4 为某快递公司组织架构。

该公司按相关法律、法规和公司章程,设立了股东大会、董事会、监事会和经营管理层,并设置了审计部、办公室、市场部、客户服务部、快递业务部、物流业务部、渠道业务部、网控部、人力资源部、信息技术中心、财务部、企业发展部等直属部门,这些部门又与快递公司下面的分拨中心、网点等相关联。在这些部门中,与物流成本关联度比较高的有快递业务部、物流业务部、渠道业务部、网控部、信息技术中心、市场部、客户服务部等部门及下

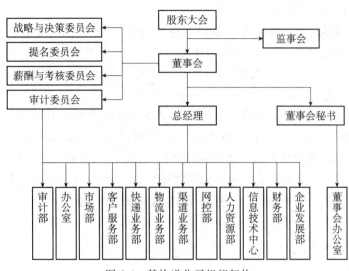

图6-4 某快递公司组织架构

属的网点,这些部门的主要职责有以下内容。

(1)快递业务部:负责制定快递业务发展战略和发展规划,提出年度业务发展目标和措施,并组织实施;负责快递业务的经营和管理;负责制定快递业务的规章制度和管理办法,并组织实施;参与国际及台港澳快递业务的协调工作;负责提出快递业务的投资项目;负责快递业务大客户开发与维护工作。

(2)物流业务部:负责制定物流业务发展战略和发展规划,提出年度业务发展目标和措施,并组织实施;负责物流业务的经营和管理工作;负责制定物流业务的规章制度和管理办法,并组织实施;负责提出物流业务的投资项目;负责物流业务大客户开发与维护工作。

(3)渠道业务部:负责制定渠道业务发展战略和发展规划,提出年度业务发展目标和措施,并组织实施;负责各项渠道业务的规章制度制定和实施;负责渠道业务的经营和管理工作;负责渠道业务的投资项目;负责渠道业务大客户开发与维护工作;负责边境口岸小额贸易市场、货运代理市场等业务的开发与管理工作;负责设关局、互换局、交换站、快件监管中心等口岸资源的商业化功能改选与开发工作。

(4)网控部:负责制定网路规划;负责网路的组织和优化工作;负责制定各项业务的全程时限、处理和运输时限以及频次规定;负责营业和投递网路的建设;负责网路运行质量的监控和专业服务质量的监督检查工作;负责资费检查工作。

(5)信息技术中心:负责信息系统和自动化系统的建设与维护管理工作;负责外部业务网站和内部管理网站的建设、维护和管理工作;负责公司内办公自动化等系统的管理及设备维护工作;参与速递物流专业信息系统与综合网和邮政其他相关系统的互联互通工作。

(6)市场部:负责制订年度经营计划并组织实施;负责资费标准的制定工作;负责经营分析工作;负责市场研究、产品体系研究、产品开发和推广工作;负责组织综合营销工作;负责综合性大客户开发、维护和客户信息管理,以及客户关系的归口管理工作;负责协调公司内相关部门的业务关系。

（7）客户服务部：负责制定专业客户服务体系建设规划；负责专业客户服务规章制度、规范标准的制定与组织实施；负责专业客户资源整合及情报分析，参与大客户开发；负责专业客户分级管理、分层次维护工作；负责专业客户需求协调及客户危机处理工作；负责专业客户服务质量管理及考核；负责专业内部查询、验证、赔偿、责任仲裁及投诉管理，以及国际客户服务协调；负责专业客户服务中心及客户服务网站管理。

需要注意的是，像快递业务部、物流业务部等部门下属有许多的快递网点和分拨中心，业务也是和物流活动相关的，它们的物流成本很高，需要重点关注。而像企业发展部、人力资源部、财务部、审计部、董事会办公室等部门则与快递公司的物流业务没有直接的关联，在企业物流成本核算中所占比重偏小，可以放在后面考虑。

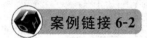

某快递公司网点盈利分析

一、人员、设备配置情况

（1）人员配备。COD业务操作6~7人，司机4人，受理查询1人，普货业务操作4~5人。

（2）车辆配备。小型面包车1辆，金杯车1辆，全顺车1辆，3t厢式货车1辆，大众轿车1辆（自用），合计5辆。

（3）其他设备。计算机5台、电子秤2台、传真机1台、打印机2台。

（4）库房面积。100m^2。

二、业务、收入情况

（1）出港。月均出港票数12 000票。

收入核算：12元/票（市场指导报价）×0.8（折扣）+300元/票（代收款金额）×0.02（手续费）=15.6元/票。

出港收入：15.6元/票×12 000票=187 200元。

（2）返货。月均返货率为30%，合计3 600票。

收入核算：12元/票（市场指导报价）×0.7（折扣）=8.4元/票。

返货收入：8.4元/票×3 600票=30 240元。

（3）进港。月均进港票数370票。

派送收入：814元。

（4）收入合计。187 200元+30 240元+814元=218 254元。

业务出港区域：东北三省、山西、河南、河北。

三、综合成本情况

（1）发货。以单票重量小于1kg，代收货款金额小于300元，到达沈阳地级城市为例。

成本核算：0.7元/票（工作单）+0.1元/票（信息流量费）+1.5元/票（坏账准备金）[300元/票（代收贷款金额）×0.005]+4.1元/kg（航空中转垫付）+1元/kg（省内中转

费)+2元/票(派送费)+3元/票(妥投费)=12.4元/票。

月均返货3 600票,妥投费用,3元/票×3 600票=10 800元。

发货成本:12.4元/票×12 000票-10 800元=138 000元。

(2) 返货。

成本核算:1元/票(中转费)+1.7元/票(航空垫付)=2.7元/票。

返货成本:2.7元/票×3 600票=9 720元。

(3) 经营成本(月平均值)。

成本核算如下:

人员工资1 900元/人×15人=28 500元。

房租:1 550元/月。

油费:5 000元/月。

电话费:2 000元/月。

电费:300元/月。

经营成本:28 500元+1 550元+5 000元+2 000元+300元=37 350元。

(4) 先行赔付。顺义站点于4月加盟,现已先行赔付4万余元,月均5 000元。

(5) 成本合计。138 000元+9 720+37 350元=185 070元。

四、分析

1. 利润分析

$$收入合计-成本合计=利润$$

218 254元-185 070元=33 184元,利润率为15.20%。

2. 经营分析

(1) 项目客户支持,综合成本较低。大型项目客户支持,月出港COD货物在万票以上,单位成本降低,综合成本较小。

(2) 地理条件优越,经营成本较低。该站点与北京分拨中心距离较近,单线不超过5km,车辆油耗成本不高,并且位于郊区,房租便宜。

(3) 出港业务量大,盈利能力强。该站点月出港票数一万余票,单票盈利3.8元,利润累计增长。

(4) 客户返货费用支付高,创造新盈利点。项目客户返货费用按照正常报价七折支付站点返货费用,返货利润占整体利润50.81%,成为新的盈利点。

(5) 人员、车辆资源利用率高,创造利润。该站点人员月均创收15 030元,人员月均成本1 900元,车辆月均创收45 090元,月均成本(油费)1 000元。

即问即答 6-3

快递公司网点的经营成本主要在哪几部分?假如你是一家快递公司网点的老板,你会如何降低运营成本?

三、快递公司物流成本分公司内外核算

为了提高服务质量,快递公司需要有覆盖面更广的网点,国内有不少快递公司采取了

加盟的模式尽快开拓市场，比较知名的有"三通一达"，加盟网点与快递公司是分开独立核算的，它们的物流成本，例如派件员的工资、机动车的费用、网点的仓储租金等都由网点自己承担，算是快递公司外部的物流成本。

另外，大型快递公司还有大量的长途货运业务是外包给第三方的，其自有的货运车辆只是其中的一小部分。这些第三方与快递公司根据运送快件的数量进行结算，虽然结算的所有费用是第三方产生的，但都是快递公司的物流成本。

A公司物流成本分析

A是某第三方物流企业集团下属的专业子公司，其主营业务包括跨区域长途运输、区域内配送、仓储管理、零担专线运营、能源运输等物流服务。所有业务归入项目操作和快运专线两种方式经营。该公司有欧洲轮胎、韩国轮胎、欧牌机油3个大型客户，公司财务进行独立核算，A公司的业务流程如图6-5所示。

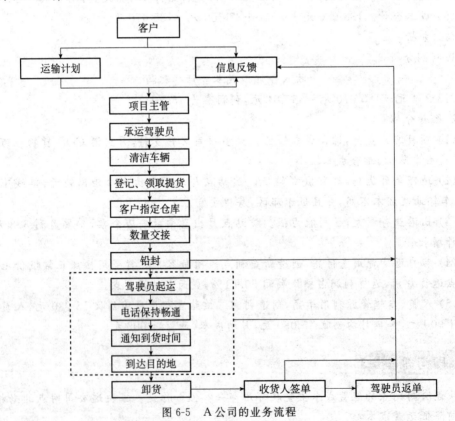

图6-5 A公司的业务流程

1. 成本构成分析

A公司的成本分类主要包括直接业务成本、操作费用和业务税金3种，具体见表6-5。公司总成本中绝大部分为直接业务成本，占总成本比例为92.91%。操作费用主要是项目组及快运部直接服务于物流业务的人员、设备等相关的费用,占总物流成本比例为 6.35%。操作费用可以进一步分为与人员相关的费用、与设备相关的费用、与业务相关的费用。业务税金占总成本比例为 0.74%,包括增值税、城建税、教育费附加。A 公司在具体操作过程中,有大量代开发票业务,下月互相冲减调整,但是并不影响公司整体税负大小。

表 6-5　A 公司成本核算

成本项目				总成本
直接业务成本/元	项目组		仓储	240 093
			配送成本	11 844
			长途运输(汽运)	4 875 316
	快运部	网外	运输	217 378
			配送	36 844
		网内	干线车成本	301 749
			支线车成本	112 290
			配送成本	35 113
小计/元				5 830 667
占总成本比例/%				92.91
操作费用/元			职工薪酬	122 629
			业务招待费	3 186
			差旅费	2 052
			邮电通信费	8 384
			办公费用	3 263
			车辆费用	65 419
			市场交通费	122
			折旧费	147 377
			低值易耗品摊销	10 332
			房屋及场地费	22 526
			税费(非业务税金)	13 401
小计/元				398 691
占总成本比例/%				6.35
业务税金/元			增值税	43 046
			城建税	3 013
			教育费附加	1 722
			其他	−1 604

续表

成本项目	总成本
小计/元	46 177
占总成本比例/%	0.74
合计/元	6 275 535
占总成本比例/%	100

2. 成本趋势分析

A 公司从 2019 年至 2022 年发生的物流成本情况见表 6-6，该公司近 4 年来成本构成几乎未变，成本构成比例大致相同，直接业务成本占公司总成本比例一直高于 90%。从绝对数看，前 3 年一直呈上升趋势，从 2021 年至 2022 年开始下滑。究其原因，该公司于 2022 年在辖区内其他子公司新设了两个快运专线部，新设的两个区域快运专线部使得其操作费用（即间接成本）增加。

表 6-6 A 公司近 4 年成本核算结果

成本项目	2019 年		2020 年		2021 年		2022 年	
	金额/元	比例/%	金额/元	比例/%	金额/元	比例/%	金额/元	比例/%
业务成本	7 112 663	93.30	8 330 388	91.05	10 613 751	96.31	5 830 669	92.91
操作费用	425 355	5.58	431 188	4.715	306 181	2.78	398 692	6.35
业务税金	85 244	1.12	387 565	4.24	100.213	0.91	46 177	0.74
合计	7 623 262	100	9 149 141	100	11 020 145	100	6 275 538	100

该公司的几个快运部区域内成本归公司统一核算，其直接成本通过 3 个层次实现：①依据干线收入将成本分摊至各干线；②依据物流量分摊至区域内的各快运部；③按照项目物流量将公司快运部的成本分摊至各项目。现在选用快运部的原始收入构成为成本动因重新分摊快运部成本至各成本中心。

由表 6-7 可知，欧洲轮胎项目、韩国轮胎项目、欧牌机油项目、零担快运业务成本分别占公司总成本的 29.3%、12%、50.46%、8.24%，各项目直接成本、操作费用、业务税金占各自总成本的比例大致与总成本构成比例相当。A 公司欧洲轮胎项目和零担快运业务直接成本低于 90%，对于全部由快运部负责的零担快运业务，具有客户数目多且单个业务规模小的特点，通常需要拼车，多个项目由一人负责，而快运部的职工薪酬、折旧费、信息费等服务于所有客户，故操作费用较多也是比较合理的。对于欧洲轮胎项目，大部分由外派的欧洲轮胎项目组完成，直接成本主要是运输车辆费用。因为使用外来车辆运输费用高，故欧洲轮胎项目的直接成本较低。

表 6-7 成本中心成本核算结果

成本项目			欧洲轮胎项目	韩国轮胎项目	欧牌机油项目	零担快运
直接成本	金额/元	项目物流	1 438 631.71	586 489.40	3 102 131.82	0
		快运部分摊	164 082.7	116 316.37	0	423 016.54
		小计	1 602 714.71	702 805.77	3 102 131.82	423 016.54
	占项目总成本比例/%		87.16	93.29	97.97	81.84
操作费用	金额/元		220 260.03	28 988.70	75 201.29	74 241.68
	占项目总成本比例/%		11.98	3.85	2.37	14.36
业务税金	金额/元		15 806.18	21 565.56	−10 846.61	19 651.77
	占项目总成本比例/%		0.86	2.86	−0.34	3.80
合计/元			1 838 780.63	753 360.03	3 166 486.51	516 909.99
占总成本比例/%			29.30	12	50.46	8.24

3. 成本中心利润分析

根据对公司总收入和总成本再次分摊核算的结果,按照成本中心核算利润,如表 6-8 所示。

表 6-8 成本中心利润核算结果

项目	欧洲轮胎项目	韩国轮胎项目	欧牌机油项目	零担快运
收入/元	1 909 133.80	1 153 845.67	3 966 803.89	647 841.68
成本/元	1 838 780.63	753 360.03	3 166 486.51	516 909.99
利润/元	70 353.18	400 485.63	800 317.39	130 931.68
毛利率/%	3.69	34.71	20.18	20.21

从表 6-8 可以看出,韩国轮胎项目毛利率最高,欧洲轮胎项目毛利率最低,而欧牌机油项目和零担快运业务毛利率居中。分析结果显示出欧洲轮胎项目实际盈利性较差。

任务三 快递公司物流成本优化分析

情景导航

张伟原来是联邦快递公司中国华东片区的运营总监,最近被猎头公司挖到 YT 快递公司担任运营总监。上任之后,他发现 YT 快递公司的物流成本与业内竞争对手相比要高出一截,影响公司最后的净利润。YT 快递公司总经理对张伟提出来的要求就是 2022 年将公司的物流成本降低 2%。接下来,张伟应从哪些方面着手,既不降低对客户的服务水平,又能达到总经理提出的物流成本下降目标?

一、快递公司物流成本管理上存在的问题

我国快递公司的业务按照其物流快递物品大致分为3类：文件、包裹和重货。从快递的物品性质来看，大多数具有多品种、小批量、高附加值、高时效性的特征。开展这3类物品的快递业务的最终目的都是通过一定的手段，将所委托的产品准确及时地送达最终用户手中。在整个快递物品中，包裹在3类产品中所占的比重是最大的，几乎达到50%。

由于包裹快递运价一般是按照包裹的重量以及运输距离来确定，因此包裹运输的价格要比文件快递的价格高。而一般文件快递的货物交付期很短，运输安全性很有保证，因此，快递企业开展文件快递服务的成本比较低，风险性也较小。重货由于运送周期长，价值较高，所以快递企业在重货运输过程中产生的成本是3者中最高的，也是最难得到用户认可的。

案例链接 6-4

滑向退市边缘的速递易，为何高速失控

智能快递柜本属快递企业内控成本，外延服务的网络基建和技术升级的业务范畴，为何那么多的"外行"要以第三方运营的角色贸然进入？

智能快递柜的江湖，本算不上江湖

更确切地讲，并不是每个人，或每个企业都能混的江湖。或是资本市场的激情冲动，或是转型企业的失控野心，或是创业公司的盲目跟进，终是催生出一个不尴不尬、不热不闹的"外围"江湖。

实在想不通的是，智能快递柜本属快递企业内控成本，外延服务的网络基建和技术升级的业务范畴，为何那么多的"外行"要以第三方运营的角色贸然进入？要知道，没有一定规模性的基础快递业务支撑和内部输血，智能快递柜的商业模式是不成立的，其商业价值也是根本激不活的。坦率地讲，对第三方运营的智能快递柜企业而言，仅凭在社区立几组铁皮柜体，装块电子显示屏，再开发个App，然后就想上拢快递B2C业务流量，下控社区O2O信息入口，是太过天真的想法。特别是在国内社区管理极不规范、社区配套极不成熟的前提下，进驻社区的谈判成本和管控风险都显得畸高，无疑更是痴人说梦。

为什么要做智能快递柜

从行业层面分析，智能快递柜的市场或许还不成熟，但它的存在及迅猛发展，又有着时代的合理性及必然性，在快递物流业转型升级的产业链条中，也必然是不可或缺的重要角色。其理由有以下两点。

（1）订单海量且高速增长的快递业，无法回避人力成本过高、配送效率过低的现实困境。2021年，我国的快递总业务量已突破1 000亿件，日均2亿~3亿的快递总单量，纯粹靠快递员人工上门送取是完全无法想象的。被人力成本不断挤压的快递公司，已处在微利的危险边缘，在最后一公里配送环节，利用高效且智能的柜体服务替代成本高昂的人工，已是不可逆的变革趋势。

(2) 智能快递柜是解决电商最后 100m 配送难题最为经济有效的方式,也是中国式社区管理最为认可的服务模式。24h 提供不间断服务的智能快递柜,不但可以帮助快递员节省时间成本,降低劳动强度,减少重复投递次数,而且也方便用户随时提取,且有保护用户隐私,满足社区安全管理等多重功效。

然而,智能快递柜作为物流服务链条里的基础设施(工具),其内嵌式的天然依附属性,决定了无法以第三方运营或"外包"的形式独立存活。形象点解释,就如无法单独组建一个巴枪公司给快递公司使用那样,智能柜当然也不能。

速递易为什么败得那么惨

作为快递柜第三方运营公司的标杆企业,速递易是一家集幸运、尴尬和悲情于一体的"非天命"公司。说幸运,是因为它趁巨头打盹的时候,在 O2O 风头最好的时候,以抢占社区最后一公里(100m)入口的名义,吃尽了市场和资本的"风口"红利。自 2013 年 11 月,速递易的母公司三泰控股发布配股公告,计划募集资金 7.5 亿元,加码快递柜业务开始,在短短不到 1 年半的时间里,其股价就从 4 元/股一路狂飙到 40 元/股,其市值曾一度突破 400 亿元大关。

很多人不明白,为什么那么好的风口,会被速递易这个名不见经传的小公司抢去。说来也是命好,速递易所属的技术公司,曾受一家著名快递巨头的委托,深度介入智能快递柜的前期研发工作。但由于当时快递巨头在战略层面还在做深度布局,智能快递柜一直处在隐秘性的内部测试阶段,从而被急于转型、寻求突破的三泰控股抢了先机。

说尴尬,是因为"速递易"一直在以最不恰当的方式做自己最不擅长、也是最不应该做的事情。这个层面的尴尬主要体现在企业的战略卡位上。资本层面华丽的泡沫,让速递易彻底迷失了自己,错判了方向。迷醉在资本幻影里的速递易,竟然真以为自己已经强大到可以和快递巨头平起平坐、对等博弈的地步,早早就悍然举起"第三方运营"的独立旗帜,后来又是迫不及待地收割,这实际上都是在战略性逼迫或催生强劲的竞争对手,残忍点讲,就是"自我作死"的节奏。

既无技术垄断自信,又没品牌势能,仅占据先发优势的速递易,最聪明的战略卡位做法,其实也不外乎 3 种选择:一是傍势连横,在顺丰抛来橄榄枝时,主动臣服事强;二是聚力合纵,抢在丰巢之前,联合三通一达,形成利益捆绑;三是借壳托底,借资本市场利好的风口和 A 股的概念优势,或借壳给更有实力的关联实体企业,或寻求更大的金融大鳄、资本巨头来站台托底。然而速递易最终选择了最失策的战略,那就是一个人玩。妄想凭借区区几十亿元的资本势能,布局卡位一个千亿级规模的潜在且不成熟的市场。于是,错位的企业命运悲情便不可避免汹涌而来,纵是再努力,也于事无补。

或是缘于传统业务飞速下滑的压力,或是缘于对智能快递柜过于乐观的期望,三泰控股自 2013 年 11 月募集第一批 7.5 亿元资金开始,就进入快节奏的高频自助融资之旅:2014 年 6 月,通过配售募集 7.12 亿元;2015 年 1 月,通过定增募集 29.4 亿元;2015 年 11 月,通过定增再募 28.7 亿元。钱融了不少,速递易的业务数据增长也很漂亮。到 2015 年年底,速递易业务已扩张至 79 个城市,全年新增网点 3.4 万个,营业收入也从 2013 年的 126 万元增至 2015 年的 3.09 亿元。按照速递易当初的估计,2016 年的年营收和净利润更是要分别达到惊人的 13.27 亿元和 3.17 亿元。

然而,在速递易高歌猛进的网点大跃进背后,是特别不堪,甚至非常可怕的亏损数据:2015年亏损3 792.8万元;2016年亏损12.69亿元,同比下降3 244.99%。

荣光背后的多重隐患

速递易还有两组财务数据值得深思,需要警惕。一是2016年公司的总资产是48.77亿元,同比下降了29.07%,理由是报告期内公司业绩大幅下降、公司归还借款及支付供应商货款减少相应资产所致。二是2017年1月底发布的《2016年业绩预告修正公告》,又公布了两笔财务损失:一笔是因早期铺设的设备提前淘汰,造成损失约6 630万元;另一笔是早期开发的平台及软件也要淘汰,造成损失约1 370万元;这些也都间接说明速递易的先发优势,除速度和决心外,行业经验和技术实力太过欠缺,核心竞争力太过弱小。

——http://www.expressboo.com/detail_1674_3.html

二、国内快递公司物流成本偏高的原因分析

近几年,在我国快递业不断多元化迅速发展的大环境下,对快递企业的物流成本进行合理的、最优化的管理和控制,是企业在巨大的市场竞争中获取独特优势的制胜法宝。快递公司物流系统是由多个单元组成,因此各种快递方式和各个快递环节都会产生相应的物流成本,主要体现在企业内外部的信息处理、运输和配送、仓储方面。

1. 信息处理成本

快递公司开展一次快递业务首先要接受来自社会、用户的信息资源,所产生的成本即是信息处理费用。开展快递服务,最基础的工作是信息系统的建立和信息的收集,只有通过各种渠道广泛收集来自用户的各种有用信息,才能继续下一步业务的开展。信息收集是整个快递物流信息工作中工作量最大,最费时费力的环节,所耗费的成本也是比较大的。

其次,控制和作业信息是指在快递物流活动中所产生的信息,是掌握快递物流活动实际情况必不可少的信息。由于控制和作业信息具有很强的动态性,信息更新的速度非常快,信息的时效性也很强,因此在处理信息时对快递企业内部的信息系统要求非常高。

现在,国内大型快递公司在信息系统的改造升级方面投入很大,导致短期内的成本高企。

2. 运输和配送成本

对快递物流来说,运输费用最能体现快递物流成本。在一次快递服务中,运输费用在整个成本中占比重最大。根据货物、时间以及客户的不同要求,运输可以采用多种方式,一般文件快递和包裹快递较多的会采用航空运输。航空运输的速度快,安全性高,但因此产生的成本也是最大的。在实际运营中,必须根据实际运费、运输时间、货物的性质以及运输安全性来进行综合选择。其次是在运输过程中货物灭失和损坏的成本。如果货物灭失和损坏,快递企业最严重的损失是失去潜在的客户,从而影响企业的业务发展。

此外,快递服务的配送和传统的配送中心一样,在一定区域内将客户所需要的各种货物按要求进行集中,然后制定科学的运输路线将物品送达客户手中。在备货、理货和送货的过程,如果资源筹措、库存决策、价格、配送与直达决策不合理,则会导致企业产生巨大的成本压力。

近年来,国内外油价不断上涨,创出新高,这直接导致了快递公司的运输和配送成本

上升。这也是国内快递公司收费不断提高的重要原因。

谈谈新能源汽车在快递行业的应用前景？

3. 仓储成本

在快递业务中,仓储承担了改变"物"的时间状态的重任。由于快递服务注重的就是速度和及时性,所以仓储成本所占快递服务整个物流成本的比重相对较小。但是为了实现仓储和合理的配送,快递企业也必须建立一个配送中心,将货物分拣组合后送出。这个过程虽然很短,但是在这期间产生的仓储管理费用等,仍然是快递企业物流成本中不可分割的部分。

目前,大型快递公司的分拨中心基本都是直营的,每个分拨中心的占地少则几十亩,多则几百亩,无论是租赁的,还是自建的,每年的固定成本都是比较高的。另外,随着电子商务的飞速发展,越来越多的分拨中心开始为重要的电商客户提供仓储,也就是自建仓库供电商客户使用。这虽然降低了前期收件的费用,提高了快件的反应速度,但也使得相关的仓储成本有所上升。

海南出台六大方面24条举措降低物流成本

2020年10月,海南省发展改革委、省交通运输厅联合印发的《海南省关于进一步降低物流成本的实施方案》透露,海南省将通过六大方面24条举措,力争海南省全社会物流总费用占全省地区生产总值到2025年由2019年的14.96%降低到13.2%左右。

降低物流制度成本:海南省将完善证照和许可办理程序,加快运输领域资质证照电子化,推动线上办理签注。严格执行全国统一的治超执法标准,联合开展货车非法改装、货物装载超限执法检查,逐步淘汰各种不合规车型。推进通关便利化,货物整体通关时间将大幅压缩。

降低物流要素成本:对国家、有关部门及海南省确定的国家物流枢纽、铁路专用线、冷链物流设施等重大物流基础设施项目,在新增建设用地指标上给予重点保障。执行《海南省集体经营性建设用地入市试点办法》,农村集体经营性建设用地可以按照规划入市用于符合国家和海南省产业政策的物流等产业项目。积极争取中央预算内投资、地方政府专项债券等对国家物流枢纽、国家骨干冷链物流基地等重大物流基础设施建设的支持力度。

降低物流税费成本:保障纳税人知晓运用"大宗商品仓储用地城镇土地使用税减半征收"等物流减税降费政策。认真落实鲜活农产品运输"绿色通道"优惠政策,按规定免征进出岛货物车辆通行附加费,落实优惠琼州海峡轮渡运费和港口客滚作业包干费政策。

降低物流信息成本:在确保信息安全前提下,交通运输、公安交管、铁路、港口、航空等单位要向社会开放与物流相关的公共信息。对出厂前已安装卫星定位装置的货运车辆,任何单位不得要求重复加装卫星定位装置。

降低物流联运成本：积极争取中央财政对海南铁路专用线、多式联运场站等物流设施建设的资金支持力度。支持铁路专用线进港口、进国家物流枢纽。积极申请国家多式联运示范工程，推广应用多式联运运单，加快发展"一单制"联运服务。推进洋浦铁路支线项目建设。

降低物流综合成本：按照《国家物流枢纽网络建设实施方案（2021—2025年）》，积极申报国家物流枢纽，系统性降低物流成本。支持海南省物流园区申报国家示范物流园区。积极申报国家骨干冷链物流基地，针对性补齐城乡冷链物流设施短板；整合冷链物流以及农产品生产、流通资源，提高冷链物流规模化、集约化、组织化、网络化水平，降低冷链物流成本。深入推进海口市医药供应链创新与应用试点，提高药品资金、存货周转效率。鼓励企业研发使用可循环的绿色包装和可降解的绿色包材。

——http://hi.people.com.cn/n2/2020/1003/c231808-34332392.html

三、时间驱动作业成本法

（一）时间驱动作业成本法的概念及原理

2004年，美国著名的工商学者卡普兰和安德森在《哈佛商业评论》上首次发表 *Time-Driven Activity-Based Costing* 一文，标志着以时间为驱动因素的作业成本法正式问世。它最初诞生是为了改进传统作业法和成本法中普遍存在的一些短板。时间要求驱动下的作业测量成本法调查摒弃了时间要求甚高的传统作业成本调查，仅以"时间"作为作业成本测量依据。该方法应用过程虽然简单，但是能够对复杂的成本信息进行分类，并且能够得出公司的闲置产能。应用过程中，公司需要估计的是单位时间产能成本和作业单位消耗时间。

1. 单位时间产能成本

单位时间产能成本就是公司单位时间消耗的资源。首先公司需要收集耗用资源以及工作总时间数据。这里涉及理论产能与实际产能两个概念，理论产能为理想状态下工作人员提供的工作总时间，但是现实情况下，总时间中还包含休息时间、培训时间等，需要从其中撤除开。一般管理人员会对实际产能在理论产能中的占比进行估计，资源数据主要来源于公司明细账。取得相关成本信息后，就能计算出单位时间产能成本。

2. 作业单位消耗时间

作业单位消耗时间即每个作业消耗的时间，通常情况下，可利用访谈调查的方式从基层员工处获得，只是这个获得方式同作业成本法一样要求较高。

3. 成本动因率

成本动因率就是每单位作业分摊的资源。该指标就是将单位时间产能成本和作业单位耗时相乘。

4. 时间等式

因每个作业具有差异性以及其本身特性，所以对于耗时的处理方式也会有所不同，这就导致了每个环节作业时间等式不同。时间等式不仅需要考虑普通情况，还要考虑特殊情况对作业时间的影响。

（二）时间驱动作业成本法的核算流程

1. 汇总消耗资源量

根据"作业消耗资源,成本对象消耗作业"这一基本原则,汇总企业的资源消耗。通常这些数据非常容易获得,一般通过会计信息系统即可获得。以快递公司网点为例,可以通过网点管理财务以及公司的信息平台获得业务量、明细账等基本数据。

2. 划分基本作业及确定作业中心

只有正确地划分基本作业以及确定作业中心,才能应用好时间驱动作业成本法。作业以及作业中心的划分合理与否决定了时间驱动成本法的使用效果,进而影响后面的成本管理计划的实施。一般可按照作业所处环节、工作人员性质、所处责任中心等原则进行划分。

3. 单位时间产能成本的测算

产能成本是指做运营活动时总消耗资源量。而单位时间产能成本是指在单位作业时间里消耗的资源。一般可以通过实地考察、相关工作人员经验估计等方式取得数据。因为时间驱动作业成本法只应用时间作为驱动因素进行成本分配,所以对于时间的准确性会有一定的要求,人工以工时确认,设备以运行时间进行确认。

4. 作业单位时间耗用的计算

作业单位时间耗用是指每一作业环节花费的时间,通常可以通过管理人员以及一线员工处获得。要严格区分普通情况以及特殊情况的用时,对后续时间方程的设置也尤为重要。

5. 计算成本动因率

成本的动因比率是指每个物流作业所需要承担的总体产能费用的总额,为单位作业的产能费用成本和需要消耗时间的乘积。快递企业的业务流程相对稳定,其中每个单位的作业所需要消耗的时间也相对稳定,所以影响其成本的主要因素是每个单位的产能费用。

6. 成本分配

在对应期间内,将已经得到的成本动因率与汇总数据得到的消耗作业数量相乘,得到的就是对应环节所应该承担的成本。通过科学的成本分配可以将原本"一锅端"的间接成本对应到正确环节,得到反映正确成本信息的数据,利用这些数据可以进行相应的成本控制、合理定价、规制闲置产能以及改善公司的作业流程等。

（三）时间驱动作业成本法的应用优势

1. 模型简易且可随需求变更

时间驱动作业成本法的整体核算流程稳定,涉及的时间方程以及单位作业成本等相关因素计算公式简易,因为仅以时间作为驱动因素,所以在作业环节变化的同时可以随之进行改变,不会存在比较大的问题。相比于作业成本法的多因素,时间因素数据更易取得,快递公司本身的信息化可以更好地支撑方法的使用,节约大量收集数据的时间。

2. 增加闲置产能管理关注度

时间驱动作业成本法的特点是可以计算出产能利用率与各环节闲置产能。通过单独将数据呈现出来,公司可以进行针对性地分析,例如,判断公司现阶段发展下的最优产能率,公司如何进行处理提高产能利用率,何种因素限制了产能利用率的提高等。

3. 适应环境能力强

时间驱动作业成本法计算中需要设立时间方程,时间方程中,除了考虑普通情况,还要充分考虑特殊情况,当现实环境发生改变时,能够及时地对时间方程进行变更,作业成本的计算也会更加准确。

时间驱动作业成本法在某快递公司的应用

YT速递的一级加盟商A公司的业务主要为同城快递的揽收与派送。公司部门按照职能进行划分,分别是管理、财务、客服、运输、仓储五大核心部门。公司员工不到40人。公司主要业务范围集中在江西省赣州市老城区,配送车程不超过30min,下辖17个快递代理业务网点。

该公司已经全面采用热敏纸进行电子面单及信息条的打印,在提高业务管理水平的同时,降低信息错误率。2019年,公司将82%的网点改造为菜鸟驿站,集中快递员管理,提升派送效率,降低公司成本。虽然在疫情防控期间,快递业务量高位增长,但是根据官方数据分析,总体稳中有降为正常态势,"增量不增收"仍是快递公司面临的巨大问题。

A公司派送业务集中于赣州中心地区。正常作业时,司机会将分拣中心分拣好的属于本负责区域的快件运输到公司仓库,快递员以及分拣员会根据快递员负责区域的快件进行二次分拣,最后由快递员进行派送,95%的快递会放置在菜鸟驿站等快递代收点,5%的快件会依照收件人的要求上门派送,待客户确认收件后,完成此次派件业务。

表6-9为2014—2020年A公司的相关成本数据,间接费用占成本的一半以上。A公司主要以各职能部门对成本进行归集,然后将全部成本分摊到所有快件当中。单位快件成本是由派件收入扣除各项成本(如信息使用费等)再除以本月派件量得到的单位成本。公司本身很少计算单位快件的实际成本,常以估计作为判断,如从总公司购买单号的成本+面单成本+快递员单位派费,以及估计的一些成本费用为单位成本。以这种方式评估的单位成本并不科学,无法对公司进行大批量快递协商议价提供可靠依据。

表6-9 A公司间接费用汇总 单位:元

费用名称	2014年	2015年	2016年	2017年	2018年	2019年	2020年
网点及仓库的租金	86 400	86 400	86 400	115 200	115 200	137 200	168 000
人力成本	1 392 861	1 532 748	1 572 376	1 601 205	1 746 000	1 383 794	952 777
载货工具油费、修理费及折旧费	—	—	—	84 097	89 100	88 791	64 608
管理费用	64 582	65 926	69 911	68 535	67 978	67 323	68 792

续表

费用名称	2014年	2015年	2016年	2017年	2018年	2019年	2020年
计算机等设备维修及其他费用	2 845	2 996	3 955	4 298	4 088	4 322	4 013
合计	1 546 688	1 688 070	1 732 642	1 873 335	2 022 366	1 681 430	1 258 190

A公司在提供物流服务时，主要涉及网点、运输部、配送中心、客服部4个部门，见表6-10。

表6-10 A公司物流作业细分情况

部门	作业中心	细分作业	作业人数
1. 网点	11. 快件揽收	111. 收件（检查、包装、称重、封装、贴信息）	10
		112. 分拣	
		113. 取件（快递员）	
	12. 快件派送	121. 收件（扫描、上架、贴取件码、入库）	
		122. 扫描或软件确认出库	
		123. 人工派送	
2. 运输部	21. 快件运输	211. 运输（仓库网点间）	34
	22. 转运运输	221. 建包	2
		222. 装车	
		223. 运输	
		224. 卸车	
3. 配送中心（仓库）	31. 快件分拣	311. 拆包（按分配区域分拣）	4
		312. 取出（分拣中心）	
		313. 装卸	
		314. 搬运	
		315. 堆码	
		316. 分类（网点取件/按寄件区分类）	
		317. 建包	
	32. 货物储存	321. 分拣	
		322. 存放	
4. 客服部	41. 电话服务	411. 业务咨询	2
		412. 电话订单处理	
		413. 售后咨询	
	42. 问题处理	421. 问题件上报	8
		422. 交流（网点、总客服中心）	

A公司的物流成本主要包括3个部分：物流操作的成本、物流信息的成本及物流管理的成本。

公司主要物流费用如下：①对订单进行处理。主要包括员工工资、奖金及福利费。②物流必要的仓储费用。包括存货占用仓库产生的存货费用和当日未取件占用网点产生的存货费用。③货物分拣成本。包括加盟商使用转运中心分拣服务时支付的相关费用、货物上下车产生的分拣费用、到达仓库时产生的相关工作人员工资。④货物搬运成本。货物在运输和仓储过程中产生的装卸、搬运费用。其中包括货物入库、储存、出库等业务操作中涉及的装卸、搬运费用。⑤运输成本。包括车辆在运输过程中产生的过路费、过桥费、燃油费，运输人员的工资，运输车辆产生的折旧费。A公司某月各作业中心成本计算结果汇总见表6-11。

同理，可计算出其他作业中心物流总成本，见表6-12。

表6-11　A公司某月各作业中心成本计算结果汇总

作业中心	细分作业	作业耗时/min	单位产能成本/(元/min)	分摊成本/元	合计/元
11. 快件揽收	111. 收件（检查、包装、称重、封装、贴信息）	158 208	0.425	67 238.4	75 330.825
	112. 分拣	17 001		7 225.425	
	113. 取件（快递员）	2 040		867	
12. 快件派送	121. 取件（扫描、上架、贴取件码、入库）	378 086	0.425	160 686.55	305 304.7
	122. 扫描或软件确认出库	283 565		120 515.125	
	123. 人工派送	56 713		24 103.025	
21. 快件运输	211. 运输（仓库网点间）	145 684	0.545	79 398.06	79 398.06
22. 转运运输	221. 建包	68 004	1.23	83 644.92	88 446.84
	222. 装车	1 920		2 361.6	
	223. 运输	64		78.72	
	224. 卸车	1 920		2 361.6	
31. 快件分拣	311. 拆包（按分配区域分拣）	4 320	1.45	6 264	51 605.5
	312. 取出（分拣中心）	1 350		1 957.5	
	313. 装卸	3 840		5 568	
	314. 搬运	1 260		1 827	
	315. 堆码	1 420		2 059	
	316. 分类（网点取件/按寄件区分类）、建包	23 400		33 930	

续表

作业中心	细分作业	作业耗时/min	单位产能成本/(元/min)	分摊成本/元	合计/元
32. 货物储存	321. 分拣	8 625	0.267 5	2 307	4 012.5
	322. 存放	6 375		1 705	
41. 电话服务	411. 业务咨询	8 400	0.304 8	2 560.32	8 310.372
	412 电话订单处理	4 465		1 360.932	
	413. 售后咨询	14 400		4 389.12	
42. 问题处理	421. 问题件上报	7 411	0.304 8	2 258.872 8	7 974.482 4
	422. 交流（网点、总客服中心）	18 752		5 715.609 6	

表6-12 A公司某月各作业中心的成本计算结果

作业中心	单位产能成本/(元/min)	作业消耗时间/min	间接物流成本/元
11. 快件揽收	0.425	177 249	75 330.825
12. 快件派送	0.425	718 364	305 304.7
21. 快件运输	0.545	145 685	79 398.06
22. 转运运输	1.23	71 908	88 446.84
31. 快件分拣	1.45	35 590	51 605.5
32. 货物储存	0.267 5	15 000	4 012.5
41. 电话服务	0.304 8	27 265	8 310.372
42. 问题处理	0.304 8	26 163	7 974.482 4

根据快递公司主要提供快递服务的实际客户需求发展情况，综合分析2020年A公司各快递作业管理中心的日均产能和人力资源总量消耗综合情况，具体情况如表6-13所示。

表6-13 产能利用率表

作业中心	提供产能/min	使用产能/min	未使用产能/min	产能利用率/%
11. 快件揽收	233 930	177 249	56 681	75.77
12. 快件派送	930 162	718 364	211 798	77.23
21. 快件运输	210 924	145 685	65 239	69.07
22. 转运运输	101 179	71 908	29 271	71.07
31. 快件分拣	48 277	35 590	12 687	73.72
32. 货物储存	24 139	15 000	9 139	62.14

续表

作业中心	提供产能/min	使用产能/min	未使用产能/min	产能利用率/%
41. 电话服务	49 215	27 265	21 950	55.40
42. 问题处理	45 556	26 163	19 393	57.43

上述信息表明，A公司有426 158min的产能未被利用，所以需要对这部分闲置的产能进行分析，了解清楚闲置产能产生的时间，想办法提高产能利用率。此外，公司快件揽收和快件派送作业中心产能利用率是最高的，而电话服务和问题处理中心的产能利用率较低，主要是因为客服部在处理问题时，有直接拨打总部共享客服电话进行询问投诉的，也有直接打到网点进行咨询投诉的，并且在应对无着件、超派件这类问题时所耗用的时间很长。以无着件为例，根据现场查询，客服人员在接到网点相关投诉后，可能会因为无着件而需要在公司网点管家平台上直接进行一次查找，由于无着件还没有在平台上进行登记，所耗用的时间、辗转处理环节会比较多，这些都被认为是产能利用率不高的原因。产能闲置率汇总表见表6-14。

表6-14 产能闲置率汇总

作业中心	提供产能	未使用产能	产能闲置率
11. 快件揽收	233 930	56 681	24.23%
12. 快件派送	930 162	211 798	22.77%
21. 快件运输	210 924	65 239	30.93%
22. 转运运输	101 179	29 271	28.93%
31. 快件分拣	48 277	12 687	26.28%
32. 货物储存	24 139	9 139	37.86%
41. 电话服务	49 215	21 950	44.60%
42. 问题处理	45 556	19 393	42.57%

因此，该公司应该针对各个部门产能闲置情况，制订专门计划，重视闲置产能问题。在考虑暂时无法得到改善的闲置产能的基础上，对各部门的产能进行重新规划，设立专管账户，或者在信息平台中设立专门板块，对闲置产能进行实时监控。或者依照闲置产能来源，对其进行源头化管理，责任到人。

——根据华东交通大学2021届研究生刘莹的毕业论文中案例改编

四、快递公司物流成本的优化对策

基于以上对快递企业物流成本的分析，快递企业物流成本管理应从信息、运输、仓储、配送等方面找出最优的成本管理方法，主要表现在以下3个方面。

聚焦三农：快递业的机遇与挑战

1. 完善信息资源管理

快递业务过程是一个多环节的复杂系统,各个子系统必须要由一定的介质将其联系起来,这个介质就是信息。快递企业通过建立信息中心实现计算机网络化管理,可以节约传统人工管理所产生的成本。从处理用户信息开始到货物在途信息控制,再到反馈用户信息和统计处理用户信息,是一个循环往返的过程。在此传递过程中,无论哪个环节出现偏差,都将导致信息出现错误。

由于快递服务用户的信息源点多、分布广和信息量大,因此在处理用户信息时必须要建立一个庞大而完善的信息中心。建立信息中心需要以下几种技术的支撑才能完成,分别为数据库技术、条形码技术、EDI 技术和 EOS 自动订货技术。

通过一系列的现代化信息管理手段,快递企业可以准确地提高企业信息资源系统的处理效率,使信息在企业内部、用户之间的传递变得更加便利和迅速,减少传统过程中由于信息的失真和传递缓慢导致的成本增加。

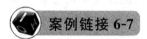

案例链接 6-7

顺丰增收不增利

2021 年,顺丰控股营收 2 071.9 亿元,同比增加 34.55%。这一增速虽比 2020 年的 37.25% 有所降低,但高于 2019 年、2018 年等前几年。顺丰各板块的业务收入见表 6-15。

表 6-15　顺丰各板块的业务收入　　　　单位:人民币千元

	2021 年	2020 年	同比变动
速运分部	132 319 106	117 338 724	12.77%
快运分部	28 356 404	19 336 603	46.65%
同城分部	5 117 905	3 222 985	58.79%
供应链及国际分部	39 979 632	13 416 404	197.99%
未分配部分	1 413 600	672 154	110.31%
合计	207 186 647	153 986 870	34.55%

2021 年第一季度至第四季度,顺丰的营收分别为 426.2 亿元、457.2 亿元、475.2 亿元、713.3 亿元。从收入分类可以看到,顺丰营收来源的"半壁江山"是速运,占其总收入的 65.6% 左右,为 1 323.2 亿元,同比增速为 12.77%,低于顺丰各板块平均水平。顺丰的利润表见表 6-16。

表 6-16　顺丰的利润表　　　　单位:人民币千元

	2021 年	2020 年	本年比上年变动	2019 年
营业收入	207 186 647	153 986 870	34.55%	112 193 396
营业成本	181 548 507	128 810 033	40.94%	92 649 616

续表

	2021年	2020年	本年比上年变动	2019年
毛利额	25 638 140	25 176 837	1.83%	19 543 780
归属于上市公司股东的净利润	4 269 098	7 326 079	−41.73%	5 796 506
归属于上市公司股东的扣除非经常性损益的净利润	1 834 199	6 132 337	−70.09%	4 207 764
经营活动产生的现金流量净额	15 357 605	11 323 919	35.62%	9 121 273

归属净利润方面，顺丰2021年下滑得比较厉害，同比下降41.73%，为42.69亿元，其中第一季度亏损近10亿元，而其他季度都赚钱。值得注意的是，这是顺丰控股近9年来归属净利润下滑的最大幅度，最近的一次下滑还要追溯到2018年，同比下滑4.57%。

增收不增利为何这么严重？

顺丰控股2021年的营业成本增速高于营收增速，同比增长40.94%，为1 815.49亿元。细分来看，其中增长较快的是运力成本、商品成本、服务成本，分别同比增长70.91%、40.54%、55.37%。顺丰的成本项目表见表6-17。

表6-17 顺丰的成本项目表

	成本项目	2021年		2020年		同比变动/%
		金额/千元	占营业成本比/%	金额/千元	占营业成本比/%	
营业成本合计		181 548 507	100.00	128 810 033	100.00	40.94
按行业划分						
物流及货运代理	人工成本	83 576 213	46.04	66 692 888	51.78	25.32
	运力成本	70 854 193	39.03	41 457 815	32.19	70.91
	其他经营成本	24 330 369	13.40	18 757 103	14.55	29.71
	合计	178 760 775	98.47	126 907 806	98.52	40.86
销售商品	商品成本	1 589 457	0.88	1 130 999	0.88	40.54
其他业务	服务成本	1 198 275	0.60	771 228	0.60	55.37

其中运力成本同比上涨尤为明显，占收入比较2020年上升7.47个百分点，达到34.79%。若剔除因合并嘉里物流的影响，较上年同期上升3.04个百分点。

顺丰控股说明了原因，主要是该司陆运资源投入增加；在四网融通推进初期，网络营运模式改造过渡期间会存在部分线路资源重叠投入；增加了直发干线及发车频次；燃油价格上涨；2020上半年享受国家抗疫相关的路桥费减免，2021年无相关优惠政策。另外，顺丰控股的财务费用同比大幅增加83.38%，为15.63亿元。加上一些资产减值损失、信用减值损失,导致净利润同比增速接近腰斩。

——https://baijiahao.baidu.com/s?id=17294549273455170l0&wfr=spider&for=pc

2. 优化运输和配送路线

快递公司在接受用户要求后,必须尽快满足客户的要求,将快递服务与多种运输方式融合发展,利用各种运输方式的特点,进一步降低运输成本。同时,快递企业必须对配送路线进行一个合理的规划。合理的配送路线可以缩短货物的运输时间,提高服务的保障程度,减少库存成本。快递配送最优化路线的制定可以通过 GIS 线路优化辅助系统,对区域送货线路进行跨区域优化整合,以及 GPS 卫星定位系统对送货车辆进行实时监控,对配送线路进行动态管理,以保证每条送货线路的合理性和科学性。

对快递业来说,业务的扩展必须打破地域的界限,运输和配送路线应该在大范围内进行制定,从而实现快递业务的广泛开展,争取更大的市场份额,逐步打造全方位、综合性、跨区域的快递服务网络,拓展服务区域和服务范围。

3. 仓储和库存成本最优化

快递企业的物流成本管理中最容易被人忽略的部分就是库存成本。对快递企业来说,要想实现在快递过程的规模经济,拥有一个适当的库存是必要的。整个仓储作业,基本上包括货物的入库、储存保管和出库发送 3 个阶段。

首先快递人员在接受客户的工作要求以后,要将货物送回仓储中心加以分类和筛选,这就形成了仓储作业的开始。在此过程中,通过入库前的检验、核对资料、落实商品的数量等工作,可以及时发现货物在运输前的问题,降低货物在快递服务开始前的成本风险。

其次,是货物在配送前所发生的保管费用。由于快递企业所接受的物品种类繁多,因此建立仓储品种结构管理非常重要。此外,要注意时间的合理化,解决这类问题最重要的手段就是根据"先进先出"原则作业。

最后,到了作业流程的结尾部分(即商品出库阶段)。针对巨大的出货量来说,需要深入了解业务流程和充分利用库存管理软件的功能。在此环节中出错就可能直接导致快递服务最终的错误,造成经济和信誉方面的损失。

五、影响我国快递企业盈利的其他因素

我国快递企业不仅面对着国际快递巨头的冲击,还要面对同行业间无序的竞争,所以在双重挤压下,生存艰难。在对快递各环节的管理方面,也缺乏精心的组织安排和周密的衔接,仍停留在粗放式管理阶段,致使一些环节和部门之间相互脱节,影响了快递的速度,对成本控制也造成很大的阻碍。在市场经济环境下,快递公司应树立成本的系统管理观念,将企业的成本管理工作视为一项系统工程,强调整体与全局,对企业成本管理的对象、内容、方法进行全方位的分析研究。加快诚信体系和制度建设,进一步完善法律、法规,褒奖守信、惩戒失信,从而全面提高快递服务水平。

(1) 重视员工成本观念的提升。快递业务作为终端物流服务,快递人员要直接面对客户。快递人员综合素质的高低对企业开拓新客户、巩固老客户无疑至关重要。员工培训应形成完整的体系,从而提升企业的形象,增强客户对企业的忠诚度。通过实行全员成本管理,增强成本观念,改变企业常用的靠惩罚、奖励等方式实施外在约束与激励的机制,

实现员工自主管理,这既是一种代价最低的成本管理方式,也是降低成本最有效的管理方式。

（2）提高信息化和电子商务水平。将先进的信息技术应用到快递业务操作和服务中,是快递企业取得成功的又一要素。快递企业正确地应用信息手段,一方面可以缩短业务的操作流程,提高公司的生产效率,这给用户提供极大的方便。另一方面,信息手段的使用有利于快递行业走向标准化。快递企业应与电子商务携手,提高电子商务应用水平,培育电子商务服务体系,提升企业创新能力,完善支撑环境。我国快递企业应加大与大型电子商务网站的合作,分享优势,加强对国内外快递客户的争夺,这也将会是快递业的发展趋势。

（3）扩大品牌知名度并加强网点建设。快递企业的竞争最终落在网点、服务和品牌这3方面。拓展网点对快递企业的发展是当务之急。快递企业在全国各地建立自己的服务网点,扩大业务范围是企业增强竞争优势的手段,广阔的服务网点也成为其他竞争对手难以快速逾越的屏障。在品牌问题的认识上,更应该强化品牌的建设和宣传,建立自己的竞争优势,赢得客户信任。只有拥有了更广阔的市场,产生良好的规模效应,快递企业才能进一步降低物流成本。

项目小结

本项目介绍了快递公司物流成本的构成,并分析了从不同角度如何对快递公司的物流成本如何进行核算。针对国内快递行业飞速发展的现状,分析了其物流成本偏高的原因,并从多个方面提出了优化的建议。快递公司本身就是物流企业,从大的方面讲,其所有成本都是物流成本。但是,其本身的运营活动也有物流业务与非物流业务之分,这里的物流业务所产生的成本才是其核心的物流成本,它在快递公司总成本中占有较高的比重。如果通过现代化的手段将这部分物流成本大幅降低,那快递公司将在激烈的竞争中占有明显优势。

课后练习

一、问答题

1. 快递公司的物流成本主要包括哪些方面？
2. 联邦快递在节约物流成本方面有哪些值得国内快递公司借鉴的？
3. 快递公司的部分物流业务外包有什么优缺点？
4. 时间驱动作业成本法的分析思路是怎样的？

二、案例分析

中通快递控本增效

近年来,中通快递在数字化建设中研发出了支持30多万快递员使用的专属App"掌中通"、赋能全国网点的"神州"系统、业财一体化的财务智能大脑"星河"系统以及面向C

端的中通助手等多个应用。从收转运派到营销运营，全流程都有数字化技术保驾护航。

数字化转型赋能财务增长

快递行业离不开强大的运能建设。中通快递拥有上万台自有干线运输车辆，利用快件路由流量流向模型、智能班车路由算法，根据货量动态预测运力需求，无缝衔接地调度运力和人员，减少快件的流转环节，大幅提高车辆装载率，实现运输时效和成本最优。

中通快递CTO表示，中通科技要做的事情是实现快递全流程的数字化，确保各个环节数据的完整性，可以让业务保持实时在线以此来进行关键的决策。正是有了全流程的数字化，才能实现智能路由的分单、云仓的搭建、自动化分拣线的使用和隐私面单的推广。

业技融合、业财融合并驾齐驱

以前在快递行业有句行话"得华东者得天下"，头部全网企业的起网节奏基本上是先重点抓华东、华南，然后推广布局全国。而中通快递一开始定位就是一张全国网，在布局上更是激进，用10个月的时间就完成了全国网络的搭建，在起网速度上刷新了行业记录。

前几年，菜鸟网络统一了快递电子面单的各项数据标准，实现了信息透明化、链路可追踪，与此同时，自动分拣设备、智能分单、智慧物流也应运而生。中通快递意识到这一发展趋势，开始大力推行电子面单。在推广初期因为加盟制快递的财务结算、业务收入都汇总在纸质面单上，想要完成流程的重塑难免会触碰到多方的利益，所以在后期的调整中通过大数据分单算法，在二维码普及的基础上推广了三段码，精确匹配客户所在的服务网点和业务员。

在通达系中，中通快递是第一家实现电子面单普及率达到95%的企业。相比较传统快递单，每张电子面单的成本至少降低了0.2元，更为重要的是实现了业务数据的在线化。

在业财融合中，中通快递放大了技术的作用和财务的功能。在技术方面，将IT部门与所有的业务拆分成小组，使业务与信息化高度融合，降低管理成本，将数据价值进一步升级完善，实现单日单公斤成本、单线路成本的细化分类，在资产管理中，对汽车轮胎、油等固定资产模块实现动态管理，做到今天产生的业务数据明天就能在系统上看到。

在中通快递内部，财务的功能远远不止记账，需要前置参与到业务经营中，为经费的投向和投量提供参谋的作用。例如，现阶段是加车还是建分拨点？车厢是采购还是自己造等问题，这些决策都不是由老板随意决定，而是要让财务通过数据分析给出建议。

在这个过程中，中通快递认为永远提倡降本增效是不可能的，所以其提倡的是控本增效。这就意味着财务需要从管理后台走向业务前台，从支持配合的角色转变为关键性的角色。

中通快递数字化转型的启发

中通快递财务转型是一个循序渐进的过程。在转型初期就明确了以夯实基础、规范管理和整合优化为目标，将企业内部的账目进一步规范化，提高财务结账效率和质量，按照会计准则的标准提升编制报表的能力。对于如何转变传统财务的思维定势，融入业务前端，中通在财务人才培养中给出了答案。

对于财务个人而言首先要熟悉业务，抓住业务流程中的关键控制点，从事后控制转变为事前控制。其次学会用数据说话,建立风险模型,提供风险评估工具,在事后进行风险分析和评价做到可视化的动态数据管理。最后是要有执行力,对于提出的流程改进措施要有不达目的不罢休的勇气。

现在数字化转型对物流企业而言已经不再是一个选择题,而是一个必答题。中通快递集团董事长赖梅松曾公开表示,科技创新是中通未来必走之路,对科技的投入只增不减。对财务人来说,转型也将成为职业生涯中的必经之路,需要主动了解企业经营流程进而参与到业务价值的创造中,成为企业价值的创造者。

——https://www.163.com/dy/article/GNJ09EJF053722H3.html

问题:
(1) 中通快递是如何控本增效的?
(2) 中通快递如何做到精细化管理?
(3) 企业数字化转型在前期可能会增加员工的工作负担,应如何对员工进行引导?

三、实训操作

找一家快递公司的分拨中心或网点,调查其物流成本,并分析可以从哪些方面降低其物流成本。

项目七

快递公司供应链管理

知识目标

★ 了解电子商务与快递之间的关系。

★ 了解快递与落地配的运作流程。

★ 理解电子商务快递服务的运营管理模式。

★ 理解并掌握快递VIP客户项目的实施过程。

能力目标

★ 能根据VIP客户的商品特征制订管理方案

★ 能熟练处理VIP客户的投诉。

★ 理解并掌握终端落地配的作业流程

课程思政

★ 养成业务竞争中的多方共赢意识。

★ 养成换位思考的客户服务意识。

★ 培养与时俱进的主动学习态度。

关键词

VIP客户　供应链　项目开发　落地配

 案例导入

物流企业转战供应链"新江湖"

英国经济学家马丁·克里斯多夫说过:"21世纪的竞争不再是企业与企业之间的竞争,而是供应链与供应链之间的竞争。"

这一论断正在不断被印证。

为抢占供应链的制高点,近年来,除了供应链相关企业寻求打通上下游产业之外,快递物流企业也开始向上衔接、向下延伸,力求打造完善的物流供应链服务体系。

其中,中通快递早在2016年5月就成立了中通供应链管理有限公司;同年9月,圆通速递推出BSS级项目,即圆通供应链上线与运营,提供跨界供应链解决方案;申通快递于

2017年4月设立全资子公司，为冷藏、冷链仓储与配送等领域提供供应链服务，并在12月收购上海申通易购物流有限公司，专注于提供第三方仓储物流供应链服务。顺丰速运则在2018年与美国夏晖集团联合成立新夏晖，布局冷链物流服务及打造供应链解决方案。同年，顺丰速运又以55亿元收购敦豪供应链（香港）有限公司和敦豪物流（北京）有限公司100%股份，整合了DPDHL在中国大陆、香港和澳门地区的供应链业务。2019年，顺丰速运与德国邮政敦豪集团推出联名品牌"顺丰敦豪供应链中国"，进一步拓展国内供应链业务。

近年来，申通、顺丰、中通等快递企业在供应链赛道上又开始频频"加码"，通过投资或增资的方式，多维度构建与优化物流供应链。2021年5月，河北圆涂供应链管理有限公司成立，圆通速递100%控股；同年10月，中通快递收购北京誉链物流有限公司，投资比例为100%；基于仓储一体化供应链服务，韵达在物流枢纽重要环节、支干线运输关键节点，控制运输过程中的中转效率，并在技术方面自主研发多场景的业务系统，着力打造智慧物流，建立全链路信息化管控系统；顺丰速运则主要聚焦打造全链条供应链系统，旗下的顺丰同城科技搭建基于行业的一站式供应链解决方案，通过全链条供应链系统中数据科技与专属履约来协助客户直达消费者，从而快速获得"大数据决策""智慧供应链"与"全渠道经营"的关键能力。

在更为广阔的供应链"新蓝海"中，京东物流也不甘落后，专注于一体化供应链物流服务体系的搭建。在2022年"6·18"启动发布会上，京东物流首次提出"有责任的供应链"，通过"两横四纵"，以及京东云为代表的技术基础设施，让京东数智化社会供应链在商业、产业、社会层面发挥更大价值。开放日上，京东零售首席执行官表示，物流供应链价值元年已全面开启。

"如今，各路玩家和资本蜂拥而至，布局供应链赛道，其目的是提升企业自身的供应链管理能力，促进产业上下游降本增效。"物流行业专家孔震指出，快递物流企业之所以向供应链服务商转型，是因为其背后既有近忧也有远虑。一方面是快递物流市场竞争日趋激烈，物流体系成本高昂的问题愈发突出，快递企业亟须挖掘新的利润点，开拓布局多元化业务；另一方面，在电商发展红利减退的同时，后端物流及供应链仍有较大的发展空间，而且随着更多的商业价值向供应链端转移，快递物流企业亟须抓住稍纵即逝的机遇，抢抓供应链红利。目前来看，供应链管理能力已逐渐成为快递物流企业提升核心竞争力的关键。

随着政策支持效应的逐步显现，我国供应链物流支出稳定增长。数据显示，我国一体化供应链物流支出由2018年的16 760亿元增长至2020年的20 260亿元，复合年均增长率达9.9%。中商产业研究院预测，2022年我国一体化供应物流支出将达24 250亿元。

对此，快递行业专家赵小敏指出，未来一段时间，快递物流行业将加速资源整合，随着产业链、供应链的快速发展，将推动快递企业加速向综合性服务平台转变，即基于数字化产业链物流需求，提供高效、一体化的供应链服务，技术、效率、管理、服务质量、渠道建设、信息化管控能力、商业模式都将成为竞争要素。

——根据腾讯网相关资料整理，https://new.qq.com/rain/a/20221118A08AB100

任务一　电子商务与快递服务

情景导航

小王是 YD 快递公司电子商务部的项目专员,接到公司培训部的通知,让她对新进的员工进行业务培训。那么,小王应该从哪个方面去对新员工进行培训呢?电子商务与快递又有着什么样的联系呢?

一、电子商务快递概述

20 世纪末,作为新兴产业的快递业在起步初期发展缓慢,用户通过电话、传真等传统线下下单的方式与快递公司发生业务联系,快递公司再结合自身网络建设情况,通过货运公司完成快件中转。进入 21 世纪,随着电子商务"网购"业务的兴起,一种新的快递产业模式电子商务快递迅速进入人们的日常生活。电子商务凭借其庞大的用户规模和产业关联能力,为快递市场规模和快递需求的不断增长营造了良好的环境。消费者只需轻点鼠标完成购物活动,就可在家等待物流送货上门,而在整个活动流程中,快递服务成为其物流环节的首选。电子商务和快递相互促进、共赢发展,两者的紧密结合已成为新的经济发展方向。

(一) 电子商务快递的定义

电子商务快递是快递服务组织(企业)受参与网上交易的用户的委托,对其在电商平台上所购买的物品提供快速传送的服务。

电子商务作为一种新型贸易方式,随着互联网、线上支付和电子商务平台的普及,而得以飞速发展,其发展的核心是满足人们线上购物的庞大需求,使人们可以方便快捷地对商品进行浏览和购买,在节省时间、精力的同时获得一种新奇的购物体验。而线上购物实质上是一种虚拟行为,其实体商品需要借助快递业作为中间桥梁,最终送达消费者手中。快递业作为电子商务整个供应链条的重要环节,是电子商务的重要关联产业,其发展速度与发展规模,均与电子商务的发展呈正相关关系。

案例链接 7-1

东方甄选后,京东物流接入抖音"音需达",快递巨头争夺直播电商市场

京东物流在电商市场上又跑近了一步

日前,京东物流宣布已接入抖音电商"音需达"服务,成为首批接入"音需达"服务的快递企业,为抖音电商用户提供送货上门等配送服务。这并不是京东物流首次打入抖音电商平台,查阅京东 2022 年半年报获悉,京东物流服务的抖音电商商家已经超过 1 万家。

作为目前最强劲的电商平台之一,盯上这块"肥肉"的不只京东物流。

此前于 2022 年 8 月 31 日，新东方旗下直播电商东方甄选宣布与顺丰控股、京东物流达成紧密合作关系，为自营产品提供物流服务保障；9 月 19 日，抖音"山货上头条"助农项目和中国邮政速递物流签署合作框架协议。

这些快递企业纷纷进军抖音并不难理解，毕竟在快递行业格局的每次更迭轮换中，都有电子商务的身影出现。

抖音赶超淘宝直播，京东、顺丰抢入局

抖音可以说是这两年电商赛道上发展最为迅猛的"玩家"。

"宇宙的尽头是直播带货"这句话近年来在网络上悄然走红，背后是直播电商用短短四五年时间迅速成长为万亿级大市场。不只是专业主播，许多企业老板、网红明星，甚至是运动员也开始加入直播带货的队伍。

平台级"玩家"中，淘宝、抖音、快手三方几乎占据着整个直播电商市场。

坐拥庞大的流量，物流服务可以说是电商业务的核心竞争力之一，这将直接影响消费者的购物体验。"商品发货慢""快递不上门""退货退款麻烦""服务态度差"是消费者在抖音直播间购物时的主要"槽点"。

电商商家也苦不堪言，一位珠宝抖音商家告诉记者，抖音对商家的评分系统十分严格，其近期就因为一个商品配送慢而扣掉 0.4 分。同时，该商家称，"店铺内 90% 的差评都来自物流服务这一项，太影响生意和流量了。"

事实上，此前抖音也公开表示物流问题正在成为制约其发展的瓶颈之一。官方数据显示，抖音电商中快递投诉与快递原因退货等中末端派送服务问题占比超过 50%。

抖音也曾想要解决物流问题，早在 2020 年，抖音就尝试自建物流系统，成立了一级电商事业部，并陆续招募了顺丰、京东、菜鸟等快递物流企业的高管及研发人员；2021 年年初，有消息称抖音电商布局仓储环节，在广东、云南、浙江等全国多个地区拿地建仓。

不过从试水效果看，抖音距离完成物流体系搭建还有很长一段距离，可以对比的是，京东物流亏损了十余年，才换来如今成熟的物流和供应链。

因此，与头部快递物流公司合作，似乎是抖音现阶段更聪明快捷的选择。

2022 年年初，抖音电商推出高品质快递服务，有针对性地解决快递派送不电联、不上门、服务态度差等问题，以期降低物流原因造成的退货率。最早有消息称，支持的快递公司有中通、圆通、韵达，其余的快递还在陆续接入中。

从现在看，京东物流也拿到了入门券，成为首批接入"音需达"服务的快递企业。早在 2021 年春节期间，京东快递还成为抖音电商"春节不打烊"的官方物流合作伙伴；2022 年 8 月 31 日，京东物流又与如今抖音一线品牌东方甄选搭线，成为其物流提供商。

据此前京东物流财报显示，2022 年上半年，其来自外部客户的收入为 182 亿元，同比增长 27.7%，占总收入的比例达到 58.3%。其中，京东物流提及其进一步深化同直播电商平台的合作，截至目前已服务抖音电商平台超 1 万个商家，业务量和收入增速持续增长。

不过，此次虽率先接入抖音"音需达"，但从其定位来看，京东物流更多负责的或为时效较快的高端快递件。

快递变局,得电商者得天下

电商带动了快递的规模,而廉价的快递又推动了电商的繁荣,两者唇齿相依。2011—2016年,电商行业迎来高速发展,电商件代替商务时效件成为中国快递行业第一大市场,快递行业每年的业务量增速达到约50%,年均件量超过百亿件。

不过2016年之后,一、二线城市网购人数饱和,电商红利消减,电商大盘交易增速开始下滑,随之快递行业整体市场增速放缓。2017年全国快递业务量为401亿件,同比增长28%,而上一年的增速为51.4%。

2018年前后拼多多的高速发展,不仅冲击着淘宝网的垄断地位,也第二次推动了原以为稳固的快递行业格局改变。

这一次,东南亚印尼起家的新"玩家"极兔速递,借拼多多这一同样主打低价的电商平台几乎掀翻了整个快递市场。据悉,拼多多一开始就将200亿数目包裹的90%给了极兔速递。

2021年10月底,极兔速递以68亿元收购百世快递中国区业务,到了2022年5月底,极兔和百世的"两网融合"宣告基本完成。2022年5月,极兔速递的日均业务量已经突破4 000万票,一度超过申通,跃居全国第四,跻身国内快递头部阵营。

直播电商的兴起,快手、抖音电商的迅猛增长,或将成为快递业规模增长的又一大来源,不过,如今的快递格局能否被再次打破?

有不愿属名的快递业内人士认为,快递行业是充分竞争的市场,顺丰、京东物流虽然对于一些产品价值高、追求时速的电商件来说确实是"刚需",但至于能在抖音市场抢多大份额,其仍是未知数。

"电商平台不会绑定哪一家快递企业,所有电商平台实则对快递市场都是开放的、鼓励竞争的。"该人士称,并不是电商平台选择快递公司,选择权实则在商家手中,商家们更希望各家快递公司充分竞争从而把发货成本进一步压低。

或许正因为此,从份额争夺到价格战,快递行业的竞争从未真正停止。

——https://baijiahao.baidu.com/s? id=1744844023895943054&wfr=spider&for=pc

(二) 电子商务快递的构成

目前电子商务快递主要由发件方、收件方、电子商务平台、快递企业这四类参与方构成,其关系如图7-1所示。

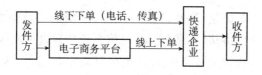

图7-1 电子商务快递构成

1. 发件方

发件方是指有实物递送需求的委托方。电子商务快递服务链中的发件方专指利用电子商务平台提供有形商品的企业或个人,即网商,常利用电子商务交易平台提供的数据接口直接向快递公司下单。

企业用户通常是指 B2C 或 B2B 电子商务模式中的 B，由于 B2B 模式的电子商务交易大多涉及大批量有形物资的运送，通常以物流方式解决为主，只有产品样本或文件等小件物品借助快递通道。因此，电子商务快递业务中的发件方又以 B2C 中的 B 为主。个人用户则主要指 C2C 电子商务模式中的前一个 C，国内包括淘宝、拼多多、抖音等在内的 C2C 电子商务交易市场为广大个体卖家提供了良好的经营平台和庞大的市场空间，他们只要有一台能上网的计算机，在 C2C 交易平台上进行认证注册，成为在线商家后就可以在线经营，其中大多没有实体门店，有的甚至没有库存。

2. 收件方

收件方是指实物递送到达的目标对象。电子商务快递服务链中的收件方主要是指电子商务交易活动中的买方，即网络买家。

网络买家通过登录电子商务交易平台，选购商品，确定支付方式后即可等待收货。由于快递区别于物流，以提供门到门或桌到桌的服务取胜，每一单快件都对应着不同的收件方和收件地址，加上电子商务交易全球性的特点，网络买家可能分布在全国乃至全球任何一个接入互联网的地方，这使电子商务快递的送达对象地理分布非常广泛，同时也给快递公司服务网络的建设提出了更高的要求。

3. 电子商务平台

电子商务平台专指提供在线交易、在线支付、信息服务及应用服务的网络接入平台。作为发件方展示商品、收件方浏览和选购商品的基础，电子商务交易平台承担着电子商务活动中信息流和线上资金流的转移，同时负责监控商品递送过程中物流的转移和商品交付后商流的转移。其中淘宝作为 C2C 电子商务中介商的代表，为广大零散的、以个人为单位的交易主体提供了商品交易的平台，许多交易主体既是买家，又是卖家，既可能是发件方，同时又是收件方。这成为电子商务快递业务的一大特色。

近年来，电子商务的形式已不再局限传统的淘宝、京东等大型电商平台，而是产生了更多的创新形式，如微博、小红书、抖音等社交电商、拼多多等农村电商、1688 等厂家直销电商等。

4. 快递企业

快递企业是整个服务链结构的核心，负责连接发件方和收件方，联系货运代理，协调货运企业，组织实现电子商务交易中实物商品的末端转移，也是物流环节的最终实践者。

近些年，电商平台不断进化，从宽带到 5G，从 PC 网购到视频电商，未来随着 VR 技术的进步，电商平台还希望将从"二维"走向"三维"，希望通过不断的创新给用户带来更好的网购体验。与此同时，快递的业务模式和绝对时效也在进化，从轴辐式快递到仓配快递、从传统快递到众包物流、大件快递，后续仍有较大的进步空间。

二、电子商务快递服务运营管理

（一）电子商务快递平台管理

电子商务快递最大的特点就是所有买家和卖家从下单、划拨资金到确认物流运营商等整个交易过程都是在网上实现的。从最初的选购、支付、下单,到递送过程中的跟踪、查询,再到最后的确认、评价,都是通过电子商务服务平台中信息的收集、处理、传输和控制来完成的。

快递企业可以利用电子商务服务平台来规范各快递业务运作过程、优化运力配置,完善订货单证、存化信息、各种发票内容,并向客户及时反馈快递信息。同时,客户可以通过外部网络信息平台及时了解各类快件动态信息,建立与快递企业的联系。通过电子商务服务平台,客户可以在网上下订单,随时通过网络查询物流信息,如果与银行联网,客户还可以进行网上支付。电子商务快递服务平台体系结构组成如图7-2所示。

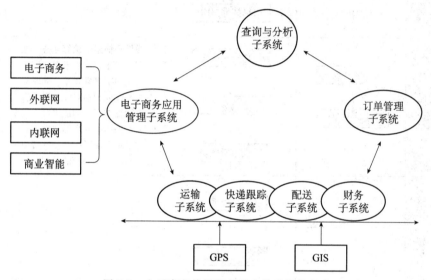

图7-2 电子商务快递服务平台体系结构组成

从图7-2可以看出,电子商务服务平台为客户提供从发货到收货的整个快递业务服务。其中,订单管理子系统是其业务流动的起点;快递跟踪、运输、配送和结算是最主要的业务活动;查询与分析子系统为业务活动的灵活处理和实时分析提供了便利;电子商务应用管理子系统包括内部部门之间沟通的办公自动化网与外部客户、合作伙伴及其中介等组织进行信息交互的外联网,对外界进行宣传及客户进行商业交易的电子商务网络,最后还有支持进行深层次分析决策的商业智能系统。

(二)电子商务快递业务流程

电子商务快递业务的流程整体与普通快递业务流程一致,分为快件揽收、快件中转和快件派送3个环节,其区别主要在于客户下单的方式以及快件中转过程中的信息管理。下面结合快件的信息系统操作,对电子商务快递的业务流程进行详细的讲解。

1. 快件下单及揽收

与普通快件由客户电话下单方式不同,基于电子商务的快递服务平台的快件揽收,客户可以直接在网上实现电子下单,快递企业可以通过网上平台上的数据显示,直接和客户联系,根据客户在平台上所留的信息将订单分配给相关区域的网点,并由网点进行快件上门揽收,以及费用的缴纳等活动。在该环节,快递企业可以通过电子商务平台进行业务的分配、客户信息的收集以及相关快件运单信息的录入。快件下单及揽收流程如图 7-3 所示。

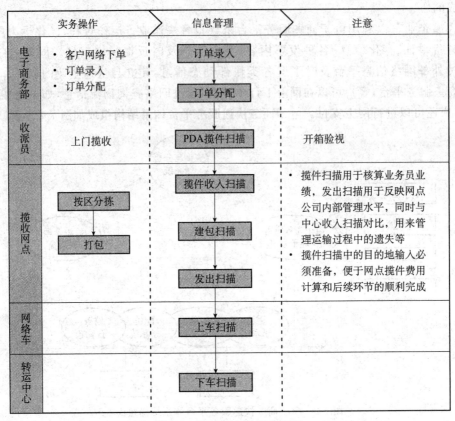

图 7-3　快件下单及揽收流程

2. 快件中转运输

基于电子商务的快递服务平台的快件中转，各转运中心可以在网上进行快件查询，在货物还没有到达之前就可以安排相关的运输服务，到达后，完成分拣归类，并实时上传快件的信息，便于客户随时的快件查询以及企业自身的运作管理分析。在该环节，客户可以通过电子商务与快件企业的衔接平台进行快件的跟踪，对快件当前状态、揽收日期、揽收人等相关信息进行查询；此外，客户还可通过电子商务平台所提供的在线客户服务接口，与快递企业进行在线交流，免去普通快递拨打热线电话所带来的不便。快件中转运输流程如图 7-4 所示。

3. 快件派送

基于电子商务的快递服务平台的快件派送，网点公司可以在网上进行快件查询，在货物还没到达之前就可以对相关的人员进行派送安排，到达后，完成拆包后就可以进行派送，从而节约派送时间。在该环节，客户可以通过电子商务与快件企业的衔接平台对快件的派送员、派送日期等相关信息进行查询。派件任务流程如图 7-5 所示。

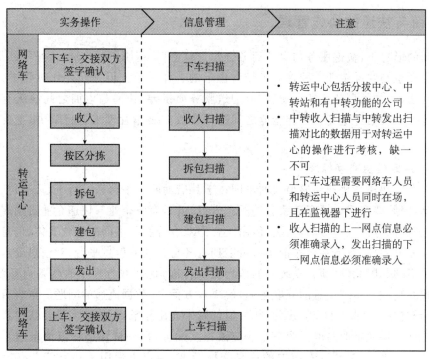

图 7-4　快件中转运输流程

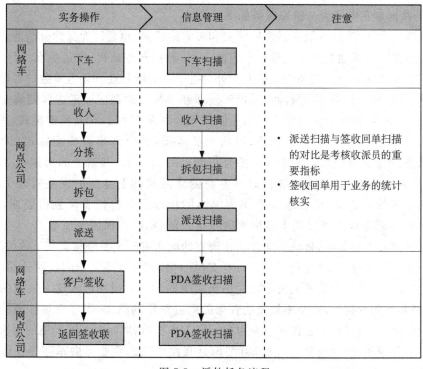

图 7-5　派件任务流程

三、电商与快递的协作管理

在新的形势下,快递服务与电子商务合作日趋密切,范围不断拓展,水平不断提升,电子商务企业也与快递企业之间建立了较为稳定的合作关系。但是在合作过程中,也存在着不少问题,例如信息流不够畅通、物流配送服务质量差、快递与电商之间缺乏有效的协调机制等。需要通过电商与快递企业之间进行有效的协作管理来进行解决,主要有以下几点。

(一)制定信息交换标准

电子商务快递与普通快递最大的不同在于其借助网络平台来进行下单、支付、跟踪查询等活动,因此要实现电子商务快递的顺利进行,电子商务企业与快递企业必须先实现信息共享,进行部分信息平台的对接。但由于合作双方分属于不同的经营实体,信息化水平可能存在较大差异,双方在合作前都有可能拥有各自独立的信息平台,对信息处理的流程和需求也不同。因此,必须建立统一的信息交换标准,保证双方在不改变各自系统架构、数据格式的基础上实现信息的互联互通,解决双方信息、数据流通的问题。尽管目前信息交换的标准包括 EDI、XML 等多种形式,但都属于通用标准,不能切实满足快递物流信息交换的特点。快递企业与电子商务企业应该相互配合,在分析快递物流信息内容特征和交换要求的基础上,参照现有成熟的信息交换标准,制定出适用于双方信息有效对接的标准。

(二)共同制定电子商务快递服务标准

对快递企业而言,快递服务是连接买家和卖家的桥梁,也是网商品牌价值的延续。尽管电子商务快件和普通快件相比没有本质的不同,但在业务流程、派送标准、服务水平等方面应该有不同的要求。快递企业应专门针对电子商务配送业务设置单独的客服人员和服务标准,包括网上接单、问题件跟踪、投诉处理和理赔方面都应该考虑到网购业务的特殊服务、电话服务、网络服务及手机短信息服务等多种服务手段,创新营销模式,逐步形成以客户为中心的营销服务体系。此外,提高人员素质,整合网络资源配置,对为电子商务物流服务的快递企业而言也十分必要且迫切。目前,C2C 网站上的卖家往往鱼龙混杂,商品质量无法保障,买房在收件时对签收的商品和网上见到的商品有较大差异时往往会牵责于快递企业,而快递企业作为单纯的传递服务提供者又觉得委屈,这就需要快递企业在服务标准和承诺上做出明确规定及解释,以确保服务质量。

对电子商务平台而言,目前快递公司在淘宝的配送价格主要是与卖家单独约定,淘宝并没有一个指导价,而买家在购买产品时所支付的快递费,也不完全归快递公司,而是要与卖家分成,这就使快递公司损失了很大一块应得的利润。现在进入这一领域的快递公司越多,利润空间就越小,完全不如递送普通的商务快件利润大,淘宝应对普通的快递业务设立指导或参考价格,由各快递企业根据情况参考执行;同时对不同类型的卖家提供不同的系统平台服务,涉及仓储管理的,可考虑是直接由快递企业提供库存等仓储管理信息,还是由淘宝负责传递。

电商物流助推乡村振兴

荣成市位于山东半岛最东段,隶属山东省威海市,三面环海,陆域面积1 526km²,辖12个镇、10个街道、790个行政村,常住人口73万人。近年来,荣成市以电子商务进农村综合示范(以下简称综合示范)为契机,发挥商务、交通、邮政等多部门协同作用,加大农村物流快递基础设施建设,完善市镇村三级物流配送体系,助力快递进村和农产品出村进城。

一、整合资源,夯实电商物流快递设施基础

1. 打造电商物流快递集聚区

以电子商务和快递物流协同发展为思路,建设电子商务创业园。园区占地面积118亩(78 667m²),建筑面积30 000m²,设有快递自动分拣中心、电子商务公共服务中心、冷链云仓、常温云仓、孵化创业区、产品体验区,以及配套餐厅宿舍等功能区,可满足快递共同分拣配送、上行冷链和常温农产品集中堆存发货、电商企业办公、供应链选品等需要。目前,园区已入驻电商、快递企业30多家,集聚电商快递从业人员500多人,每天平均快递进港5万多单,快递出港量1.5万单。

2. 强化县域物流快递分拣能力

荣成建成了3 000m²的大型快递分拣中心,并引进了自动分拣设备,提升分拣能力。硬件方面,按照4家以上快递企业同时段分拣的基本要求,引进了226个格口的自动分拣线,自动分拣能力2万单/h;设有手动分拣区域,最大综合分拣能力达到3万单/h。目前,分拣中心每天快递分拣量5万单以上。为满足同时段内大批量来车装卸需要,快递分拣中心设有22个不同规格的快递车辆装卸窗口,可满足9.6m厢货、4.2m厢货、轻型面包车等不同规格车辆的快递装卸要求。软件方面,针对不同快递企业面单编码不统一的情况,采取前端分拣系统共用、后端每家一套服务器的方式分别进行适配,实现了多家快递企业共线分拣。

二、部门协作,搭建完善的快递进村网络

1. 商邮合作,布局快递进村配送网络

荣成市商务部门与邮政部门系统分析了已有配送数据,明确了商贸流通网络和快递配送网络共建共享的建设思路。商务部门以本地龙头商贸流通企业、供销系统、社区团购企业的产品配送网络为基础,邮政部门以快递从分拣中心到各镇街邮局的配送路线为基础,共同规划出了进村运输干线8条,配置了20辆进村快递车辆和10辆进村货运车辆。快递配送网络依托各镇街邮局,重新布局、相互连线,各镇街邮局按照共同配送要求,进行了软硬件升级改造,满足快递业务量大幅度增加后的实际需要。货运网络将镇村商超、商店串点成线,供销、连锁超市、团购企业共用配送网络、配送车辆,降低了进村配送费用。

2. 邮快合作,解决快递企业后顾之忧

为解决"三通一达"等地方加盟代理快递企业的顾虑,荣成市大力推进"邮快合作",明确快递进村各项费用。依托市邮政成立了专门的共同配送公司,由商务部门、交通部门共同指导,对参与共同配送快递企业进行深度管理和服务。共线使用自动分拣系统、共用市内干线快递车辆、共用终端配送网络。邮政牵头完成邮政、百世、圆通快递的数据整合,错峰分拣,满足3家快递企业的配送时效,并在俚岛镇、成山镇开展了共同配送进村试点。共同配送业务运营中,本着不增加快递企业已有费用的原则,进行成本核算。目前,每单快递共配费用控制在0.8~0.9元。从试运营情况看,快递企业相较参与共配前可节约1%左右的配送费用,进村配送员收入增加了20%。

3. 交邮合作,丰富终端配送网络

以公交作为快递进村的重要补充,借力"公交村村通"实现"快递村村通"。2018年起,开通荣成青皮无花果公交运输专线,积累了丰富的进村货运经验。市交通部门与邮政部门合作,明确了公交承担从镇到偏远村的运输任务,依托每天每村不低于3趟的公交班次,在业务量相对较多的镇街,试点开通了3条定时、定车、定线的进村线路。探索镇街邮局负责快递集包,城郊公交负责运输进村,村级快递业务负责人在公交站点接收包裹的进村路径。依托8条共配进村线路,配合镇级邮政运力和公交运力,荣成市共配网络可覆盖85%以上的行政村。

三、创新模式,畅通农产品上行渠道

1. 打造农产品集中交易中心,搭建农民与电商的桥梁

荣成市在青皮无花果、地瓜产销大镇埠柳镇建设了电商农产品交易中心,占地15亩(10 000m^2),设有1 000t冷库、烘干车间、打包操作区等功能区域。2020年交易中心收购无花果100万斤,3年累计为100多家农产品电商企业提供一件代发服务。顺丰、德邦为无花果交易中心提供了生鲜特惠快递服务,价格较市价降低20%。此外,在荣成现代苹果种植大镇——夏庄镇,6 000多平方米的荣成苹果电商集中交易中心也正在稳步建设中,计划年内正式投入使用。

2. 推进合仓共拣,降低电商上行快递成本

为满足年均300多万吨水产品销售,荣成与顺丰速运达成深度合作,建设顺丰鲁东区海产品预处理中心,电商企业将冰鲜海产品入仓后,由云仓运营方统一负责出库、打包、发货。现已建成1处冷链云仓和1处常温云仓,冷链云仓设有20 000t冷冻库和2 000m^{2}的分拣打包操作区。有60多家电商企业入仓,冷链快递价格维持在8元左右,较仓外降低约30%物流价格,日均快递发货量超过10 000单。常温云仓为3 000m^2,设有常温库、冷藏库等功能区,常温产品及短期冷藏储存产品入仓后,由运营方负责人出库、发货。此外,为减少快递在荣成当地的流转环节,常温云仓开通了直达青岛、烟台等地中转中心的快递干线,3kg快递最低起步价不到3元,较市面低约20%,常温云仓日均发货量在8 000单左右。

——http://ltcjzx.org.cn/article/zxyw/szjj/dxzf/202112/20211203225637.shtml

(三)服务模式创新、共谋价值最大化

面对日趋激烈的同质化竞争,快递公司相当无奈,之所以仍然有快递公司愿意与电子商务合作,执行"精准服务,垃圾价格",主要还是看中了淘宝巨大的交易量,这对一些小地方的网点维持生存来说很重要,如果能够保证一天300票的量,就可以维持网点一天的开

销。像当当网等 B2C 网站,主要就是找一些中小快递公司来递送,由于其自身业务量不太大,递送价格也就更低。面对来自电子商务企业和卖家的双重压力,处于夹缝中的快递公司在忍受利润一再被剥夺的同时,还要接受电子商务平台的卖家的多方评价,稍有不慎,就有可能失去更多。各自为政的快递物流公司之间由于利益纷争很难坐在一起进行系统平台的对接,导致规模化无法形成,在服务链中始终处于弱势。这样的局面想必是大多数快递公司的管理者都不愿意看到的。

其实,在电子商务环境下,快递企业的成功更多需要根据网购业不断发展的新特征,在平台、卖家、买家、物流的 4 方互动中,进行服务模式的创新,灵活地调整产品结构,优化服务手段,根据不同的用户需求实施差异化经营战略,加快向现代服务业转型的步伐。这里的用户有两层含义,一层是指个人用户,另一层是指网商,其中网商多是大客户,需要他们提供全方位的服务。在服务模式创新时,也应该考虑这两个层面,卖家除发货外,可能正因为仓储的难以控制而烦恼(经营不同商品类型对物流细节的需求不同,例如包装环节外包等)。差异化经营在快递行业中已有体现,例如顺丰将自己的业务经营范围限制在轻便的文件包裹市场,申通则提出了"仓储服务+配送服务"的整体电子商务物流供应链服务解决方案。电子商务中介应协助快递企业更好地了解卖家和消费者的需求,尤其是卖家的物流需求,做好详细、深入的需求调研,为快递企业实施差异化经营战略提供基础,以谋求双方在合作中实现价值最大化。

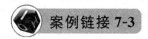
案例链接 7-3

多地邮政发力直播带货

最近一段时间以来,在各大平台直播间,出现各地邮政分公司的身影。济南邮政、中邮直播间售卖邮票和文创产品;锦江邮政、北京邮政主要售卖美妆护肤品;新乡邮政、贵州邮政主打农产品和农副产品路线。

邮政直播间分两大类

当直播带货成为新的网购渠道,用户刷进直播间,看的不仅是热闹,还有更低的价格。据电商在线报道,锦江邮政直播间的不少商品价格比李佳琦更低。在李佳琦 5 月 8 日的直播间中,一瓶安热沙小金瓶防晒,加上 4 个 12mL 的小样,到手价 208 元,1mL 大约 1.92 元;而在锦江邮政的直播间中,一瓶安热沙防晒只需要 99 元,1mL 是 1.65 元。

同样,在北京邮政、杭州邮政直播间中,也出现了美妆和护肤品价格比头部主播还要便宜的情况。实际上,这些商品链接都指向了第三方店铺,邮政直播只是起到了引流作用。第三方店铺的发货也大多并不使用邮政,而是通达系居多。锦江邮政主播表示,第三方商家都是经过严格挑选的,如果消费者怀疑买了假货,可以发起申诉,假一赔十。

《快递观察家》记者发现,各地邮政的直播带货活动,从形式上主要分为两类:一类是帮助第三方卖家引流,类似于 MCN 机构,从销售额中抽取一定的佣金;另一类是自己独立运营,售卖邮政文创、当地农副产品等,发货也主要通过邮政快递。

新乡邮政就是从直播带货门外汉到内行人的典型代表。为了发挥邮政助农的优势,新乡邮政明确"太行魂、黄河缘、牧野味、新邮情"的产品定位，主动与300余家农业合作社、商家联系，上线农产品及加工品2 000余款，几乎覆盖了新乡市的所有地标产品和老字号产品，并实现了全天候不间断直播。"目前15个支局都建立了自己的直播团队，开播3个多月，在各乡镇都已小有名气，直播时最大客流量均能突破万人，带货口碑和影响持续上升。"新乡市封丘县邮政分公司负责人介绍。2022年第一季度，新乡邮政共实现直播电商订单70万单，销售额1 260万元。2021年累计实现直播电商助农助工销售订单269.8万单，销售额3 498万元。

远未上升到集团层面

记者了解到，与其他快递企业相比，中国邮政具有商流、物流、资金流、信息流"四流合一"的优势，近年来又大力发展农村电商，在打造直播生态圈方面有着得天独厚的优势。而在全球有着超5万个网点的中国邮政，在物流上的优势更是让其成为短视频网红。各地邮政通过直播间做到了商品的优惠，也让直播带货成为新的增收盈利方向。蝉妈妈数据显示，锦江邮政直播间30天销售额接近2 500万元，其在各地邮政直播带货排行榜上也是冠军，其次是北京邮政和新乡邮政。

对于多地邮政试水带货的现象，中国邮政集团秉持着不主张也不抵制的态度，而是静观其变。各地直播间的出现，并非是中国邮政集团入局直播带货的信号，也远未上升到集团总部层面，更多像是分公司的新业务探索。

除自己开播之外，新乡邮政还孵化了直播基地。走进新乡邮政大厦二楼直播中心，映入眼帘的是一排排设备齐全的电商直播间，每天不论白天还是深夜，都有本地企业和商户的直播团队在这里进行直播带货。

"这些直播间对本市的电商企业全部免费开放，目前已入驻商户9家，预计年带货量在300万件以上。我们要通过吸引本地电商企业入驻，形成一个本地知名电商直播运营交流中心、政企电商对接中心、产品整合中心、达人聚集中心。"新乡邮政直播团队负责人表示。

多次试水副业面临挑战

疫情以来，出现在直播间的快递企业，不是只有中国邮政，中通、顺丰和韵达等，也尝试通过各种途径线上带货。但因为种种原因，效果并不是十分理想。记者发现，去年以来，除了直播带货，中国邮政还试水了多个副业，包括陆续开设药店、奶茶店、咖啡厅，这些地点也一度成为网红打卡地。

2月14日，全国第一家邮局咖啡店——邮局咖啡在厦门正式营业，这是中国邮政自己做的直营门店。从门店来看，熟悉的复古绿布景和标志性的邮筒，带着浓浓的中国邮政色彩。从产品来看，美式、拿铁、卡布奇诺都有，最便宜的一杯22元。

有网友对此调侃称，星巴克在中国门店5 000多家，瑞幸则将近6 000家，按中国邮政全国5万个营业网点计算，邮局咖啡一铺开就是全国规模第一。邮局咖啡相关负责人透露，2022年，除厦门外，将陆续在北京、上海、广州、深圳等一、二线城市开设多家特色邮局咖啡店。

当然，若是想用兼职去挑战巨头深耕多年的主业，目前邮局咖啡显然还未成熟，除邮政带来的网红属性流量外，邮局咖啡的竞争优势并不明显。

同样的问题,也出现在直播带货方面。即使当下关注颇高,但纵观各地邮政直播间,主播专业度还有待提升。同时,想要把信息流转换成物流与商流的优势,各地邮政还有很长的路要走。

——https://baijiahao.baidu.com/s?id=1732608922035531065&wfr=spider&for=pc

任务二　快递公司 VIP 大客户管理

情景导航

小张在学校现代物流管理专业毕业后,应聘进入 YD 快递公司 VIP 客户部当任项目专员一职。上班第一天,部门负责人告诉他,VIP 客户与普通客户不同,需要区别对待。那么,VIP 客户与普通客户具体有什么不同呢?VIP 客户项目实施的具体操作流程又是如何呢?

一、快递 VIP 客户的界定及人员配置

(一)快递 VIP 客户的定义

随着管理界二八原则的揭示,现代企业越来越认识到,企业最核心的利润源实际上仅是自己的一小部分关键客户,这一小部分客户消耗了企业相对并不算多的资源,却对企业生存与发展起着至关重要的作用。

快递 VIP 客户是指快递需求频率高、需求量大、利润率高,对快递企业的经营业绩能产生较大影响的关键客户。一个客户能否成为 VIP 客户的关键不在于它的规模或实力大小,而是指它对企业所作的贡献多少。如果某一客户在企业所有销售利润中所占的比重较大,尽管客户规模不如其他客户,但对该企业来说,它也称得上是 VIP 客户。

尽管不同快递企业对快递 VIP 客户的定义不同,但作为快递 VIP 客户至少要满足以下几个元素之一。

(1)与本企业事实上存在大订单并能带来相当大销售额的客户。

(2)有大订单且具有战略性意义的项目客户。

(3)在目前或将来对企业有着重要影响的客户。

(4)有较强的技术吸收和创新能力的客户。

(5)有较强的市场发展潜力的客户。

(二)VIP 客户部岗位人员配置

在传统的客户管理模式中,VIP 客户一般都放在客服部中进行统一的管理,但随着企业规模的不断扩大以及 VIP 客户个性化服务的提出,客服部门统一管理的模式已经渐渐不能为现代企业所接受。为了有别客服部的其他职能和突出 VIP 客户管理的重要性,越来越多的企业需要设定一个专门的部门来负责快递 VIP 客户的销售服务,快件运输问题解决,以及后期的管理和关系维护工作,从而实现对 VIP 客户业务的供应链优化的整合。

VIP 客户部通过采用项目管理模式将企业其他部门结合到 VIP 客户的管理体系中

去,通过构建完善的 VIP 快件网络服务体系,优化 VIP 快件递送服务,保障 VIP 快件递送质量,为 VIP 客户提供后台支持。VIP 客户部组织架构如图 7-6 所示。

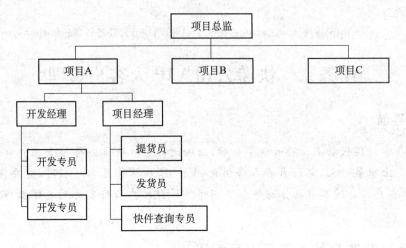

图 7-6　VIP 客户部组织架构

即问即答 7-1

VIP 客户部的设立管理与传统的客服部统一管理相比,有何优点?

二、VIP 客户项目开发

VIP 客户开发是指快递企业合理利用所拥有的人、财、物等资源,结合快递 VIP 客户的业务流程,针对快递 VIP 客户经营发展过程中所面临的问题,创造性地为客户提供个性化的快递产品或服务,解决经营管理中存在的问题,从而和客户建立长期稳定的关系,实现和客户共同发展的市场经营活动。具体可分为快递 VIP 客户的确定、立项、提案、招投标、商务谈判等几个阶段。

(一)VIP 客户的确定

快递客户或项目开发是快递 VIP 客户开发流程的起步阶段,其内容主要包括客户搜寻、寻找线索、初次拜访、客户价值分析等。

1. 快递 VIP 客户搜寻及寻找线索

快递 VIP 客户搜寻及寻找线索是指开发专员在目标市场针对目标客户群进行有计划的搜寻与分组,以找出成熟客户或值得长期经营的潜在客户的系列行动。

2. 初次拜访

初次拜访的目的主要是建立客户对自己的好感和初步的印象,让客户对企业的基本情况了解,展示企业的实力;收集客户信息、客户规划信息、竞争者信息等关键信息判断客户属于 A、B、C、D 级客户中的哪一级别。

3. VIP 客户价值分析

VIP 客户价值分析的目的在于明确客户的类型,从而做到合理调配资源,降低经营成本,提高物流服务的效果和综合实力。同时也可使企业规避风险,避免失误,如选择 VIP 客户失误,将给快递企业带来人力资源配置失调、物流费用浪费、成本上升、应收款危险等问题。

对 VIP 客户价值分析可分为新增客户价值分析和老客户价值分析。对于新增客户,开发专员需要知道客户的优劣势及可利用的资源,以便于全面迅速地了解客户的潜在需求,并通过推介的快递产品或服务来扩大自身优势。而对于老客户,除考察对新增客户价值分析的相关内容外,还要对以往交易记录进行分析研究,看是否能由普通客户转化为 VIP 客户。

如何从众多的客户当中识别出 VIP 客户?

(二) VIP 项目的立项

VIP 项目立项是快递 VIP 项目开发流程的第二阶段,也是一个非常重要的阶段。其目标就是力争成为 VIP 客户选定的候选快递商,为顺利进入快递项目提案阶段做准备。其基本内容如下。

1. 交流和调研

开发专员通过交流和调研等跟进方式,努力向客户提高自身企业的知名度和美誉度,尽力将竞争者挡在外面,至少要在这个阶段准确了解客户的关键评估要素,并与决策者建立一定的联系,进一步确认客户价值。

2. 售前立项评审

若客户或项目符合企业的立项要求,即向项目总监提交立项报告。立项内容主要包括项目名称、项目编号、客户方负责人、预计签约金额、项目毛利率估计、销售费用预算、项目分类、预计签约时间等。

3. 制订 VIP 项目营销计划

VIP 项目立项后,根据自身企业的目标,制订项目营销计划并确定实施策略,对各种信息经过不断确认、分析、否定或肯定,敏锐地判断并得出客户结论,确定计划可实施的程度。在实施计划结束后,制订下一次销售行为计划或补救措施。

4. 编制销售行动计划书

根据项目营销计划,制订阶段或周期性的销售跟踪目标和销售行动计划书,分解为实施方案和步骤,明确目标、实施技能和方法,进行人员分工,按时间管理的原则进行分工实施,强调协同工作。根据市场信息和客户反馈信息,实施结果分析,确定其成果、得失。

5. VIP 客户跟进

客户跟进就是要及时全面跟踪客户信息,切实理解客户需求,协助客户完成构想,防止客户信息被竞争者抢先,或者跟单跟丢。

6. 填写项目总结报告

项目总结报告就是总结销售跟踪过程阶段成绩,确定物流项目风险和失败关键因素,及时提炼项目经验和相关知识,制订措施,为下一个客户或项目做好准备,如表 7-1 所示。

表 7-1 项目总结报告

总结人:		提交日期:	年 月 日
客户名称		客户编号	
项目名称			
项目评述: 采取过何种行动?该行动取得的效果?是否有效?客户的反应?团队配合情况? 竞争者采取何种行动?对客户是否有效?对应策略?对竞争者是否有效? 主要的成功和失败之处分别是什么? 为何能够或没能进入下一项目阶段?		客户开发阶段	
		项目立项阶段	
		项目提案阶段	
		项目招投标阶段	
		项目商务谈判阶段	
		项目工程实施阶段	
项目成功/失败原因总结:			
建议:			
VIP 客户项目经理对项目的评述:			

(三) VIP 项目的提案

项目提案是 VIP 项目开发流程的重要阶段,其目标是为顺利进入下一阶段做好投票的各项准备和方案评估的技术准备,主要包括以下内容。

1. 起草项目建议书

根据 VIP 客户需求制定个性化的项目建议,强调独特的价值定位;记录双方在洽谈中已达成的协议;陈述公司对客户问题的认识,强调客户面临的核心问题;陈述企业将主要采取哪些工具和手段来为客户提供快递服务以及项目的大概轮廓。

2. 快递产品或服务解决方案演示

快递产品或服务解决方案演示是通过介绍、说明、发问、回答、讨论等快递产品或服务的沟通流程,让客户对公司、快递产品或服务以及快递 VIP 客户服务人员对客户的需求状况有更进一步的了解。

演示一般可分为在特定场所为特定客户(如在客户处或本企业为客户进行快递产品或服务解决方案演示)和在公众场所为目标客户(如快递技术交流会等)演示,两种演示技巧虽略有不同,但重要的都是将快递解决方案的知识及功能传递给目标客户。

3. 安排客户到企业参观考察

通过到企业参观考察,客户可更深入了解物流企业的品牌、形象、服务、经验,从而提高快递企业在客户心目中的地位,确立竞争优势。

4. 排除客户异议

从接近客户、交流、调研、快递产品或服务解决方案演示、示范操作、提出建议书、组织客户参观考察、招投标到签约的每一个销售环节,客户都有可能提出异议,每化解一个异议,就摒除快递客户人员与客户的一个障碍,就越接近客户一步。

(四) VIP 项目的招投标

这一阶段的目标就是在投标中胜出,转而进入独家的商务谈判或多家的竞争性商务谈判阶段。主要包括以下内容。

1. 分析 VIP 客户的项目招标书

仔细分析研究招标书内容,得出 VIP 客户资质、对投标企业的要求、评标条件等。对招标书中不清楚、不明白或有问题的地方,认真做记录,然后有计划地与招标方进行讨论,讨论结果由招标方确认,作为招标过程的支持文件。

2. 投标书的制作

制作招投标文件是招投标活动中重要的环节,标书制作是否规范将直接影响中标率,所以应对投标文件给予足够的重视,特别是投票人资格、投票文件要求等方面。

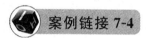

案例链接 7-4

快递业务投标书框架

HS 电脑有限公司对本公司全国性货物运输业务面向全国快递行业进行招标。ST 快递有限公司 VIP 客户部决定参与投票,公司的高层领导也批准了 VIP 客户部的申请,项目部把投标任务交给了项目组 A,该项目组根据 HS 电脑有限公司给出的招标书相应制定了一份投标书。

一、封面

投标书

投标项目名称:HS 电脑有限公司
招标单位:ST 快递有限公司
投标单位全权代表:张全
投标单位:(公章)
20××年××月××日

二、正文

致:HS 电脑有限公司

根据贵方招标项目(招标编号:×××)的投标邀请,签字代表经正式授权并代表投标人提交下述文件正本一份和副本一式份。

(1) 投标书。
(2) 投标分项报价表。
(3) 法定代表人/负责人授权书。
(4) 售后服务计划。

(5) 相关经营业绩。
(6) 资格证明文件。
(7) 按招标文件投标人须知和技术规格要求提供的有关文件。
(8) 投标保证金,金额为人民币___元。
在此(据此函),签字代表宣布同意如下。
(1) 投标人将按规定履行合同责任和义务。
(2) 本投标有效期为自开标日起算。
(3) 投标人已详细审查了全部招标文件,包括修改文件(如需要修改)以及全部参考资料和有关附件。
(4) 投标人同意提供按照贵方可能要求的与其投标有关的一切数据或资料。

地址:_____ 邮编:_____
电话:_____ 传真:_____

投标人代表(姓名、职务)签字:_____
投标人名称:_____(盖公章)
日期:_____年_____月_____日
全权代表签字:_____

(五) VIP 项目的商务谈判

VIP 项目的商务谈判是快递 VIP 客户项目开发流程的关键阶段,其目标就是保证企业最大利益,得到一份最大利润、最小实施风险、最好合同额的合同书,为下一阶段做准备。其主要内容如下。

1. 商务谈判准备

充分准备是商务谈判是否成功的前提。在进行商务谈判之前,务必先制定好谈判策略和计划。如快递产品或服务策略、总价和分价格策略、价格折扣策略、价格底线、项目经理及成员安排、付款方式、项目实施计划、工作说明书、合同样本等准备工作。若是多家公司的竞争性谈判,一定要了解对手各种信息,做出及时准确的判断,最好做出主动的具有竞争力的谈判策略。

2. 商务谈判流程

在商务谈判开始前,一般 VIP 客户项目经理需提交《商务谈判计划书》和报价表一同由项目总监审批,审批通过后,按商务谈判流程准备各项工作。快递 VIP 项目商务谈判一般可分为准备谈判、正式谈判和审核合同 3 个步骤,如表 7-2 所示。

表 7-2 商务谈判三步骤

准备谈判	正式谈判	审核合同
(1) 了解双方的目标和备选方案 (2) 确定改进备选方案方法 (3) 了解竞争对手和他们可能做出的反应	(1) 集中在关键问题上 (2) 集思广益双赢的解决文案 (3) 谈判中不带有情感因素 (4) 使用程序的方法促进协议的达成	(1) 审核解决方案,确定可能的互利的改进措施 (2) 审核个人的交流,核对谈判对手的反馈

3. 正式谈判

正式谈判是获取最有利条件,向客户证明自己价值的唯一途径。其主要内容包括确定谈判的任务和原则、拟定谈判议程、明晰谈判战术和掌握结束谈判方法等。

4. 谈判记录与总结

对谈判进程做详细的记录,同时无论谈判成功与否,都要及时填写谈判总结报告并结项。未及时结项,将直接影响物流企业准确成本核算和可能的资源投入。

5. 审核并签订合同

审核合同的目的在于进一步降低合同的风险成本和创造双赢的局面。

对快递合同及附件所列条款,进行风险评估。对不合格的合同条款,由快递VIP客户经理与客户协商处理,在双方达成共识后,再提交企业有关负责人审批。若客户不同意,由VIP客户部门提交说明理由,由企业进行决策,决定是否特别处理。

合同必须由双方法人(法人授权人)签字盖章,合同才生效。若需要,可举行合同签字仪式,由双方共同策划,注重宣传效应,宣传双方的成绩及品牌、项目的重大意义、对未来的深远影响。签订合同之后,将表示VIP项目开发阶段已成功完成,顺利进入项目实施阶段。

三、VIP 客户项目实施

项目实施是VIP客户管理中最关键的一步,也是最能够反映出快递企业VIP客户服务水平的一个方面,项目的成功实施,对提高客户的满足度、忠诚度,以及最终留住VIP客户都起着非常重要的作用。每个项目的内容包括以下几个环节:提货—发货—快件跟踪查询—异常件处理—信息反馈。

1. 提货

提货是指快递企业按照合同规定,安排发货员在指定的时间到客户处提取快件,以保障快件顺利出货。提货流程如图 7-7 所示。

其工作流程如下。

(1) 公司提供专职车辆进行提货,提货员跟车去客户处提货。

(2) 提货员到客户处提货,重点核对出库货物的货物型号、件数,将核对好数量的一式两份的底单交与客户一份并签字,并做好货物交接工作。

(3) 将货物装上车辆,装车时做到文明操作,避免挤压破损。同时检查货物包装是否合格,若不合格应及时说明情况,加固后方可提货。

(4) 回到公司,选择安全、面积适宜的卸货位置。

2. 发货

发货是指将每天提取的货物进行分拣、加固包装,根据货物出库信息填写面单,最后将其送到对应的区域进行中转的过程。发货流程如图 7-8 所示。

其工作流程如下。

(1) 根据快件路由,按操作区域进行快件分拣。对于高价值货物、易碎品在分拣的同时要进行加固包装,包装材料主要有气泡膜和胶带。

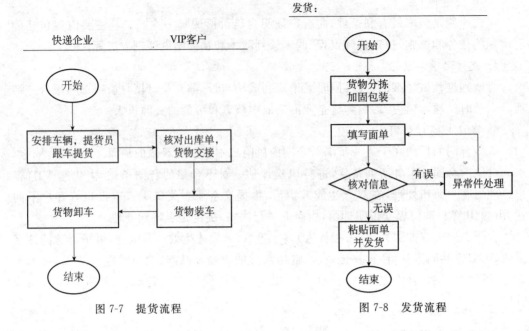

图 7-7 提货流程　　　　　　图 7-8 发货流程

(2) 根据出库单货物的收件地址,进行面单填写,需做到客户出库单信息与面单填写信息一致,用大头笔标出对应区域。

(3) 核对面单信息。核对面单地址是否属于运输网络的覆盖区域,核对客户信息,是否有信息错误,若有则做异常件处理。

(4) 根据货物型号,将填写好的面单一一对应粘贴于货物上,确保每件 VIP 客户快件必须粘贴 VIP 面单或在快件明显位置粘贴 VIP 标贴,易碎物品必须贴上易碎品标签,保价物品应填写好交接清单。发货员在所有面单粘贴好后应记录下完整的快件信息,包括当日的快件件数和单号。

(5) 将粘贴好面单的快件送至发货场地,发货员需在场监督操作人员进行操作,每一票件必须称重扫描。对于贵重物品要做好交接,保证交接单信息准确无误。

(6) 针对有异常问题的货物可分情况进行处理,主要问题有以下几类。

① 出库单货物型号与实际货物型号不匹配,可联系客户相关负责人重新确认货物信息,另外安排寄递。

② 有单无货,可与客户处仓库出货人员重新确认该货物是否出仓。

③ 有货无单,可核对面单数量,确认是否漏写面单。

3. 快件跟踪查询

快件跟踪查询是指通过快递企业内部信息网络对已发出的货物进行查询,掌握货物最新的动态,并将货物信息及时反映至 VIP 客户处。快件跟踪查询流程如图 7-9 所示。

其工作流程如下。

(1) 快件查询专员每天早上根据上一天所发货物的信息制定项目专项货运报表,包括发件日期、运单号、起始站、目的站、收件方、签收时间以及异常信息等。

(2) 将上一天所发货物的单号导入 VIP 客户管理系统,跟踪每笔货物的在途信息。

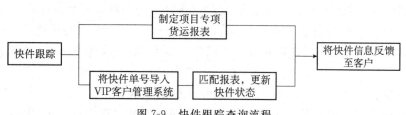

图 7-9 快件跟踪查询流程

（3）将货物的在途信息与项目专项货运报表相匹配，及时更新快件的状态，并将快件信息反馈至 VIP 客户处。

4. 异常件处理

异常件是指在运输过程中，因为若干主观或客观原因未能在规定时效内递送到指定收件地址的快件，可根据性质不同分为超区件、延误件、遗失件、破损件和其他等。查询专员在进行快件跟踪查询时，一旦发现货物的运输信息有异常，应立即通过快件查询系统、网点电话查询确认货物状态，电话告知收件客户，并根据异常件的类别对其进行相应操作，如图 7-10 所示。

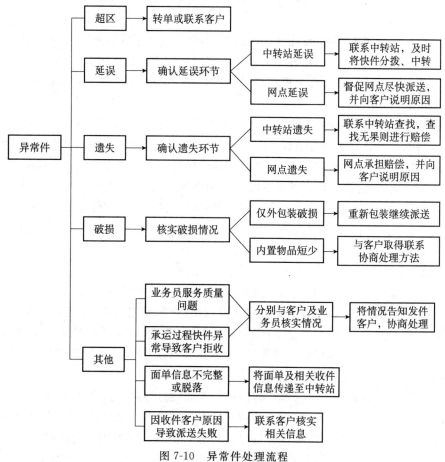

图 7-10 异常件处理流程

(1) 超区件。收件地址不属于快递企业派送区域的快件。若异常件属于超区件,可考虑联系收件客户自提或采用转单的方式,由派件网点代为转发其他快递。

(2) 延误件。快件在正常运转过程中因各种原因,造成收件方未能在规定时效内收到的快件。

若遇到异常件属于延误性质,首先要确认快件延误环节,如果延误在分拨中心,则重点跟踪分拨中心的发货情况,督促相关负责人确保快件及时将快件分拨、中转;如果延误在网点,则需第一时间督促网点进行派送,同时联系客户说明延误原因,必要时可采取拖车的方式。

(3) 遗失件。快件在正常运转过程中因各种原因,造成快件的丢失,且不能挽回的快件,或彻底延误时限到达时仍未能投递到客户处且客户追究已失去价值的快件。

若异常件属于遗失性质,首先确认快件发生遗失环节,如果认定遗失在分拨中心,则联系分拨中心人员进行查找,查找无果,则确认遗失,确认快件遗失后,需要及时与发件客户沟通,根据合同的相关规定协商费用赔付问题;如果通过快件查询系统确认遗失在网点,则由网点承担赔偿责任,同时向客户说明情况。

(4) 破损件。在运输过程中,因快件包装不当或快递人员操作不当所引起的外包装破损的快件。

若异常件属于破损性质,首先核实破损情况,如果仅外包装破损,内置物品无短少,则重新包装继续派送;如果因承运过程中外包装破损导致内置物品短少,需要与发件客户沟通处理方式,协商补货事宜,费用根据合同的相关规定由 VIP 客户部自行承担。

(5) 其他。

① 因服务质量产生的问题件。如业务员因服务问题导致与客户发生摩擦,承运过程中快件异常而导致客户拒收等情况。查询专员应先与客户及业务员核实情况,核实后给客户答复,并对业务员做相关指正,必要时根据公司服务质量管理条例做出相关处罚。

② 因收件客户信息不完整或无法联系导致的问题件。如地址不详、送无人、电话无人接听等情况。查询专员应首先与收件客户联系以获得详细的收件信息,如联系未果,应及时与客户沟通,待客户反馈正确、详细的信息,与此同时,留言给网点代为保管此问题件。

5. 信息反馈

信息反馈是指在规定时间内向项目客户反馈所发快件的信息,是 VIP 客户项目实施中每天必须完成的任务,其内容主要包括:①项目客户各类报表跟踪,主要跟踪前几日发出的快件物流信息,并进行信息记录;②重点跟踪由项目客户提供的异常件物流信息,同时进行信息记录;③根据项目客户要求,进行每月/每周的快递服务质量汇报;④根据项目客户要求,提供其他需要反馈的信息。

每个项目的实施都离不开与客户的沟通与交流,通过邮件沟通反映出的问题,须第一时间解决,并尽快进行信息反馈,每天的信息反馈是项目客户对自己快件信息掌握的最直接的方式。在进行信息反馈时要注意每个项目客户都有特定的报表传送时间,信息反馈必须具有时效性,按时完成,同时报表信息必须准确、完整,方便项目财务做账。

四、VIP 客户维护

（一）VIP 客户的回访

快递 VIP 客户回访是快递企业进行快递产品或服务满意度调查、VIP 客户购买行为调查和 VIP 客户维系的常用方法。通过定期对客户进行回访，可以了解客户的需求，及时对客户反馈的问题做出相关协调处理，对避免再次出现类似问题起着非常重要的预警作用。

1. 客户回访步骤

客户回访过程主要包括以下步骤，如图 7-11 所示。

（1）由项目经理下达快递 VIP 客户回访通知书，开发经理负责安排具体回访任务，并上报指定人员名单。

（2）开发专员制订回访计划和回访提纲，按要求实施回访方案。

（3）回访任务完成后，开发专员对其资料进行整理，并撰写书面回访报告。

（4）回访报告经开发经理审核，项目经理审批后，由开发专员进行存档。

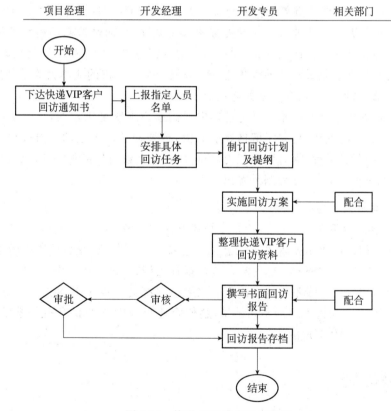

图 7-11 快递 VIP 客户回访流程

2. 回访过程中需注意的问题

在具体回访的过程中需要注意以下几个问题。

(1) 注意客户细分工作。在客户回访之前,要对客户进行细分。客户细分的方法很多,快递企业可以根据自己的具体情况进行划分。客户细分完成之后,对不同类别的客户制定不同的服务策略。例如,有的公司把回访的客户划分为高效客户(市值较大)、高贡献客户(成交量较大)、一般客户、休眠客户等;有的公司从客户的来源进行分类,如自主开发、广告宣传、老客户推荐等。

资料链接 7-1:
电话拜访流程

在进行客户回访前,一定要对客户做出详细的分类,并针对分类拿出不同的服务方法,增强客户服务的效率。总而言之,回访就是为更好的客户服务而服务的。

(2) 确定合适的客户回访方式。客户回访有电话回访、电子邮件回访、信函回访及当面回访等不同形式,从实际的操作效果看,电话回访结合当面回访是最有效的方式。

(3) 抓住客户回访的机会。客户回访过程中要了解客户在使用本产品中的不满意,找出问题;了解客户对本公司的系列建议;有效处理回访资料,从中改进工作、改进产品、改进服务;准备好对已回访客户的二次回访。通过客户回访不仅可以解决问题,而且可以改进公司形象和加深客户关系。

(4) 利用客户回访促进重复销售或交叉销售。最好的客户回访是通过提供超出客户期望的服务来提高客户对企业或产品的美誉度和忠诚度,从而创造新的销售可能。通过客户回访等售后关怀来增值产品和企业行为,借助老客户的口碑来提升新的销售增长,这是客户开发成本最低也是最有效的方式之一。开发一个新客户的成本大约是维护一个老客户成本的 6 倍,可见维护老客户是如何重要了。

(5) 正确对待客户抱怨。客户回访过程中遇到客户抱怨是正常的,正确对待客户抱怨,不仅要平息客户的抱怨,更要了解抱怨的原因,把被动转化为主动。通过解决客户抱怨,不仅可以总结服务过程,提升服务能力,还可以了解并解决产品相关的问题,提高产品质量,扩大产品使用范围,更好地满足客户需求。

(二) VIP 客户投诉管理

快递 VIP 客户投诉是指 VIP 客户接受快递产品或服务时,发现与自己期望值存在差异而向供方或管理部门提出要求处理的意见。总结 VIP 客户投诉的具体原因主要有以下几种情况:①业务人员操作失误;②客服人员操作失误;③供货操作失误;④代理操作失误;⑤VIP 客户自身失误;⑥不可抗力因素。以上情况都会导致 VIP 客户对企业的投诉,快递企业对 VIP 客户投诉处理的不同结果,会使企业与 VIP 客户的业务关系发生变化,因此必须妥善处理 VIP 客户的投诉。

案例链接 7-5

VIP 投诉谁之过

某家电连锁店是某物流公司的大客户,近几年他们不断地拓展新市场,开店数居全国第一,公司 60% 的利润都源于这家企业。作为企业的重点客户,需要经常同他们谈判以及处理突发事件。某天上午对方的采购总监打来了一个电话,因为库存不足,要求马上配送50台洗碗机到中心库房,否则将按照相关规定罚款。可是马上调集50台洗碗机是不可能的,因为这需要与总部、物流、财务等相关部门协调,即使一切顺利,也达不到对方的时间要求。虽然罚款金额不大,但终究不是一件光彩的事,这么一个莫名其妙的罚款会影响企业的效益,特别是会对企业的信誉造成不良的影响。

而此时作为物流公司的联系人,最应该冷静下来想一想事情的来龙去脉,其实并非想象中的那般复杂。依据大客户档案中资料的记载:从历史销售数据可以得知,该连锁店不可能一天卖出50台洗碗机,同时可以排除团体购物的可能,因为并没有可靠的消息。那么,对方为什么要如此急切地要货呢?

其秘密就在于:他们的安全库存出现了问题!一定是销售和库存两个部门衔接、协调出现了问题,以至于门市店面无货可卖,甚至遭到了顾客的投诉。很明显这是店方的问题而不是物流公司的责任,他们却把这个棘手的问题转嫁给物流公司,这的确很不公平。但是,物流企业必须妥善地处理好该客户的抱怨和投诉;否则,就有可能造成该客户的离开。

因此,面对大客户的抱怨和投诉,首先要进行详细的分析,找出背后的原因,为妥善解决客户的投诉提供依据。

——×××快递企业访谈资料

VIP客户主动上门来投诉,这是一个沟通的机会;VIP客户往往会在投诉时观察快递企业的反应,这也是一个表现的机会,更是企业宣传自己的良机。

VIP客户投诉显示了快递企业的弱点所在,除要随时解决问题外,更不应该让同样的事情再次发生。但是通过成功的投诉处理,VIP客户会以回头客的方式回报企业。VIP客户投诉处理过程分为以下6个步骤。

1. 耐心倾听

当快递VIP客户投诉时,维护专员首先要学会倾听,收集数据,做好必要的记录,了解客户的要求。然后弄清问题的本质及事实,切记不要打断对方的讲话,不能跟客户争论,诚心实意来倾听,表示对客户的感谢、认可和理解。最后注意不要马上回答,要以时间换取冲突冷却的机会。

2. VIP客户投诉调查

调查的目的是对VIP客户投诉的内容判定是否成立。调查的方式有很多,必要的时候还要进行现场确认。通过调查,若投诉不能成立,即可以委婉的方式答复客户,取得客户的谅解,消除误会;若确定投诉成立,则要马上解决,不可对问题逃避、拖拉。

3. 对VIP客户投诉的事项进行分类,确定投诉处理责任部门

VIP客户投诉的事项有可能涉及快递企业的许多部门,解决投诉的问题需要进行事项分类并按轻重缓急交由有关部门解决,明确具体的权责范围。对于VIP客户的投诉,针对快递企业有关人员的失误建立客户投诉分类整理表格。有关的负责部门要根据投诉分类整理表及时解决VIP客户投诉的问题,以完善快递服务。VIP客户投诉分类整理表可采用"颜色管理",在投诉点下配以相应的颜色和比例长度来提示相关节点,如表7-3所示。

表 7-3 VIP 客户投诉分类整理表

本月投诉总量					
投诉分类	送货不及时	丢失货物	缺货	配送差错	投诉回复慢
件数					
比重					
环节责任					
警示	红色	黄色	蓝色		

注:红色表示问题已经很严重,黄色表示相当严重,蓝色表示问题一般。

4. 制订处理解决投诉的方案,把解决方案传达给 VIP 客户

制订处理解决投诉的方案的依据:VIP 客户投诉的要求,VIP 客户投诉调查的事实,企业解决 VIP 客户调查的相关制度和其他参照因素等。拟订解决的办法有退货、换货、维修、折旧、赔偿。处理方案制订出来后,立即经主管领导审批,然后根据审批方案及时反馈给投诉的 VIP 客户,表明解决投诉的态度、时间和内容等。

5. 追究相关部门责任,实施处理方案

追究相关部门和当事人的责任是一个很好的解决投诉的办法,特别是来自服务态度的投诉。当然,追究责任不是给 VIP 客户看的,而是为了避免再次发生类似的事件,对快递企业起着很大的促进作用。解决方案一经确定,就立即通知相应的实施部门尽快付诸行动,实施过程中,千万要吸取教训,不能造成新的投诉,实施后要把实施结果、客户满意度反馈回来。

6. 总结评价

对快递 VIP 客户投诉过程和结果进行总结与综合评价,建档留存,吸取教训,提出改进对策,不断完善企业的经营管理和业务动作,以提高客户服务质量和服务水平,降低投诉的发生率。

任务三 快递与终端落地配

情景导航

小林想在网上买一个衣柜,但是又担心碰上快递费用高、自己安装烦琐、退换货麻烦等问题,结果卖家说小林所在城市有第三方服务商可以为线上家具卖家提供"最后一公里"的同城配送以及上门安装服务,小林非常感兴趣,上网查询了一下,原来是新兴起的落地配服务,那么落地配到底是怎么操作呢?跟快递之前有着怎么样的联系?

一、落地配的定义及发展

"落地配"其实在几年前就已经出现了,很容易从字面上理解为货物到目的地落地后,由目的地的物流公司进行最终的配送。而实际上一个完善的"落地配"公司身兼着仓储、货运、客服查询、配送等多种职能,大部分还从事着收件、送外卖等业务。

1. 落地配的定义

所谓落地配就是由落地分拨、同城和地县转运、入宅服务三大要素组成。它主要是以开箱验货、半收半退、夜间送货、试穿试用、送二选一、代收货款、退货换货等核心的入宅服务为竞争亮点。

落地配和快递的最主要区别在于落地配是基于为电子商务配送代收货款业务而发展起来的,所以它更注重精细化和专业化;而快递则需要通过扩张自己的网络来拓展市场,因此注重的是规模化,其次落地配的收入来源于送件,快递则是取件。落地配对送件比较重视,而快递重视的是取件。

2. 落地配的发展

电子商务发展初期,各大电子商务网站将主要精力都放在网站的建设上,而当大量的订单涌现,实物的传递成为制约电子商务企业发展的最大瓶颈,在国内物流发展不完善的时期,各大电子商务网站纷纷开始建立自己的物流网络,但它们很快发现这是一件很费钱、费力的工作,巨大的人工成本使得建立一张覆盖全国的物流网络成了一个不可能完成的任务。于是,各种只负责主要城市,将二三线城市的投递任务交给目的地的第三方进行配送的方式开始出现,并且演绎出了全家便利店、淘宝邮局、大学生代投、菜鸟驿站等多种形式,前两年甚嚣尘上的"最后一公里"服务就是基于这种模式。

但是,随着如开箱验货、夜间送货、试穿试用,尤其是代收货款、退货换货为核心的入宅服务成为用户的主要需求后,曾经被推崇的以个人为主体的代收代投网点逐步被服务网络较完善的"落地配"公司所取代。

现在的"落地配"公司大多是由3类公司发展而来的:一是从报刊发行公司转型而来;二是独立经营的区域快递公司;三是电商企业建立的配送中心。它们的共同特点如下。

(1) 有自己的邮件数据系统,可以和电商企业进行对接,可以用于邮件的实时查询。

(2) 有大型的分拣场地和人员,独立的货运队伍,将邮件分区域送到各个投递分部。

(3) 有较完善的投递服务网络,也有部分公司还是采取加盟的方式,将部分邮件交给区域物流公司或代投点。

(4) 能够办理COD(代收货款)业务,可以定制开箱验货、夜间送货、试穿试用、退货换货等特殊服务,这是"落地配"公司与其他区域物流公司的主要区别,也是大型电商企业与它们合作的关键。

家具行业的"落地配"模式

家具商品体积大、运输易折损、安装专业性等特点,使得家具电商的平台商和品牌商很难通过自建物流的方式完成商品的物流配送和安装售后,这也成为一直阻碍家具电商发展的一大难题。

亿邦动力网了解到,自2011年开始,一种新型的"落地配"的服务模式正在兴起,部分第三方服务商通过整合本地的安装个体户,专门为线上家具卖家提供"最后一公里"的同城配送以及上门安装。业内有一定规模服务公司已有8家,但只提供区域性服务。

据北京合众阳晟科技联合创始人子渊介绍,"落地配"的服务模式相比于传统的家具配送方式,服务质量更有保证,且能够规模化服务。他透露,合众阳晟已在北上广深等50个主要城市建立了仓库和服务点,以北京为例,$2.5m^2$的沙发配送加安装的服务费在200元左右,略高于个体户的收费,但全城采用统一的价格。

据亿邦动力网了解,虽然红星美凯龙等家居建材流通业巨头先后触"网",天猫和京东等电商大佬纷纷争抢这块蛋糕,将有可能进一步催熟市场,但面对大件商品的物流配送服务,无论是平台商自建还是现有的配送公司均难以满足要求。

业内人士向亿邦动力网指出,在落地配出现之前,家具电商多数依赖线下经销商和本地安装商实现商品的同城配送和安装,但这两种方式均存在一定的短板。

尤其是前者,受到了线下经销商较为激烈的抵制。主要原因在于单纯提供服务获取的利润较低,而家具产品生产周期较长,使得经销商不愿意为了线上商品的配送耽误门店商品的售卖;其次,若要为线上商品提供服务,则经销商需要配备专门的客服人员与消费者沟通,成本太高;再者,线上商品在同一地区的销量有限,仅靠提供服务,无法形成规模。

而选择与买家所在地的安装个体户合作,来完成最终的配送和安装,则存在着服务质量难以保证、家具有丢失风险等问题。且这些个体户一般没有自己的仓库,所以单次商品承载能力有限。

至于落地配能否成为家具电商的标配,仍取决于这类服务型公司未来的发展方向。据行业内人士分析,这些"落地配"服务公司接下来可能会逐渐完成向上游的干支线物流布局,为家具电商提供工厂到目标城市的直达物流运输。

"像德邦、天地华宇等传统的物流公司并没有专门针对家具商品的物流服务,它们在运输过程中,一般会经历大库、中转站等十几道中转程序,虽然通过集约发货降低了成本,但也加剧了家具在运输过程中的磨损,而家具恰恰是属于每搬一次货都会有损坏的产品。"上述人士指出。

未来,"落地配"有望将电商、物流、配送和安装整合成一套完整的服务体系。但子渊表示,"落地配"的利润远高于干线物流,单件家具"落地配"服务费能够平均达到商品售价的15%。

——亿邦动力网,https://www.ebrun.com/20130125/66702.shtml

二、落地配的运作流程

落地配公司覆盖范围通常是一个或若干城市,需要与快递企业或干线企业合作,供货商通过干线公司将货物发给区域性落地配公司,区域性落地配公司在当地进行配送和投递,并会根据客户要求提供个性化服务。具体运作流程如图7-12所示。

(1) 商家将当日出仓订单按照规划的配送区域逐一进行合包操作。

(2) 干线货物运输(空、铁、陆),由快递企业运输完成。

(3) 干线货物提货、验货、信息导入、分拣、异常反馈。

(4) 通过省内/区域末线班车,将货物转运至郊区或地县营业部。

(5) 宅配站点接货,协约时间,上门宅配。

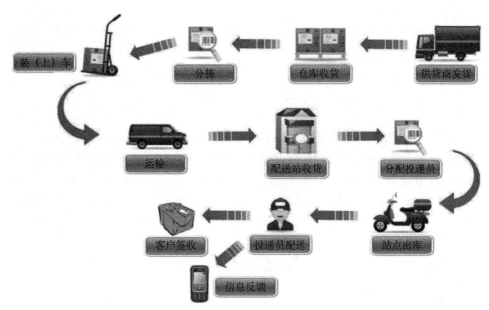

图 7-12　落地配作业流程

(6) 箱验货＋增值服务(夜间配送、带货换货、半收半退、试穿体验、其他服务等)。

三、落地配面临的问题

随着电商业务的快速发展,"落地配"公司迎来了大发展的时期,看似前途一片光明,实际上是隐忧重重。

(1) "落地配"形式产生的根基是大型电商企业自建物流体系无法满足线上业务量的高速增长,以及建设完善物流体系初期所需要的庞大资金。而随着电商企业的不断发展,其对信息流和实物流的数据时效性要求不断提高,必然会逐步建立起自己的物流网络,尤其是在中心城市更是会按照它们一贯的方式将服务做到极致。

(2) 落地配公司覆盖范围通常是一个或若干城市,这在初期利于它将业务不断地细化,这也是市场对它的要求,但是却限制了它进一步的发展。它们普遍规模较小,在大型物流企业的积压和兼并时,无法做出有效的抵抗。

(3) 人工成本的不断增加也是制约"落地配"公司的一根绞索。物流行业毕竟是一个劳动密集型行业,人工成本的增加对它的生存起着至关重要的作用,尤其是采取加盟方式利用区域物流公司进行投递的公司,甚至到了微利的地步。

(4) "落地配"公司是靠个性化服务取得业务的,但随着用户要求的不断提高,维持较高的用户满意率就需要成本的支撑,而各电商企业却不断压缩成本,将用户特殊要求转嫁给物流公司。最终,导致"落地配"公司无法满足用户新的需求而离场。

(5) 自身没有业务资源,一旦上游电商企业发生问题或变动,则整个业务来源便消失了,便直接影响公司的生存。

(6) 全民众包模式冲击。全民众包模式就是由物流公司招聘非专业人员利用闲暇时间进行投递工作,无论任何人,只要符合基本条件,就可以成为该类平台的自由投递人。

从2021年年底开始,以达达、人人快递、京东众包、闪送、快收等为代表的众包模式开始出现在人们的视野中,并受到了追捧。而这一形式的出现,为电商企业最终摆脱"落地配"公司提供了可能。

项目小结

本项目从供应链角度对快递公司的业务进行了介绍,包括快递公司与电子商务之间的联系、快递 VIP 客户业务的管理、终端落地配业务以及不同模式下网点的管理。企业之间的竞争是供应链之间的竞争,在物流量增速放缓、运力过剩、港口货量不足、仓储空置率高等背景下,物流企业必须融入供应链。例如,打造"客户离不开"的供应链体系,将上下游串起来。

课后练习

一、问答题
1. 简述电子商务快递的流程。
2. 简述 VIP 客户项目的开发和实施过程。
3. 简述 VIP 客户投诉处理的方法。

二、案例分析

高质量的供应链服务,让菜鸟找到了新增量

2022年11月17日,阿里巴巴集团发布2022年7月1日—9月30日财报,其中菜鸟在本季度实现总收入182.82亿元,抵消跨分部交易影响前同比增长26%。在重重挑战之下,菜鸟仍实现双位数的稳健增长,韧性之强可见一斑。同时,菜鸟的外部收入占比在持续增长,本财季进一步提升至73%。

快递物流企业在提升消费者物流体验的同时,多样化的服务模式或将是行业下一步发展的关键点。菜鸟已经成为物流和供应链市场中重要的优质服务提供方,用服务来开拓增量,获得了更广泛的市场认可。

"双11"大件物流增速500%的背后

2022年"双11"前夕,天猫和菜鸟联合启动的大件物流3年领先计划,拟在未来3年建成中国最好的大件送装网络,消费者在天猫购买大件电器家装商品,将可100%享受"一次上门、免费送装"。菜鸟CEO表示,未来3年菜鸟将加大投入,建立一支1万人规模的末端送装师傅团队,将大件送装网络覆盖面从目前的全国300城逐渐深入至2 800多个县域。

在提质转型时代,菜鸟围绕大件家装、美妆、冷链、快消等行业构建起更具针对性的解决方案,尤其是大件家装物流,菜鸟针对"送装分离"等长期存在的行业痛点,通过加大自营送装队伍建设,推出"精准送达,一次安装"等品牌差异化服务,以更具确定性的履约服务开拓增量市场。

以往，大件送装的全流程参与者众多，基本上很少有服务商全国覆盖，整个过程由非常离散的服务商各端拼接而成，快递行业电子面单全链路、多环节的数字化无法体现在大件家具的品类中。"我们看到有完整的物流详情的比例不超过10%，而在其他品类里面已经超过99%。"菜鸟CEO表示。大件物流需要标准化，对于大件家具成为新增量的淘宝天猫来说更是如此。

目前，全国电器家装商品的市场规模超过5万亿元，其中淘宝天猫是电器家装消费的主力平台。据相关数据显示，每年有2.67亿消费者在淘宝天猫上购买电器家装，仅仅2022年前10个月，消费者就在淘宝天猫上买走了2400多万张床、2200多万套沙发、1800多万件餐桌椅。

作为天猫大件商品的官方物流，菜鸟已经初步建立专业的大件商品物流解决方案：在佛山、赣州、潮州等产业带开设了自营的集货分拨中心，并且率先实行"定点班车"模式，使70个城市消费者收货时长缩短了2～3天。

在最后一公里的送装环节，淘宝天猫和菜鸟建立了自营的送装师傅队伍；在提前预约、清洁防护、送货上门、送装一体、带走包装等方面都实现了标准化作业，一次送装完成率达到了98%。消费者对天猫大件商品的物流体验评价大幅超过了市场水平。

菜鸟甚至为此开出了高薪招聘自营家具送装师傅，以高于行业平均收入的薪资吸引优秀的送装师傅。

每一年的"双11"无疑都是一次物流行业的大练兵，也是一场物流升级之战。而2022年"双11"期间，菜鸟大件家装收货量、签收量同比双双增长突破500%，菜鸟家装杭州仓连续刷新历史出库记录，平均增速保持在250%，单一仓库出库量高居行业首位。

更确定性的物流履约，也成为消费者下单购买的重要因素之一。使用天猫官方大件物流服务后，商家获得的消费者评价也明显提升。家具品牌源氏木语创始人表示，与菜鸟合作以来，卖家服务评级系统评分达到4.95，回访消费者的绝对满意度高达94%。

更加确定性的供应链能力

大件物流只是菜鸟众多特色行业供应链的其中之一，菜鸟在针对重货、冷链、快消、美妆等行业都有特色解决方案，以提供高质量服务。

实际上，除了被人熟知的B2C仓配网络，多年来，菜鸟供应链一直在扎实深耕B2B城配行业，并已打造出一张完善的全国性B2B城配网络。

据菜鸟国内供应链负责人介绍，菜鸟城配业务除了服务零售通百万小店（比如夫妻老婆店、小卖部、社区便利店等），还服务近6000家大型连锁商超和门店、近万乡村、百万团长，同时实现了全国TOP 100城的核心商圈覆盖。

丰富的仓储、车辆、司机等资源组成了菜鸟城配的运营底盘：菜鸟城配拥有近7000个共配中心，涵盖菜鸟供应链旗下的大仓、直营仓、CP仓，以及零售通共配中心、网格仓、菜鸟直送配送站等；运营车辆与司机数量也已超3万，为全国的商家消费者提供服务。

如今，菜鸟供应链已织成两张大网：B2C仓配网络和B2B城配网络。特别值得一提的是，菜鸟供应链的TO B和TO C能力正在不断融合，形成TO B和TO C一体化，大幅提升供应链的确定性。

无论市场如何发展，物流行业始终都是服务业的一种，客户体验才是关键。这么一来,时效方面、技术创新以及精细化管理上各大企业都需要持续跟进才能保证不被淘汰。菜鸟通过在核心基础设施上的布局,形成高质量的确定性的供应链能力,借此实现服务的精细化和差异化。

  与此同时,这也是阿里数字商业服务升级的需求。阿里巴巴集团董事局主席兼首席执行官曾表示,提升商家服务消费者的能力是最关键的,在特定场景下必须以履约为前置条件来考虑。2022年11月17日晚的阿里财报电话会上也提到,这次天猫"双11",相关物流NPS(用户净推荐值)有较明显提升。

  不仅是国内家电、家装,随着国货崛起,生鲜冷链等诸多行业的在线消费需求旺盛,尤其是在近几年新冠感染疫情的影响下,面向这些深度垂直行业的特色供应链市场将成为各家重点开拓增量的重要方向。但由于这些行业差异大,痛点各异,需提供针对性的解决方案,准入门槛高,因此目前仍处于蓝海市场,菜鸟无疑是抓住了这个机会。

  ——https://mp.weixin.qq.com/s?__biz=MjI3Njc0NTk4MQ==&mid=2650252598&idx=2&sn=39563d1929d37f9d772a97cd269d1e41&chksm=b78890a480ff19b2f55273e7d2f5a79a3cbe847e27c4eea20d0c0a138b9687f4e0a4b281b7d7&scene=27

  问题:
  (1)菜鸟是如何构建其供应链市场并取得成功的?
  (2)还有哪些行业可以采取菜鸟的供应链模式?

三、实训操作

  在网上查找一个快递客户的招标信息,按照网上招标书的要求按组撰写投标书,完成投标任务。

项目八

快递公司人力资源管理

知识目标
★ 了解快递企业绩效评估的流程和模式。
★ 熟悉快递企业对人员的招聘要求和渠道。
★ 熟悉并掌握快递企业招聘的流程。
★ 熟悉并掌握快递企业培训的流程和方式。

能力目标
★ 能根据部门需求撰写一份培训计划表。
★ 能根据岗位职责及考核模式制定一份绩效评估表。

课程思政
★ 树立人力资源经营理念。
★ 养成依法办事的规范经营意识。
★ 养成实事求是的科学工作态度。

关键词
人力资源　招聘　培训　绩效评估

京东人力资源体系的四大原则

如果问京东运营体系中哪里"疲于奔命",一刻也不敢放松,那就是培养团队。

公司管理最核心的就是管人,管人的核心是怎么选人,怎么用人,怎么留人,怎么防止"大企业病",保证信息通畅,减少部门扯皮。

选人

不符合京东的核心价值观,能力再强,京东也不要!京东人事管理八项规定的第一项,就是能力价值观体系。京东通过能力、业绩和价值观体系量化衡量标准,将所有员工分为五类:金子、钢、铁、废铁和铁锈。能力很强,但是价值观不过关的,是铁锈,这是京东要坚决去除的。

在京东选择高管的时候,除了能力要和职位匹配外,他还需要具备以下几个特质:做的比说的多;从基层做起;有国内企业工作经验;诚实。只有具备了这些,才是真正能和京东,能和京东的事业绑在一起的人。

另外,京东每年会从应届大学毕业生中招聘几十甚至上百人,从毕业那天起,这些管培生就接受京东的培训。接受完系统的培训后,管培生们可以自由选择,到相应部门的具体工作岗位正式工作。工作满半年之后,他们可以进行第二次内部岗位选择,满两年后他们还有第三次选择机会。

用人

80%的管理者都必须内部培养提拔人才,只允许20%从市场招聘。京东人事管理的八项规定中,有一条重要的用人原则,就是"七上八下原则"。什么叫七上八下?就是内部员工,包括管培生在内,觉得你有七成把握的时候,就让你来管理这个部门。同时强制性规定,以后80%的管理者都必须从内部培养提拔人才,只允许20%从市场招聘。

培养一名管理者要花费很多时间精力,那为什么京东还要20%去社会上招聘?因为京东要保证组织有新鲜血液,京东不能变成一个封闭化的组织。所以七上八下,七分熟就要内部提拔,80%的管理者都要内部培养出来,这样才能保证这家公司真正的文化、价值观落地生根。

留人

如果一个配送员五年之后还是配送员,那就是管理者的失职。京东要感恩员工的付出。什么是感恩?感恩不仅仅是给员工好的薪水和待遇,抑或是股票,更是要通过培训体系,让他们在京东工作几年后,个人职业能力、知识、眼界等都能上升到一个新的高度。这是对员工最大的回馈,同时也是培训最大的意义。

那么怎么培养?京东在内部建立了一整套立体培训方案。

副总裁以上高管。公司为这些高管们提供到国内外一流商学院参加系统的在职EMBA项目学习机会,每年会安排至少三位高管进修。另外,结合公司阶段性的战略,京东会定制有特定目标的学习项目,如"走入农村""硅谷之行"等。

总监级别管理者。京东一方面与知名商学院合作,针对总监级管理者中的高潜力人才,开设京东MBA培训班;在管理技能方面,以京东领导力模型为核心目标,提供阶段性的学习项目;对于新入职的高管,京东大学与人力资源部门合作为他们提供贴身支持的"高管90天转身计划";另外,管理者每人每年至少要为新员工入职培训进行一次企业文化宣讲。

中、基层管理者。京东的快速发展对中、基层管理者带来的挑战是尽快地实现角色转变和掌握基本的团队管理思路和业务管理内容,在每人每年4~6天脱岗培训的基础上,同时在繁忙的工作中实现"干中学,学中干",掌握实用的"管人、管业务"的技能。

基层配送人员。如果这份工作对配送员们来说可有可无,随时都可以离开京东再找一个,那么很难让配送员真正做好这份工作。所以,京东一定要能保证为配送员提供一份不管是现在还是未来都很有竞争力的、很稳定的收入。京东不仅为他们提供五险一金,还为他们准备了高于市场平均水平的工资。这是第一点,也是至关重要的一点。除了收入方面的回馈之外,京东还为配送员们准备了极大的上升空间。因为业务的需要,京东每年的配送队伍和配送站几乎都在翻倍增长,所以只要在公司工作过一两年的优秀老员工,就有可能成为站长。一旦成为站长,不仅工资高了,优秀的站长还能拿到公司的股票。

防止"大企业病"

在京东,没有事实或数据能够证明别人的需求是不正确的,你不能说"No"。比如过去几年大家抱怨最多的就是跨部门协调困难,找某个部门办点事,鞋都跑烂了,却跟你说"No"。因此京东设立了这个原则,管理者可以对其他部门的人员评定打分,如果那个人不好,你可以给他打低分。按照这个制度,以后再说"No"就属于高风险,要说"No"可以,拿数据摆事实告诉我,如果我提的要求是不对的,可以说"No"。这种经常说"No"的管理者实际上都是偷懒者,压根儿没有资格做京东集团的管理者,这些人都要给清除掉。

——https://zhuanlan.zhihu.com/p/338818129

所谓人力资源管理,是指企业或者其他组织对其拥有的人力资源进行的一种管理活动。对于快递企业来说,特别是中国民营的快递企业来说,人力仍是企业资源的关键资源之一,人力资源管理的好坏直接影响到企业未来的发展。

我国快递业的发展起于20世纪90年代,20多年来,快递行业发展迅速,总体规模不断扩大,但是相应的快递专业人才并未能同步跟上。特别是在一些大型快递企业上市之后,企业的专业管理人才、专业技术人才的需求猛增,从事复杂劳动的复合型快递人才缺口较大。在新的行业发展背景下,根据企业的实际情况引进并留住高层次的专业人才,是快递企业人力资源管理的一项重要而紧迫的任务。

任务一　快递企业人员招聘

情景导航

经过几个星期的熟悉,小璐对人力资源的概念已经有了一定的了解。下半年是快递企业的用人高峰期,急需招聘一批快递人员,主管将小璐调入招聘组,让她暂时协助招聘组同事的工作。

人才招聘是指企业为了发展的需求,根据人力资源规划和工作分析的要求,寻找、吸引那些有能力又有兴趣到本企业任职的人员,并从中选出适宜人员予以录用的过程。招聘工作是人力资源管理工作的第一个环节,也是整个企业人力资源管理工作的基础。一方面,招聘工作直接关系到企业人力资源的形成;另一方面,招聘和录用是人力资源管理中培训、绩效评估、薪酬、激励、劳动关系、人员流动等工作环节的基础,由于人力资源已经从战术管理的层次上升到了战略管理的层次,招聘和录用也向着战略化方向发展,对企业的战略发展目标起到了支持作用。

一、快递员工招聘要求

快递企业与其他企业相比,有自身的特点,因此,对于人员的需求也必须具有自身的独特性。总结几家快递公司对员工的招聘要求,主要有以下几点。

(1) 融入快递公司企业文化,打上领带能见"老外"(懂英语,能与外商谈判),穿上工作服能"扛麻袋"(能到操作现场指挥,与员工融为一体,成为伙伴)。

(2) 不把经验当成财富,而是把学习能力作为"绩优股"。

(3) 敬业,职业发展追求"高、新、久",管理上追求"精、细、优"。

(4) 勇于挑战自己,执行力强,工作高效。

(5) 应具备以下能力:应用文写作能力、基本的英文听说读写通力、信息技术应用能力、沟通能力、领导能力、压力承受能力、思辨能力、应变能力。

(6) 勇于承担责任,要为成功找方法,不为差错找理由。

二、快递企业招聘程序

招聘程序是指从公司内出现空缺到候选人正式进入公司工作的整个过程。这是一个系统而连续的程序化操作过程,同时涉及人力资源部门及企业内部各个用人部门以及相关环节,具体流程如图8-1所示。

1. 制订招聘计划和策略

招聘计划是组织根据发展目标和岗位需求对某一阶段招聘工作所做的安排,包括招聘目的、信息发布的时间与渠道、招聘员工的类型及数量、甄选方案及时间安排等方面。

具体来讲,员工招聘计划包括以下内容:①招聘的岗位、要求及所需人员的数量;②招聘信息的发布;③招聘对象;④招聘方法;⑤招聘预算;⑥招聘时间安排。

2. 发布招聘信息及搜寻候选人信息

组织要将招聘信息通过多种渠道向社会发布,向社会公众告知用人计划和要求,确保有更多符合要求的人员前来应聘。

企业可以通过以下方式搜寻候选人信息:①应聘者自己所填的求职表,内容包括性别、年龄、学历、专业、工作经历及业绩等;②推荐材料,即有关组织或个人就某人向本单位写的推荐材料;③调查材料,指对某些岗位人员的招聘,还需要亲自到应聘人员工作或学习过的单位或向其接触过的有关人员进行调查,以掌握第一手材料。

3. 甄选

甄选的过程一般包括对所有应聘者的情况进行的初步的审查、知识与心理素质测试、面试,以确定最终的录用者。

4. 录用

人员录用过程一般可分为试用合同的签订、新员工的安置、岗前培训、试用、正式录用等几个阶段。

试用就是企业对新上岗员工的尝试性使用,这是对员工的能力与潜力、个人品质与心理素质的进一步考核。

员工的正式录用是指试用期满后,对表现良好、符合组织要求的新员工,使其成为组织正式成员的过程。一般由用人部门根据新员工在使用期间的具体表现对其进行考核,作出鉴定,并提交人力资源管理部门。人力资源管理部门对考核合格的员工正式录用,并代表组织与员工签订正式录用合同,正式明确双方的责任、义务与权利。

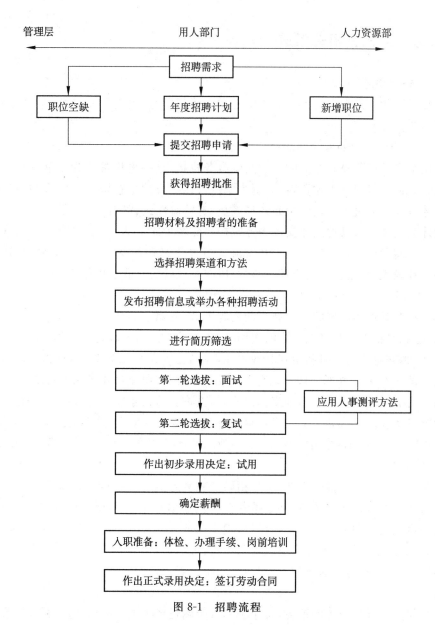

图 8-1　招聘流程

正式录用合同一般应包括以下内容：当事人的姓名、性别、住址和法定社会身份；签订劳动合同的法律依据、劳动合同期限；工作内容、劳动保护和劳动条件；劳动报酬、劳动纪律、变更和解除劳动合同的条件与程序；违反劳动合同的责任与处置等。

5. 招聘工作评价

招聘评估主要是指对招聘的结果、招聘的成本和招聘的方法等方面进行评估。一般在一次招聘工作结束之后，要对整个评估工作做一个总结和评价，目的是进一步提高下次招聘工作的效率。

对招聘工作的评价一般应从以下两方面进行：一是对招聘工作的效率评价；二是对录用人员的评估。

三、快递企业人员招聘渠道

（一）外部渠道

外部招聘的渠道大致有人才交流中心和人才招聘会、网上招聘、内部员工推荐、校园招聘和猎头推荐等。

1. 人才交流中心和人才招聘会

我国很多城市都设有专门的人才交流服务机构，这些机构常年为企事业用人单位提供服务。它们一般建有人才资料库，用人单位可以很方便地在资料库中查询条件基本相符的人才资料。通过人才交流中心选择人员，有针对性强、费用低廉等优点。

人才交流中心或其他人才交流服务机构每年都要举办多场人才招聘会，用人单位的招聘者和应聘者可以直接进行接洽和交流。招聘会的最大特点是应聘者集中，用人单位的选择余地较大，费用也比较合理，而且可以起到很好的企业宣传作用。

2. 网上招聘

网上招聘是近年出现的一种新兴的招聘方式，它具有费用低、覆盖面广、时间周期长等优点，已超过招聘会和报纸广告的作用，成为人才交流的主流媒体。越来越多的人选择上网求职，越来越多的公司利用互联网求才，在网上形成了一个日益庞大的人才资源库。

对公司来说，网上招聘一般可以有以下几种渠道：注册成为知名人才网站的会员，在此类网站上发布招聘信息，收集求职者信息资料，查询合适人才信息；在自己公司的主页或网站上发布招聘信息，收集求职者信息资料；在一些浏览量很大或在本行业较有影响力的网站上发布招聘广告；利用搜索引擎搜索相关专业网站及网页，发现可用人才，自己做猎头等。

3. 内部员工推荐

通过企业内部员工推荐人选，也是招聘的重要形式之一。因为内部员工对其推荐的应聘者及空缺职位都比较了解，加之推荐会涉及推荐者的声望，所以员工总是推荐高质量的或合适度高的求职者。因此，当公司出现空缺职位时，不仅要鼓励内部员工积极应聘，而且要制订雇员推荐计划以鼓励员工利用自己的人际关系网络为本单位推荐优秀的人才，以该种渠道找到合适雇员的，公司应给予推荐者一定的奖励。

4. 校园招聘

学校是人才高度集中的地方，每年都向社会输送成千上万的毕业生，是公司获取人力资源的重要来源。一般的校园招聘包括在校举办毕业生招聘会、招聘讲座等，但越来越多的公司已经不满足于此类招聘方式，而采取更主动的预订方式。例如：与有关大专院校挂钩，预订企业所需人员；在相关院校专业设立奖学金或合作办学，为自己培养、储备专业人才；到校园开展各种形式的公共关系活动，甚至有的还邀请学生到本公司进行社会实践，充分展示公司形象以笼络学生。

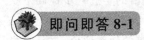
即问即答 8-1

校园招聘有哪些优缺点？

5. 猎头推荐

公司的人力资源部门由于受到工作范围、信息资源及人力物力等的限制，对于招聘工作会心有余而力不足，而猎头公司可以很好地弥补这个缺陷，同时有远见的猎头公司也有意识地将自己放在这个位置上，全方位地为公司人力资源开发服务，甚至提出作为公司的人事部门代理，以谋求自身更好的发展。可见，猎头公司的职能并不是人才的交流，而一种综合性的人才开发。因为涉及招聘费用及猎头公司的性质，一般来说，用人单位会在招聘高级管理人才时聘请猎头公司进行操作。

（二）内部渠道

内部招聘就是将招聘信息公布给快递企业内部员工，员工自己来参加应聘，用人部门从中选择可以胜任某项空缺岗位的优秀员工的一种招聘方式。

这种招聘方式一方面可以给员工以提升职位的机会，会使员工感到有希望、有发展的机会，对于激励员工非常有利，有利于调动员工积极性、增强组织凝聚力。从另一方面来说，内部选拔的人员对本公司的业务工作相对熟悉，能够较快地适应新的工作。内部招聘和外部招聘的优缺点比较见表 8-1。

表 8-1 内部招聘和外部招聘的优缺点比较

项目	内部招聘	外部招聘
优点	① 对公司的忠诚度较高，对公司有企业文化、企业目标和价格观、行为规范等有较强的认同感 ② 内部选拔的方式可以激发员工的创造力，容易鼓舞员工士气并改善工作绩效 ③ 比外部招聘减少了人力成本、培训期和培训费用，招聘程序更简化，所花时间少且成功率较高	① 新员工能带来新价值观、新思想、新方法和新生产力，对公司来说是与外界环境交流的一种形式 ② 外聘人才可以在无形中给公司的老员工施加压力，形成竞争意识、危机意识和合作意识 ③ 外部招聘挑选员工余地较大，能招聘到很多优秀人才，同时可促进人才合理流动，改善人力资源结构
缺点	① 内部招聘容易造成"近亲繁殖""团体思维"等现象，抑制了个体的创造性和创新思维 ② 对于某些关键性的职位，现有员工可能不具备胜任空缺岗位所需要的知识、经验和技能，其成本可能高于雇用"已经过培训"的外部人才	① 筛选难度大，难以准确地判断应聘者的实际工作能力 ② 对于外部招来的员工需要花费较长时间和费用来进行培训和定位，成本较高 ③ 外部招聘容易挫伤内部老员工的上进心、工作积极性

任务二　快递企业人员培训

情景导航

紧张的招聘季结束后，公司招聘到了不少优秀的人才，但是因为行业的差异性，有部分新进员工对快递企业和本职工作并非十分了解，急需公司对其进行专业培训。小璐在进 YT 公司实习时也经过正式的培训，对其有一定的兴趣，于是自动跟主管请示进入培训组进行相关工作。

快递企业人员培训是指企业为开展业务及培育人才的需要，采用各种方式对员工进行有目的、有计划的培养和训练的管理活动，其目标是使员工不断地更新知识，开拓技能，改进员工的动机、态度和行为，使其适应新的要求，更好地胜任现职工作或担负更高级别的职务，从而促进组织效率的提高和组织目标的实现。

一、快递企业培训内容

企业培训对象包括全体员工，由于员工担任的职位不同，因此培训方向具有多样化的特征，一般来说可分为以下几类。

（1）岗前培训。针对新到岗员工进行的培训，由公司人力资源部负责，培训内容为快递企业简介、员工手册、人事管理规章的讲解；企业文化知识的培训；工作要求、工作程序、工作职责的说明等。

资料链接 8-1：
YD 快递培训体系

（2）在岗培训。针对已经在工作岗位上工作过一段时间的员工所进行的培训，其目的在于提高员工的工作效率，以更好地协调快递企业的运作及发展。例如，客服部对客服人员进行电话接线、投诉处理等方面的培训，帮助客服人员更好地处理顾客的投诉。

（3）专题培训。针对员工某一方面技能、知识或理念进行的培训，一般是根据岗位需要对部分或全体员工进行某一主题的培训工作。例如针对分拨中心内盗现象对全体操作员进行的反内盗培训。

二、培训流程

（1）各部门填写年度培训计划交由管理部审核，审核通过后可向部门负责人提交年度培训计划表，部门负责人签批后即可组织执行培训工作。

（2）临时安排的培训计划，相应部门应填写培训申请单交培训部，培训部初审后上报至部门负责人进行审批，部门负责人审批通过后，方可由培训部组织实施培训工作。

（3）按照各部门所提交的培训计划进行培训，由培训部辅助各业务部门进行。

（4）培训结束后，由培训部门进行培训后考核，一般包括培训教师评核、经理评核及员工自评等。

（5）考核结束后，由培训教师填写培训记录，连同考核表、培训资料、签到表和培训评语一起交培训部存档。

（6）培训中如有关企业机密的内容，受训员工应严格遵守保密原则。如有泄漏，则由快递公司根据具体情况给予罚款等处罚。

三、培训方式及优缺点比较

在企业对员工进行培训前，需要考虑培训的目的、培训的内容、培训对象的自身特点及企业具备的培训资源等因素，选择合适有效的培训方法，从而达到事半功倍的效果。

（一）培训方式

常见的培训方式包括讲授法、工作轮换法、工作指导法、研讨法、案例研究法等。

1. 讲授法

讲授法属于传统模式的培训方式，是指培训师通过语言表达，系统地向受训者传授知识，期望这些受训者能记住其中的重要观念与特定知识，这也是目前企业培训中使用最多的培训方式。

2. 工作轮换法

工作轮换法又称轮岗法，是指让受训者在预定的时期内变换工作岗位，使其获得不同岗位的工作经验，一般用于新进员工。现在很多企业采用工作轮换法来培养新进入企业的年轻管理人员或有管理潜力的未来管理人员。

3. 工作指导法

工作指导法是指由一位有经验的技术能手或直接主管人员在工作岗位上对受训者进行培训，如果是单个的一对一的现场个别培训，则称为企业常用的师带徒培训。负责指导的教练的任务是教给受训者如何做，提出如何做好的建议，并对受训者进行鼓励。这种方法不一定要有详细、完整的教学计划，但应注意培训的要点：第一，关键工作换届的要求；第二，做好工作的原则和技巧；第三，需避免、防止的问题和错误。这种方法应用广泛，可用于基层生产工人。

4. 研讨法

按照费用与操作的复杂程序，研讨法又可分为一般研讨会与小组讨论法两种方式。一般研讨会多以专题演讲为主，中途或会后允许学员与演讲者进行交流沟通，一般费用较高。而小组讨论法则费用较低。研讨法培训的目的是提高能力、培训意识，交流信息，产生新知。研讨法比较适合管理人员的训练或用于解决某些有一定难度的管理问题。

5. 案例研究法

案例研究法是指为参加培训的学员提供员工或组织如何处理棘手问题的书面描述，让学员分析和评价案例，提出解决问题的建议和方法的培训方法。案例研究法为美国哈佛管理学员所推出，目前广泛应用于企业管理人员（特别是中层管理人员）的培训。目的是训练他们具有良好的决策能力，帮助他们学习如何在紧急状况下处理各类事件。

即问即答 8-2

针对实习生培训，采用什么培训方式比较合适？

（二）优缺点比较

企业培训的效果在很大程度上取决于培训方法的选择，不同的培训方法具有不同的特点，其自身也是各有优劣。其优缺点如表 8-2 所示。

表 8-2　培训方式优缺点比较

培训方式	优　点	缺　点
讲授法	运用方便，可以同时对许多人进行培训，经济高效；有利于系统地接受新知识；容易掌握和控制学习的进度；有利于加深理解难度大的内容	学习效果易受培训师讲授的水平影响；由于主要是单身性的信息传递，缺乏教师和学员之间必要的交流和反馈，学过的知识不易被巩固
工作轮换法	能丰富培训对象的工作经历；能识别培训对象的长处和短处，从而更好地开发员工的所长；能增进培训对象对各部门管理工作的了解，扩展知识面	如果员工在每个轮换的工作岗位上停留时间太短，会造成所学知识不精；由于此方法鼓励"通才化"，适合于一般直线管理人员的培训，而不适用于职能管理人员
工作指导法	通常能在培训者与培训对象之间形成良好的关系，有助于工作的开展；一旦师傅调动、提升，或退休、辞职时，企业能有训练有素的员工顶上	不容易挑选到合格的教练或师傅，有些师傅担心"带会徒弟饿死师傅"而不愿意倾尽全力。所以应挑选具有较强沟通能力、监督和指导能力以及宽广胸怀的教练
研讨法	强调学员的积极参与，鼓励学员积极思考，主动提出问题，有助于激发学习兴趣；通过教师与学员之间、学员与学员之间的信息传递，有利于学员发现自己的不足，加深对知识的理解，促进能力的提高	运用时对培训指导教师的要求较高；讨论课题选择得好坏将直接影响培训的效果；受训人员自身的水平也会影响培训的效果；不利于受训人员系统地掌握知识和技能
案例研究法	教学方式生动具体，直观易学；容易使学员养成积极参与和向他人学习的习惯；将学员解决问题能力的提高融入知识传授中，有利于使学员参与企业实际问题的解决	案例的准备需时较长，且对培训师和学员的要求都比较高；案例的来源往往不能满足培训的需要

任务三　快递企业人员绩效评估管理

情景导航

经过半年多的实习，小璐对人力资源的招聘和培训任务都已经非常熟悉了，但对公司的绩效任务一直处于了解状态，因此趁公司内部招聘的机会，她顺利转岗来到绩效评估组。

绩效评估是一种正式的员工评估制度，通过系统的方法、原理来评定和测量员工在职务上的工作行为和工作成果，其结果可以直接影响薪酬调整、职务升降等诸多员工的切身利益。

一、绩效评估流程

（1）制订考核计划。即明确考核的目的和对象，考核内容和方法以及考核时间，具体到某个岗位、方法和时间。

（2）进行技术准备。绩效考核是一项技术性很强的工作，其技术准备主要包括确定考核标准、选择或设计考核方法以及培训考核人员。

（3）收集资料信息。收集资料信息时，首先要为建立一套与考核指标体系有关的制度服务，其次为考评过程中所需信息做准备，最后为以后评价打基础。

（4）作出分析评价。被培训后的考核人员，利用考核标准、指标体系等工具，遵循考核计划，结合收集到的公正、客观的资料，对被考评对象进行分析和评价。

二、绩效考核模式

绩效考核发展到现在一直被人力资源管理沿用，说明绩效考核对于人力资源管理来说仍存在一定的合理及有效性，其发展模式如下。

1."德能勤绩"式

"德能勤绩"的考核模式具有非常悠久的历史，曾一度被国有企业和事业单位在年终考核中普遍采用，其本质在于"德""能""勤"3方面占考核指标的大多数，而业绩考核指标相对较少，且评价标准不统一，无评价依据。

2."检查评比"式

目前国内有不少企业采用的模式，其特质在于按岗位职责和工作流程详细列出工作要求及标准，考核项目中，单项指标所占权重很小；评价标准多为扣分项，很少有加分项；大多数情况下，由企业组成考察组对下属部门逐一进行监督检查。

3."共同参与"式

目前在国有企业和事业单位中比较常见的考核方式是"共同参与"式，其特征在于绩效考核指标较宽泛，缺少定量硬件指标；崇尚360°考核，上级、下级和自我都要进行评价，且自我评价占较大比重；绩效考核结果和薪酬发放联系不紧密，不会受到大家的极力抵制。

4."自我管理"式

该模式得到世界一流企业的推崇，但在国内快递企业中极少使用，需要员工通过自我管理来实现个人目标，且很少进行过程控制考核，大都注重最终结果，与中国社会目前的发展水平不太相符。

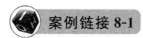

ST 快递公司的绩效考核指标

ST 快递公司通过绩效评估的实施，针对 VIP 客户部员工项目组长的绩效考核表制定了一套评价指标，如表 8-3 所示。

表 8-3 VIP 客户部员工绩效评价表

岗位名称：项目组长　　　　　　姓　名：_____　　考评日期：_____

序号	绩效评价主要内容	考核分	考核评价具体标准	自评	组长考评	经理考评
①	业务操作质量	40分	项目维护各环节监督与检查是否到位，VIP快件服务质量控制情况(6分)			
			组员工作分工、工作协调是否合理(4分)			
			工作信息反馈是否主动、及时(4分)			
			工作指导(尤其对于新员工)是否到位(4分)			
			报表质控情况，差错发生率是否过高(5分)			
			疑难问题解决是否及时(3分)			
			邮件信息接收是否及时(5分)			
			项目工作协调、组员工作调配是否合理(4分)			
			组员管理质量有无提升，组员考评分是否达到合格(5分)			
②	工作态度	20分	各工作环节，是否主动工作(4分)			
			有无出现消极怠慢工作情况，包括刻意逃避问题(6分)			
			有无散布部门消极言论(4分)			
			是否按照上级安排工作(6分)			
③	员工关系	20分	团队合作情况，工作互助协调方面(10分)			
			同事间是否传播流言，有无言论抨击(10分)			
④	制度遵守	15分	是否违反公司行政规章制度(不管有无被查处)(10分)			
			是否违反部门规章制度(5分)			
⑤	会议参与	5分	部门会议是否准时参加(2分)			
			是否积极参与会议讨论，充分发言(3分)			
	总　得　分					

——××企业访谈资源

项目小结

本项目介绍了快递公司对人力资源的管理，阐述了人力资源的定义、特征及内容，重点介绍了快递企业的招聘、培训以及绩效评估管理的流程、要求、方式等。对于快递企业来说，特别是中国民营的快递企业来说，人力仍是企业资源的关键资源之一，人力资源管理的好坏直接影响企业未来的发展。因此，对人力的管理至关重要，通过制定正确的人力资源管理策略能达到更好的管理效果。

课后练习

一、问答题

1. 简述快递企业建立人力资源管理的意义。
2. 对快递一线操作管理人员,应采取何种招聘方式?
3. 针对快递一线操作人员,可以设置哪些绩效考核指标?

二、案例分析

德邦快递:人尽其才的背后是专注、极致与敏捷

"大件快递发德邦"如今已经成为深入中国消费者心中的普遍认知。2021年的"双11",德邦快递推出的"预售极速达"服务,让"尾款人"在支付尾款后6min就收到了货,不仅受到消费者的欢迎,也收获了一波媒体关注。

1996年成立的德邦快递在中国发展迅速、竞争激烈的物流行业中,以"大件快递"揽件、包转、运输、交付等多环节、多方面的专业能力和积累占据着这一领域领导者的地位,2018年在上海证券交易所挂牌上市。今天,德邦快递已成为一家联动快递、物流、跨境、仓储与供应链的综合性物流供应商。新冠感染疫情蔓延虽然带来了诸多挑战,但也让德邦快递抓住了快速拓展跨境业务的机遇,在全球只有中国的工业体系依然完好如初的背景下,德邦快递迅速发力跨境业务,衍生出电商小包、国际快递、多式联运等多种服务,覆盖超过60个国家和地区。

这些亮眼成绩是德邦人一步一个脚印取得的。截至目前,德邦快递拥有超过16万名员工,强大的人才储备、坚持自营门店与事业合伙人相结合的网络拓展模式和"物畅其流、人尽其才"的企业价值观为德邦快递的雇主品牌打下了坚实的基础。德邦快递已连续8年荣获智联最佳雇主称号,连续6年上榜最佳雇主30强。2021年,德邦快递成为唯一一家入选全国普通高校毕业就业创业指导委员会委员的民营快递企业。

德邦集团人力资源部门高级总监在接受《哈佛商业评论》中文版专访时表示,正如德邦快递专注、极致、敏捷地做业务那样,德邦快递在人才策略方面也是如此。针对不同人群设计不同的赋能方案,快速畅通的晋升通道以及富有活力的企业氛围是德邦快递多年来吸引优秀人才并与之共同成长的原因所在。

专注:为不同员工群体设计不同的赋能方案

"快递员是我们的宝贝。"这是德邦快递董事长兼总经理时常挂在嘴边的一句话。实际上,他本人也会时不时下到一线跟不同岗位的工作人员聊天,了解他们真正的关注点和需求点。

具体来看,按照岗位特性,德邦快递的内部人员大致可以为分三大类:一线操作人员、管理人员和高潜人才。

一线操作人员是德邦快递员工中占比最大的群体,数量10万余人。他们最关注的是付出是否获得了足够的收获。针对这一人群,德邦快递首先秉持坚决不拖欠工资的原则、多劳多得的奖金提成考评机制;同时还会在衣、食、住、行方面给予一线操作人员关怀。比如应对季节的冷饮和热饮、标准化的住宿和餐饮,以及已经坚持了14年的"亲情1+1"项目,即每个在公司入职满1年的员工,每个月公司承担100元,员工承担100元,合计200

元,公司将以上款项按月汇至员工家属账号中。

针对管理人员,德邦快递倡导业绩导向、快速发展的培养理念。不仅高业绩能够带来高回报,更重要的是,将提供快速通畅的职业晋升机制,以及在管理人员进入新岗位时相应能力提升的多方面支持。

高潜人才是德邦快递人才战略的重中之重。虽然从当下来看,他们还没有太多的经验和业绩,但未来有非常大的潜力。如何识别、支持、培养这部分人群,激发他们的潜力是德邦快递人力资源部门工作的重点。

如何真正赋能这些不同员工人群,在识别出他们的具体需求之外,德邦快递通过高效的数字化方式和极具特色的激励体系实际支持到员工的日常工作与生活。

德邦快递很早就投入了数字化建设,也在致力于把自己打造成一家"拥有卡车的科技公司"。德邦集团旗下有德邦科技公司,如今已有将近1 000人的规模,并有自建系统170多个。围绕科技赋能,德邦主要布局了三大板块:第一是赋能客户,提升客户体验;第二是赋能管理,让运输更便捷、高效、安全;第三是赋能员工,让员工更高效。2021年,鲲鹏系统上线,将人、财、物系统全面打通,以实现更大幅度的降本增效。

在激励体系方面,德邦快递针对快递行业的业务特性,创造性地设计出长期激励奖、业绩标杆奖、众志成城奖等特色奖励,并在2021年开始落地"战功管理体系",将常规荣誉和关键战役融合起来,兼具荣誉性和实用性。

极致:"海豚计划"系统性赋能企业未来的中坚力量

德邦快递坚持99%的管理及专业人才内部培养,从2006年做校招以来的经验和数据也验证了这一理念在实践中的可行性和有效性。因此,2019年,德邦快递正式提出"海豚计划",并设立了"3550"的目标,即3 000个重点本科,500名硕士及50名博士的培养计划。近两年,更加明确了"海豚计划"的培养体系,加速高潜力人才的培养节奏。

"海豚计划"项目定位:为未来提供懂业务、一线经验丰富的精英人才,是通过对人才进行分类、优中选优而设计的长期培养方案。它的目标更明确、路径更清晰、成才周期更短。针对本、硕、博群体,目标2~3年培养至高级经理、总监、高级总监的管理层。这实际上对职场新生力量的吸引和保障更大,他们能够非常清晰地知道自己将成长为什么样子,如何成长以及多久能够获得成长,可以有效地帮助他们迅速实现价值。

为此,德邦快递配套了专门的组织体系,通过"海豚计划"项目推进组、硕博人才发展组跟进每一位本、硕、博"小海豚"的成长。从最开始全部邀请到上海集团总部进行新员工培训起,就邀请集团副总裁、高级总监级别的讲师去授课;到岗位后每一位"小海豚"都配置了专业的业务导师,博士"小海豚"还加设了副总裁级别的管理导师,给予最高水平的关注与指导。

此外,每一位"小海豚"从入职起,他在内部通讯录的名称显示上都会有一个小海豚的Logo标识,代表着他的"海豚"身份。还有很多类似的细节设置也都是为了让"小海豚"们感受到企业对人才培养的尊重与关注,德邦快递有坚定的决心且投入非常充分的资源把他们培养成德邦高层级的管理后备。

从实际效果来看,"海豚计划"不负众望:以2019届"小海豚"为例,通过数据复盘,在经理、高级经理晋升方面,"小海豚"们均表现出明显优势。2018届入职的研究生"小海豚",如今已经有晋升至事业部总裁的成员,完全能够独当一面。德邦集团人力资源部门高级总监分享道:"年轻人平时看起来个性鲜明,甚至可能有些自我。但实际工作中,他们非常投入、善于社交,也很有创造力,完全超出我们的预期。"

敏捷:从一线员工到一把手的距离也许只有一个"早餐会"

在这个充满不确定性的时代,敏捷度是企业能否得以生存,获得发展的决定性因素。德邦快递除了在组织架构上转向更为扁平的矩阵管理,赋予一线员工更大的权力,打通快速反应的渠道之外,更是通过"早餐会"实现全公司从上到下思想意识、使命目标的快速统一,使问题得以迅速反馈和解决。

德邦快递的"早餐会"是董事长在2012年就发起的一个每日例会,他本人每天都参加。起初,董事长是想通过与内部高管一起吃早餐的形式,交流一下公司及彼此的情况,就此解决具体问题并交换思路和想法,轻松地唠唠家常,增进了解、拉近距离,为在业务上的协作打好基础。

这一形式深受大家的欢迎,发展至今,在相互寒暄的早餐之后,还有高管现场参与的关于某一项内容的探讨和分享,生成即时待办事项后续跟进。所以,现在的"早餐会"也成为每天提出需求、快速反馈的平台。

德邦快递"早餐会"的参与人员,也从最初的副总级高管,逐步拓展为副总级高管和讨论内容相关人员现场参与,总监级以上可以电话接入旁听,每天汇总的《早餐会摘要》会通过OA系统提供给全公司员工查看。同时,在积累了一段时间之后,德邦快递也会整理早餐会内容的书籍进行传播,是对公司重点事项的一个生动的记录。

看似简单的"早餐会"深受员工欢迎,是出于3个原因:一是最直观地拉近了员工与高管之间的距离,董事长和高管们不再是高高在上的存在,一下子打破了层级所造成的疏离感;二是让一线员工可以及时了解公司领导层的关注点、战略上的最新变化,所有公司最前沿的信息都开放给大家;三是一线感受到的变化和需求也能快速、及时地反映到管理层,方便他们快速做出决策。

德邦快递的管理层都非常年轻,副总们的平均年龄是33.2岁。除了"早餐会"之外,德邦快递还有许多年轻有活力的文娱活动,比如羽毛球、篮球、足球、长跑、电竞,并设置了品类齐全的协会,可以让一群志同道合的员工聚在一起。除此之外,德邦快递也会组织一些高端的活动,如滑雪、沙漠徒步,不断挖掘员工的潜能、发掘团队的潜力、突破不可能的界限。如今25岁的德邦快递还是一家非常年轻的公司,拥有一群同样年轻的事业小伙伴。相信新生力量,能够乘风破浪起航,德邦一如既往地关注年轻人、相信年轻人,并且愿意大力投入培养年轻人,与年轻人共同成长。对于德邦快递来说,支持和培养人才是长期战略。德邦快递的雇主品牌也在不断成长,不仅广泛为人所知,受到高校师生认可,更是在逐渐成为行业的标杆。在"物畅其流、人尽其才"的使命下,未来德邦快递不会停止在人才方面投入和探索的脚步,成就更加成熟的雇主品牌。

——http://tech.china.com.cn/internet/20211220/383567.shtml

问题:

(1) 德邦公司的人力资源管理策略有哪些方面值得借鉴?

(2) 企业应如何利用新技术完善人力资源管理?

三、实训操作

针对快递企业的实习生,制订一套培训方案。

参考文献

[1] 徐勇.民营快递管理实务[M].上海:学林出版社,2010.
[2] 迈克·布鲁斯特,弗雷德里克·达尔泽尔.变中求胜:UPS百年成功之道[M].钱睿,吴婷婷,译.北京:机械工业出版社,2008.
[3] 田宇.第三方物流服务分包管理[M].广州:中山大学出版社,2006.
[4] 徐明达.怎样当好班组长[M].北京:机械工业出版社,2011.
[5] 徐瑜青,王瑞娟,杨露静.第三方物流企业物流成本计算及案例[J].工业工程与管理,2010,15(2)59-62.
[6] 国家邮政局.快递客户服务与营销[M].北京:人民交通出版社,2010.
[7] 国家邮政局.快递业务操作与管理[M].北京:人民交通出版社,2011.
[8] 国家邮政局.电子商务与快递服务[M].北京:北京邮电大学出版社,2012.
[9] 国家邮政局.快递业务概论[M].北京:人民交通出版社,2011.
[10] 速卖通大学.跨境电商物流[M].北京:电子工业出版社,2016.
[11] 戴维·麦克亚当斯.博弈思考法[M].杨佩艺,唐源旆,译.北京:中信出版社,2016.
[12] 付守永.工匠精神[M].北京:中华工商联合出版社,2015.
[13] 陈威如,余卓轩.平台战略[M].北京:中信出版社,2013.
[14] 凯文·凯利.新经济 新规则[M].刘仲涛,译.北京:电子工业出版社,2014.
[15] 国邮创展(北京)人力资源服务有限公司.快递运营职业技能等级认定培训教材(初级)[M].南京:江苏凤凰教育出版社,2020.
[16] 国邮创展(北京)人力资源服务有限公司.快递运营职业技能等级认定培训教材(中级)[M].南京:江苏凤凰教育出版社,2020.
[17] 亿豹网.http://www.expressboo.com/.
[18] 中国物流与采购网.http://www.chinawuliu.com.cn/.
[19] 中国快递协会网站.http://www.cea.org.cn/.